O INVERNO DA NOSSA DESCONEXÃO

Susan Maushart

O INVERNO DA NOSSA DESCONEXÃO:
como uma mãe e três adolescentes passaram seis meses **totalmente desconectados** e sobreviveram para contar a história

Tradução: Alessandra Esteche

Copyright © Susan Maushart, 2010

Direitos de edição da obra em língua portuguesa no Brasil adquiridos pela EDITORA PAZ E TERRA. Todos os direitos reservados. Nenhuma parte desta obra pode ser apropriada e estocada em sistema de banco de dados ou processo similar, em qualquer forma ou meio, seja eletrônico, de fotocópia, gravação etc., sem a permissão do detentor do copirraite.

EDITORA PAZ E TERRA LTDA
Rua do Triunfo, 177 — Sta Ifigênia — São Paulo
Tel: (011) 3337-8399 — Fax: (011) 3223-6290
http://www.pazeterra.com.br

Texto revisto pelo novo Acordo Ortográfico da Língua Portuguesa.

CIP-BRASIL. CATALOGAÇÃO NA FONTE
SINDICATO NACIONAL DOS EDITORES DE LIVROS, RJ.

Maushart, Susan
    O inverno da nossa desconexão / Susan Maushart ;
  tradução de Alessandra Esteche. -- São Paulo :
  Paz e Terra, 2011.

    Título original: The winter of our disconnect.
  ISBN 978-85-7753-183-7

    1. Estilo de vida alternativo - Austrália - Estudos de caso 2. Família - Austrália - Estudos de caso 3. Internet e adolescentes - Austrália - Estudos de caso 4. Maushart, Susan, 1958- - Família 5. Tecnologia da informação - Aspectos sociais - Austrália - Estudos de caso 6. Viciados em Internet - Austrália - Estudos de caso I. Título.

11-08264   CDD-303.48330994

Para Christine L. Nystron
e
Neil Postman (1931-2003)

Gostaria de agradecer também ao Instituto de Estudos Avançados da Universidade da Austrália Ocidental, que forneceu um isolamento tecnológico para que eu conseguisse escrever este livro.

Sumário

	Introdução	9
1	Quem somos e por que apertamos o *pause*	17
2	Decisão enérgica: cai a escuridão	43
3	Tédio para iniciantes	75
4	Meu iPhone/Eu mesma: observações de uma fugitiva digital	115
5	O som da mão fazendo a lição de casa	157
6	A perda do Facebook: fazendo amigos à moda antiga	201
7	Comer, jogar, dormir	239
8	O retorno do nativo digital	277
	Notas	297
	Leituras recomendadas	310

Introdução

CRIAR TRÊS ADOLESCENTES QUANDO se é mãe solteira não é nenhum mar de rosas, nem nos melhores dias. Mas quando decidi que todos deveríamos arriscar uma aventura de seis meses longe das telas, de repente a experiência se tornou *A Nave da Revolta*, e eu era Bogart.

Há muitas razões para termos desligado nossas mídias eletrônicas... ou, melhor dizendo, para eu ter desligado, porque meus filhos certamente teriam preferido se voluntariar para ficar sem comida, água ou produtos de higiene. Aos quatorze, quinze e dezoito anos, minhas filhas e meu filho não usam as mídias eletrônicas. Eles habitam as mídias eletrônicas. E fazem isso com a naturalidade de um peixe nadando num lago. Graciosamente. Sem pestanejar. E sem absolutamente nenhuma consciência ou curiosidade sobre como chegaram ali.

Eles não se lembram de um tempo antes do e-mail, das mensagens instantâneas ou do Google. Até mesmo as mídias de suas próprias infâncias — VHS e *dial-up*, Nintendo 64 e telefones "com fio" — são para eles relíquias, tão estranhas quanto tinteiros. Eles se referem à civilização pré-alta definição e tela plana como "os dias em preto e branco".

Meus filhos — como os seus, imagino — fazem parte de uma geração que teve a primeira experiência em um teclado enquanto aprendia a dizer "computador", "mamãe", "suco" e "agora"! São adolescentes que começaram a ter celulares e internet sem fio antes de terem tido seus dentes molares. Que fazem a lição de casa enquanto mexem em cinco ou seis mídias, ao ritmo sincopado das mensagens instantâneas que pulsam insistentemente como um batuque tribal distante.

Espere um pouco. Eu disse que eles fazem a lição de casa dessa forma? Correção: Eles fazem a *vida* dessa forma.

Quando meus filhos riem, eles não dizem "ha ha". Eles dizem "LOL". Eles até conjugam essas expressões. ("Que 'LOL' essa foto sua antes de eu ter *photoshopado* seu nariz, mãe.") Eles baixam filmes e programas de TV com a naturalidade com que você (ou eu) liga o rádio. E quando eu lembro que pirataria é crime, eles olham uns para os outros e soltam um "LOL". ("Ih, meu amigo!", um deles acrescenta, como se falasse com um papagaio imaginário, e eles "LOL" de novo, mais alto desta vez.) São adolescentes que dão de ombros quando perdem seus iPods, com 5 mil músicas e sabe Deus quantos tipos de vídeos, incluindo filmes e programas de "TV" (sério, quem vê TV em uma televisão hoje em dia?). A expressão no rosto diz: "Tem muito mais de onde isso veio." E o mais irritante de tudo é que eles estão certos. O conteúdo digital que faz o mundo de meus filhos girar, como a própria matéria, nunca pode ser realmente destruído. Como o pudim mágico da história popular australiana, é um restaurante onde a sobremesa nunca acaba.

São tantas as coisas maravilhosas, e, ao mesmo tempo, detestáveis nesse cenário...

O inverno da nossa desconexão — conhecido como *O Experimento* (como todos passamos a chamá-lo) — era, de certa forma, um acidente há muito prestes a acontecer. Durante anos, assisti preocupada ao modo como as mídias eletrônicas começaram a atuar como um campo de força que separava meus filhos daquilo que um deles, quase ironicamente, chamava de VR (vida real). Mas, para ser sincera, os adolescentes não eram os únicos com problemas de dependência. Apesar de ser uma habitante recente da aldeia global, eu também era conhecida por abusar da informação. (Levando o iPhone escondido para o banheiro, será que eu tinha respeito próprio?) Como jornalista, era fácil esconder meu hábito, mas, no fundo, eu sabia que estava presa.

O inverno começou como uma espécie de expurgação. Acabou sendo muito mais do que isso. Resumo da ópera: nossa desintoxicação digital mexeu com nossas cabeças, nossos corações e nossas atividades domésticas. Mudou nosso jeito de comer e nosso jeito de dormir, nosso jeito de "fazer amigos", brigar, planejar e brincar. Mudou o sabor e a textura de nossa vida em família. Ora, mudou completamente toda a sensação de vida em família! No fim, o exílio autoimposto da Era da Informação a que nossa família se submeteu mudou nossas vidas permanentemente — e para muito melhor. Este livro é nosso diário de viagem, nossa apologia, nosso *O peregrino/Walden/Guia Lonely Planet para uma vida sem o Google*.

Num nível mais simples, *O inverno da nossa desconexão* é a história de como uma família absolutamente idiossincrática sobreviveu a seis meses vagando pelo deserto, digitalmente falando, e das lições que aprendemos sobre nós mesmos e nossa tecnologia nesse caminho. Ao mesmo tempo, nossa história é um canal para uma visão mais ampla do impacto das novas mídias eletrônicas nas vidas das famílias, na essência do significado de "lar".

"Apenas conecte-se", implorou E.M. Forster em seu aclamado romance *Howards End*, publicado há mais de um século. Deve ter sido uma ideia muito boa na época. Em 1910, a aldeia global ainda era uma fazenda. O telefone havia acabado de superar o fracasso de suas tentativas iniciais. A primeira estação comercial de rádio ainda estava a uma Guerra Mundial de distância. Tinham se passado sessenta escassos anos desde o lançamento do telégrafo. ("O que Deus tem feito?", meditou sombriamente o inventor F.B. Morse na primeira mensagem de texto do mundo.)

Noventa e nove anos e um trilhão de páginas da web depois, "apenas conecte-se" foi um objetivo que alcançamos com desforra. E com tanta que nosso maior desafio é encontrar a coragem moral de nos desconectarmos.

De acordo com números do Projeto Pew Internet & American Life de 2010, hoje, mais ou menos 93% dos adolescentes estadunidenses estão on-line, 75% têm telefone celular, 92% possuem iPod ou MP3 *player* e mais de dois terços têm o próprio computador (o acesso a um computador em casa é praticamente unânime). Mas as estatísticas mais intrigantes são as que mostram a intensidade da interação de nossos filhos com essas mídias. Em um extenso estudo realizado em 2005 com jovens que usam as mídias eletrônicas — o que já pode ser considerado informação antiga —, quase um terço disse à Fundação Kaiser Family, nos Estados Unidos, que usava vários aparelhos eletrônicos simultaneamente "na maior parte do tempo". Um adolescente americano comum passa 8,5 horas por dia em algum tipo de interação via mídia eletrônica. Como o uso das mídias eletrônicas em família está diretamente relacionado à renda, os números são ainda mais elevados em lares que ocupam o topo da pirâmide socioeconômica e onde os pais têm um nível escolar mais alto.[1]

Em 2010, quando esses dados foram atualizados, a presença das mídias continuava crescendo. Crianças de oito a dezoito anos aumentaram seu tempo de conexão em mais de uma hora e quinze minutos por dia, passando de seis horas e vinte e um minutos para sete horas e trinta e oito minutos — ou o equivalente a um dia de trabalho, sete dias por semana. Quando as atividades paralelas entraram na equação, o quadro se modificou ainda mais: aproximadamente onze horas do que agora os pesquisadores chamam "exposição". Adicione o tempo gasto mandando mensagens e falando ao celular — o que não é nem ao menos definido como mídia pela Fundação Kaiser — e o panorama se torna absolutamente radioativo.[2]

Para a Geração M, nome que o estudo da fundação deu aos adolescentes naquela faixa etária, o uso das mídias não é uma atividade — como praticar exercícios, jogar Banco Imobiliário ou brigar com o irmão no banco de trás do carro. É um ambiente: penetrante, invisível, impermeável ao redor de praticamente tudo o que os jovens fazem, dizem e pensam. Quanto esse ambiente pode ser adaptável passa a ser a questão — e a resposta, não surpreendentemente, parece depender completamente de a quem perguntamos. O Projeto Pew descobriu que, entre os adolescentes, 88% estão convencidos de que a tecnologia facilita suas vidas; 69% dos pais, certamente mais ponderados, dizem o mesmo — apesar de dois terços somarem esforços para controlar o uso que seus filhos fazem das mídias (regras a respeito de sites seguros, compartilhamento de arquivos, tempo de uso etc.).³

Um estudo de 2007 da Fundação Kaiser revelou que aproximadamente um pai a cada cinco acreditava que não era necessário monitorar de perto o tempo que seus filhos passavam diante das telas.⁴ E uma pesquisa do Projeto Pew mostrou que surpreendentes 30% dos pais acreditam que as mídias não afetam a vida de seus filhos de maneira nenhuma.⁵ Talvez isso seja pensamento positivo. Pensando bem, talvez não seja positivo o bastante. "De maneira nenhuma", para mim isso é dizer que a comida que comemos, o ar que respiramos ou as comunidades em que vivemos não nos afetam de maneira nenhuma. Ou pode ser que esses pais simplesmente tenham dificuldade em imaginar a vida do lado de fora da bolha tecnológica — e se for esse o caso, quem poderia culpá-los por isso? Antes de assumir este projeto, eu mesma tinha problemas com isso.

A questão se a tecnologia da comunicação deixa nossa vida mais fácil é muito mais específica e menos difícil de ser respondida. Não é?

A primeira vez que li a pesquisa do Projeto Pew, lembrei-me de um estudo que tinha lido na revista *British Journal of Sociology* sobre o impacto da tecnologia doméstica nos afazeres da casa.⁶ Entre outras descobertas, os pesquisadores concluíram que ter uma máquina de lavar e uma secadora na verdade *aumentava* o tempo que as famílias — está bem, as mulheres — passavam lavando roupa. Para começar, pessoas que têm secadoras lavam mais roupas. E apesar de a máquina de lavar definitivamente facilitar a tarefa, também aumenta a exigência de limpeza. A nova tecnologia, em outras palavras, resolve problemas existentes, mas cria, no processo, problemas novos e maiores — e mais roupa suja. É a história das inovações tecnológicas contada repetidamente, como num *loop* infinito. A promessa de "uma vida melhor com a tecnologia!" — e você pode escolher qual tecnologia — é *sempre* complicada e, muitas vezes, paradoxal também; ela tende a ser verdadeira e mentirosa nas mesmas proporções. Nossas tecnologias invariavelmente surgem como respostas a uma necessidade. Mas, com o tempo, e de um jeito sutil e imprevisível, acabam redefinindo essas necessidades.

Então... comecei a pensar em quanta conexão seria suficiente. Como cientista social, jornalista e mãe, sempre fui uma usuária entusiasta da tecnologia da informação (e sou bastante apegada à minha secadora também). Mas também comecei a duvidar do poder redentor das mídias na melhora de nossa vida — sem contar a ideia de deixá-la mais "fácil" ou simplificada. Como vários pais, percebi que quanto mais nos comunicávamos como indivíduos, menos concordávamos como família (falando em desconexão...).

Havia contradições bem maiores também — e elas eram óbvias. Quanto mais fatos aparecem diante de nós, menos parecemos saber. A "conveniência" das mídias de mensagens (e-mail, MSN, torpedos) consome pedaços ainda maiores e mais indigestos de nosso tempo e de nosso cérebro. Culturalmente, estamos mergulhados em entretenimento, mas permanecemos mais deprimidos que qualquer outro povo anterior a nós. Basicamente, comecei a considerar um cenário que E.M. Forster não havia antecipado: a possibilidade de que, quanto mais conectados estivermos, mais nos distanciamos, mais fragmentados nos tornamos.

Ou não. Porque, só para complicar ainda mais as coisas, acredito que as possibilidades que as mídias eletrônicas nos oferecem são extremamente animadoras. Não sou uma senhorinha que lamenta o declínio das velas em um mundo que brilha neon. Não sou mesmo. Amo meus *gadgets* (e tenho um zilhão deles para provar). Acho que a tecnologia melhora minha vida. E sei que melhora boa parte do mundo. Ainda assim, a ideia de que poderia existir uma mídia equivalente ao que o guru financeiro David Bussau chama de "a economia do suficiente" continuou ocupando meus pensamentos.

Era um conjunto intrigante de questões — e eu tinha certeza de que *não* encontraria as respostas no Wikipédia. Mas como é que eu poderia testar minhas hipóteses-barra-palpites?

Foi aí que me lembrei de Barry Marshall — o microbiologista australiano que ganhou um Prêmio Nobel em 2005 pela descoberta simples, mas surpreendente, de que as úlceras estomacais são causadas por bactérias. Nada a ver com estresse, comidas apimentadas ou excesso de acidez. Germes. Os bons e velhos germes. Repensando, parece óbvio. No início dos anos 1980, a teoria de Marshall foi considerada estranha — principalmente pelas empresas farmacêuticas que assinam os estudos clínicos por meio dos quais a pesquisa médica é testada. Frustrado mas destemido, Marshall decidiu colocar a mão na massa... Na verdade, decidiu colocar bactérias no estômago. Marshall engoliu um pouco das bactérias em questão e esperou para ver se desenvolveria uma úlcera. Desenvolveu. E o resto — mais ou menos uma década de pesquisa intensiva — é história.

Então, ocorreu-me: se Marshall usou a própria vida como placa de Petri, por que não faria o mesmo?

(#medo)

1
Quem somos e por que apertamos o *pause*

Eu amo a tecnologia
Mas não tanto quanto você.
Mas ainda assim eu amo tecnologia
Para todo o sempre.
— "Kip's Wedding Song", do filme *Napoleon Dynamite* (2004)

Na primeira vez que anunciei minha intenção de desconectar todo o nosso arsenal eletrônico — do menor dos iPods *shuffle* ao computador superturbinado de meu filho (o equivalente computacional de uma Ferrari) —, meus três filhos nem piscaram. Quando penso nisso agora, entendo o porquê. Eles não me ouviram.

Bom, eles *são* adolescentes. E estavam ocupados. Postando as fotos da festa da noite anterior, bisbilhotando o Facebook dos amigos da possível ex-namorada do namorado, assistindo ao vídeo do momento no YouTube.

— Gente, vocês estão me ouvindo? — insisti.

— Você não está vendo que estamos fazendo o dever de casa, mãe? — respondeu meu filho, irritado.

Para falar a verdade, aquilo era o tipo de coisa que eu dizia com frequência. Por exemplo: "Já chega, você está de castigo para o resto da vida", ou "Espera só até seu pai chegar em casa, mocinha" (e fazia quatorze anos que eu estava divorciada). Provavelmente pareceu, para eles, que era só mais uma das muitas ameaças vazias. Sendo sincera, pareceu até para mim. A vontade de fazer uma desintoxicação digital completa vinha sendo construída por anos. Mas era mais uma fantasia ávida e ao mesmo tempo essencialmente ridícula — como ter um caso tórrido com Dalai Lama, ou aprender a dobrar um lenço de quatro maneiras diferentes.

E então eu reli *Walden*. (Lembrete: amigas não deixam as amigas relerem Thoreau durante uma baixa no nível de estrogênio.)

Walden — a narrativa da *rehab* mais famosa da história da literatura — é o livro de que mais gosto no mundo e tento lê-lo pelo menos com a mesma frequência com que faço exames de Papanicolau. Amo *Walden* por muitas razões, mas principalmente por sua economia — a forma como destila a vida e a linguagem até suas essências mais intoxicantes. Provavelmente você já sabe que foi escrito pelo transcendentalista Henry David Thoreau, que deixou Concord, sua cidade natal, em Massachusetts, em 1844, para administrar um "experimento de existência" no bosque próximo ao lago Walden. Ele morou lá durante dois anos em uma cabana de madeira que construiu com as próprias mãos, vivendo principalmente de uma dieta monástica de bolos de trigo e peixes do lago. Nenhum vizinho. Nada de água corrente. E, nem é necessário dizer, nenhuma criança.

Para ser sincera, eu mesma vinha pensando muito em fugir para a floresta no final de 2008. E não era só com três adolescentes que eu estava brigando: Anni, que tinha acabado de fazer dezoito anos (assustadoramente, a idade mínima para beber); Bill, quinze anos, o homem da casa (na cabeça dele, pelo menos); e Sussy, a mais novinha, de quatorze anos ("A idade que Julieta tinha quando casou, mãe", como ela constantemente me lembrava).

Eram idades complicadas, com certeza. Mas, os meus cinquenta anos também eram. Com muita experiência no jornalismo, eu fazia parte da novíssima plataforma de *podcasting* para a rádio ABC. Eu amava o desafio de produzir um programa semanal e mais ainda dominar a tecnologia digital que a radiodifusão moderna exige. O que não amava era a pressão enorme quanto ao tempo. Eu ficava longe de casa por mais tempo do que jamais havia ficado desde que tive o primeiro filho, e a sensação de estar perdendo o controle do que acontecia lá — ou seja, com a minha família — era terrível.

Ao mesmo tempo, nossos hábitos midiáticos haviam crescido assustadoramente. Não era só porque as garotas estavam se tornando meros acessórios de seus perfis nas redes sociais, como se a vida real fosse apenas um ensaio geral (ou, melhor dizendo, uma oportunidade de tirar fotos) para a próxima atualização de status; ou pelo fato de o *modus operandi* do computador do meu filho ser o "download ilegal" e que para terminar sua lição de casa ele insistia ser necessário um computador com o melhor processador (ou seja, que rodasse jogos) e com banda larga de alta velocidade. Mas tudo isso fez parte da decisão.

Quando paro para pensar, percebo que não houve uma gota d'água, nenhuma epifania ou momento eureca!, mas uma série de momentos como esses: cenas e fragmentos de que me lembro aleatoriamente, sem ordem de importância, como um *slideshow* no modo *shuffle*.

A imagem constante da nuca de Bill, por exemplo, enquanto ele ficava sentado, apossado do computador no cômodo da casa que antes era conhecido como a sala da família. Ou a trilha sonora das conversas que vínhamos tendo há mais ou menos um ano, as que começavam com alguma pergunta minha ("Você fez a lição de casa?", "Você ainda vai às aulas?", "Você pode, por favor, baixar o controle do jogo e apertar o *pause*? É hora do jantar") e terminavam com a resposta deles "Tá. Quê?".

Talvez tenha sido na noite em que o vídeo que passava no canto do computador da Sussy inesperadamente acenou e falou com uma voz alegre: "Oi, Susan!" Era uma amiga da escola que estava usando a *webcam* via Skype. Quando meus sinais vitais estabilizaram, passei rapidamente do puro e simples medo ao pânico profundo. Que outros visitantes estavam tendo acesso ao quarto dela, em tempo real, ao vivo e em cores, enquanto eu dormia?

Anni geralmente era a que adotava as tendências primeiro e com mais força. Sempre precoce, ela foi a primeira da escola a criar um perfil do MySpace, quando ainda estava no 9º ano. (Não contente em criar seu perfil, ela logo criou um para Jesus Cristo — relacionamento: em um relacionamento enrolado — e um para o Rupert, nosso cachorrinho pug — filme favorito: *Homens de preto*.) Aos dezoito anos, ela ainda estava viciada nas redes sociais — o Facebook era a droga do momento — e em jogos que eram a febre da vez. O mais recente foi o jogo de palavras com múltiplos jogadores TextTwist. Eu ficava olhando seus ombros tensos enquanto ela batia nas teclas com uma crueldade geralmente reservada para conversas sobre a hora de voltar para casa à noite. E quando ela estava perto de alcançar a meta de ser a melhor jogadora do mundo, sua satisfação adquiriu (para mim) um quê perturbador. Observando-a absorta, com os olhos iluminados como uma tela de LCD, eu só conseguia pensar em Nero atualizando seu status enquanto Roma queimava.

Meus padrões estavam começando a ficar estranhos também. Nunca pensei que seria o tipo de mãe solteira que dorme assumidamente com o iPhone, mas... sim, eu era. (Eu dizia para mim mesma que era a mesma coisa que ler um livro na cama — o que, se não estivesse assistindo a filmes e comprando *lingeries*, poderia até acontecer.) Na verdade, se eu não carregasse meu laptop, ligasse minhas caixinhas de som, meu gravador digital e uma câmera, às vezes me sentia um pouco sozinha. Eu dizia para mim mesma que estava apenas fazendo meu trabalho. Mas às vezes eu parecia mais um técnica em TI louca de camisola do que uma jornalista. Bons tempos, bons tempos.

No entanto, foi só quando comecei a navegar na internet, responder a mensagens de texto, ouvir *podcasts* e, em uma ocasião memorável, fazer uma entrevista ao vivo na rádio — tudo isso enquanto estava sentada no trono — que admiti que tinha um problema. Eu estava usando as mídias para (opa) me automedicar.

Eu era a Amy Winehouse do Windows Live Messenger. Seria a hora de me internar na reabilitação?

Havia outras coisas me incomodando também. Nós fazíamos cada vez menos refeições em família. Nunca mais fazíamos, se você quer saber a verdade. As garotas intercalavam comilanças de besteiras e experimentos com dietas estranhas. Durante longos dias posso jurar que Sussy não comeu nada além de condimentos. Bill — mais conhecido como *cereal killer* — parecia viver apenas de cereais e macarrão instantâneo, comidas que pareciam muito, o que era perturbador, com isolantes para telhado.

Eles ainda recebiam os amigos em casa, embora cada vez mais a confraternização tomasse a forma de pequenos grupos de espectadores reunidos em torno do brilho animador do YouTube — ou, pior, de cada um num canto entretido com seu aparelho. Seus hábitos de dormir estavam ficando estranhos também — o que não é nada surpreendente, uma vez que os toques de seus três celulares ficavam soando sem parar a noite toda, chilreando como uma corja de grilos do mal.

Havia outras coisas para as quais eles tinham apertado o *pause*. Música — só tocava quando era o aviso sonoro de uma mensagem instantânea. Livros. Exercícios. Conversas. E aquela outra coisa... Qual é o nome mesmo? Ah, é! Vida.

Apesar de meus hábitos envolvendo as mídias não serem nem de longe o que se poderia chamar de imaculados, pelo menos eu era capaz de lembrar de um tempo em que as coisas eram diferentes. Mais simples. Menos enroladas em malditos cabos USB. Eu me pegava fantasiando sobre como seria nossa casa se puxássemos os cabos de uma vez por todas, lançando-nos repentinamente em uma retirada wi-fi — eu e minha onipresente e inseparável fonte de informação incluídas.

Naquele momento, essa ideia *era* uma fantasia. Sendo jornalista e escritora, meu sustento depende da tecnologia. Pessoas nostálgicas que falam sobre uma era de ouro de qualquer espécie, seja tecnológica, política ou cultural, sempre me irritaram muito. É como ouvir minha mãe falando sobre ir ao cinema por 25 centavos e ter moedas de sobra para comprar um hambúrguer e uma Coca-Cola e, quem sabe, até ações da MGM. Do meu ponto de vista, já é bem difícil viver no presente sem alguém tentando me arrastar de volta para uma pseudoutopia superidealizada e em tons de sépia que geralmente é três quartos "La Vie en rose" e um quarto síndrome do intestino irritável. Sempre acreditei que toda "era de ouro" mítica é exatamente isso: mítica.

Cresci entre os anos 1960 e 1970 e, apesar de ter doces lembranças de *I Love Lucy*, purê de batatas e missa em latim (em nenhuma ordem especial de importância), eu NÃO acredito que a minha infância foi melhor do que a dos meus filhos. Pais e filhos viviam em mundos separados naquele tempo. Isso tinha seu lado bom, é claro — como quando a gente pegava a bicicleta e ia brincar na casa do amigo até a puberdade e ninguém entrava em pânico por isso. Mas também tinha seu lado ruim. Como quase todas as pessoas da minha geração, eu assistia a muitos programas mudos em preto e branco na TV, comia muita besteira — queijo em aerossol?! — e nem sonhava em contar a um adulto o que eu realmente sentia e pensava.

Então, nostalgia por "tudo o que passou" não é uma de minhas fraquezas. Não sou a favor de evitar a própria realidade e não acredito no poder de cura da privação. A tentação de consertar os descontentamentos de nossa família tirando o *modem* da tomada bateu de frente com todas essas falácias.

Além do mais, eu estava na menopausa. Sensatez não é exatamente o nome que você daria ao meu forte impulso.

Não fosse por Thoreau — ou, melhor dizendo, Sherman Paul, que escreveu a introdução à minha edição bastante gasta do livro —, eu provavelmente teria desistido da ideia como desisti de meus outros esquemas maternos sem pé nem cabeça: um uniforme para a família feito de feltro marrom e velcro; trocar o café da manhã pelo jantar e vice-versa etc. Foi a explicação sucinta de Paul do porquê, afinal, Thoreau ter recorrido à floresta que desencadeou tudo. "Ele reduziu os meios de vida", escreveu, "não porque queria provar que conseguiria viver sem eles, ou para negar quanto eles melhoravam nossas vidas, mas porque geralmente eram artificiais — furtavam-lhe da própria vida".

A obsessão criadora que Thoreau tinha de simplificar a vida, em outras palavras, era exatamente como o dom que Michelangelo tinha de "simplificar" um pedaço de pedra: "Vi o anjo no mármore e talhei até libertá-lo." Foi um ato de criação e coragem — não destruição, não medo. Isolando-se no lago Walden, Thoreau não tinha fugido da vida. Ele tinha corrido a seu encontro. Por que não podíamos deixar nossas vidas de desespero digital silencioso e fazer o mesmo?

Agora que eu tinha dado um significado novo à coisa toda — não era algo que eu estava fazendo *contra* a minha família, era algo que eu estava fazendo *por* ela! — eu não via a hora de começar. Tinha apenas uma coisa me segurando.

Ok, três coisas.

Anni, Bill e Sussy, como a maioria dos adolescentes, vivem em um universo pré-Copérnico. Eles estão convencidos de que o Sol gira em torno deles. Como mãe, pouco fiz para combater esse preceito. Então, quando finalmente tive coragem de falar sobre O Experimento com eles, escolhi cuidadosamente o momento. Os participantes teriam que estar de bom humor. Precisaria haver um monte de distrações: luzes, música, açúcar refinado, o que fosse preciso. E teria que haver testemunhas.

Gracetown, Austrália Ocidental — vai lá, procura no Google —, é uma comunidade remota e ridiculamente pequena na costa sudoeste da Austrália. É conhecida por suas praias impressionantes no Oceano Índico, picos de surfe incríveis e uma curiosa ausência de serviços básicos. Gracetown tem eletricidade, mas não tem abastecimento municipal de água ou gás — cada casa tem seu tanque de coleta da água da chuva e botijões de gás — e nenhuma cobertura de celular ou internet. Um adolescente determinado que escale o maior pico da cidade pode conseguir um sinal por um ou dois minutos — e, claro, *todos* eles são —, mas, tirando isso, é como o lago Walden com um sotaque australiano.

Então, decidir passar o Natal em Gracetown com os Revells — nossa família preferida — não foi exatamente uma coincidência.

Chegamos alguns dias antes para entrar no ritmo. Insisti que todos fizessem malas leves, até as garotas. Era uma *nécessaire* de produtos de higiene para cada um, eu disse a eles severamente, sem exceções. E quando Bill perguntou se eu tinha visto seu Nintendo DS, pensei "Está bem, este é o meu momento". Respirei fundo, olhei nos olhos dele e... menti. Disse que não fazia ideia de onde estava. Na verdade, eu tinha escondido na noite anterior no fundo de uma caixa com CDs de instalação da impressora que não usávamos mais, que Deus tenha misericórdia da minha alma. "Vamos ler livros no carro, querido", sugeri brilhantemente. Ele resmungou alguma coisa baixinho. Foi "sapo" ou "saco" e eu tinha quase certeza de qual dos dois. No fim, saquei meu iPod e nós ouvimos *podcasts* durante a viagem de três horas rumo ao sul — *This American Life* (meu programa de rádio favorito em qualquer hemisfério), *Hamish and Andy Show*, *The Moth*. Só de estarmos em um espaço pequeno, ouvindo à mesma mídia, já parecia uma viagem em família à moda antiga. Mas no bom sentido, é claro.

Talvez tivesse pisado na bola no episódio do Nintendo, mas a viagem de carro renovou minha coragem. Gracetown era o cenário perfeito para a ação. Até o nome era perfeito, com seu tom quase fundamentalista-barra-imitador do Elvis. Agora era só escolher meu momento. O Natal viria em apenas alguns dias, pensei, quase um Grinch. Por que não soltar a bomba no Natal?

Meus pensamentos obscuros de libertar-nos da tecnologia eram tão velhos quanto a fixação de Anni, então com quatro anos, em um desenho chamado *Princesa dos cabelos mágicos*, com personagens que se chamavam Glória do Brilho e Bola de Pelos e enredos repletos de referências capilares. Ao mesmo tempo, como qualquer outra mãe de crianças pequenas, eu agradecia pelo descanso de trinta minutos. (A primeira frase que Bill falou, solenemente às 5h15 da manhã, foi "Assistir *Neve!*" — como em "O nome é Neve. Branca de Neve".) Mas, conforme os anos — e a tecnologia — foram passando, raramente eu ia além do estágio do resmungo. De vez em quando, anunciava dramaticamente que ia "desconectar" para que todo mundo pudesse ler um livro, brincar com um jogo de tabuleiro ou só encher o saco uns dos outros à boa moda antiga: frente a frente. Às vezes eu me saía bem. "Mas eu estava fazendo a lição de casa!", eles protestavam enquanto o *anime* ou o vídeo do YouTube ou a conversa do MSN congelava bem no meio da tela, como se uma fada malvada tivesse erguido sua varinha do castigo. Era bom fingir que eu ainda tinha algum poder em minha casa. Mas, no fundo, mesmo eu — uma mulher tão desatualizada que ainda se referia a gravações por "fitas" — sabia que tirar o *modem* da tomada uma vez a cada três ou quatro semanas era como cuspir no Zeitgeist.

Quem pode dizer ao certo o que faz uma pessoa finalmente dar aquele passo crucial para uma decisão que vai mudar sua vida? No meu caso, imagino que O Experimento tivesse raízes tão longas e emaranhadas quanto os apliques no cabelo da minha filha de quatorze anos. Elas provavelmente datavam de meu trabalho de graduação em ecologia da mídia na Universidade de Nova York, minha fascinação com pensadores transcendentalistas como Thoreau e Emerson e minha mudança para a Austrália no final dos anos 1980.

Havia causas mais imediatas também. Uma foi a entrevista que fiz para um de meus *podcasts* com uma família com seis crianças com idades que iam de dois a doze anos, que estavam sendo criadas completamente longe de computadores e mídias eletrônicas. Naturalmente, eu esperava algum tipo de culto religioso ou, no mínimo, um pai que ficasse em casa o tempo todo monitorando. Mas não. Os pais trabalhavam como corretores imobiliários. Não havia sinal de contato extraterrestre. E as crianças eram maravilhosas — cheias de ânimo, de ideias e de coleções de objetos achados e projetos de artesanato. Não aqueles complicados, feitos por adultos, que vêm em kits, mas do tipo que a gente faz com macarrão, folhas mortas e rolos de papel higiênico. Eles tinham um recanto em meio às árvores, um balanço em uma delas e uma caixa enorme de "fantasias" que eram um monte de roupas velhas. "Vocês não ficam entediados?", perguntei ao final da entrevista, quase desesperada para encontrar um furo na história. Mas já sabia qual seria a resposta: um "não" retumbante. Essas crianças sabiam que eram um pouco diferentes, mas não se sentiam privadas quando pensavam nisso — o que, até a chegada de uma mulher com um microfone, nem sei se faziam. Afinal de contas, a compensação por viver uma vida sem mídias era, para usar a frase de Sherman Paul, nada menos que "a própria vida".

Quando penso em tudo isso, percebo que havia um verdadeiro embasamento para minha decisão. Mas, reduzindo a uma frase, era só isto: eu estava preocupada com meus filhos. Com a maneira que eles estavam utilizando o tempo, o espaço, a mente. Foi isso que motivou a coisa toda... E é também, talvez, o ponto em que minha história de vida um pouco desregulada e bizarra cruza com a sua.

Então, quando soltei a bomba em meio à bagunça feliz de uma manhã de Natal australiana qualquer — substitua castanhas por bacon e ovos na chapa e cheiro inebriante de filtro solar FPS 30 —, meu ato não tinha nada de impulsivo. O motivo de eu ter tomado essa decisão estava bem claro em minha mente. Como eu ia fazer para que embarcassem nela era que eu não sabia. Mas preciso admitir, eu tenho um pouco de talento na arte do convencimento. Em outra vida, mais lucrativa, devo ter sido uma grande vendedora de carros usados. Minha empolgação — e eu me empolgo com muita coisa — é tão contagiosa quanto a gripe suína. Meus filhos têm histórias para contar. Como o dia em que cheguei em casa, escancarei a porta e anunciei graciosamente: "Ei, crianças! Adivinhem?! Perdi minha carteira de motorista por três meses! Não é demais? Vamos nos divertir muito aprendendo tudo sobre transporte público!" (Tinham sido só algumas multas por excesso de velocidade. E nem eram altas, se você não colocasse todas juntas. "Onde eu aprendi a dirigir — na via expressa de Long Island — qualquer um que *não* dirigisse 10km/h acima do limite de velocidade era um maricas", tentei explicar para o policial. Ele não riu.)

Apliquei um truque de distorção tão bom quando meu casamento acabou que minha filha mais velha, que tinha quatro anos, de fato não percebeu. "Onde está o papai?", ela finalmente perguntou, muitas semanas depois. "Ah, eu não contei? Ele tem uma casa nova superlegal e você, sortuda, vai poder ficar lá de vez em quando, igual a Karen Brewer!" (Ah! Bons tempos aqueles em que bastava colocar a personagem de seu livro favorito na história para salvar uma pobre mãe!)

Eu não minto, nunca. Dificilmente. Eu vendo: "Isso não é um legume, Bill. Ora, são pequenos feijões macios e amanteigados de dar água na boca!" Mas vamos falar a verdade: dar bananas um pouquinho passadas para as crianças é uma coisa — sim, eu cantava a música da Chiquita Banana e inventava passos de sapateado também, se fosse preciso; convencer os filhos adolescentes a desistir de seus brinquedinhos eletrônicos e de suas vidas conectadas por seis meses é outra bem diferente. Para ser sincera, isso quase fez dar à luz em uma manjedoura em Belém parecer nível iniciante do Tetris.

Parte da minha estratégia envolvia a presença de testemunhas amigáveis: Mary e Grant e suas filhas adolescentes, Ches e Torrie. Nossos companheiros de viagem e amigos mais antigos me apoiariam, e a presença deles impediria qualquer tentativa de escapatória duvidosa. Foi a Mary que, inesperadamente, deu a deixa naquela manhã, enquanto via as garotas abrirem seus presentes — aparelhos obscenamente caros anunciados como "o Rolls-Royce das chapinhas de cabelo" (Princesa dos cabelos mágicos, vá para o inferno).

— Mas, Suse — Mary deixou escapar —, elas vão poder usar isso quando O Experimento começar?

Lancei-lhe um olhar reprovador, mas era tarde demais. Todo mundo tinha ouvido.

— Crianças, tenho um anúncio a fazer — comecei.

Todo e qualquer barulho de papel de presente amassado e de doces sendo mastigados parou. As meninas largaram as chapinhas. Bill colocou de novo a tampa do Sex Wax (uma espécie de produto capilar para pranchas de surfe). Até o Rupert olhou para mim com um misto de ansiedade e apreensão. Mas, tudo bem, ele é um pug e está sempre assim. Respirei fundo e soltei a bomba.

Não falei sobre minha preocupação com o bem-estar deles, com o desempenho escolar ou com a qualidade do sono, nem mencionei meus medos pelo desenvolvimento interrompido de suas habilidades sociais, intelectuais e espirituais. Isso teria sido muito irritante; teria colocado meus filhos na defensiva. Teria dado início a uma conversa, e uma conversa, francamente, era a última coisa que eu queria. O importante era anunciar, não "sugerir", ou, Deus me livre, "discutir".

Concluí meu anúncio, olhos em chamas pelo fervor convicto (e pelo medo):

— É um experimento de vida. Vamos fazer isso todos juntos, em família. E isso vai mudar nossas vidas.

Houve uma pausa congelada. Se a vida fosse um MacBook Pro, essa seria nossa "tela preta da morte".

Sussy quebrou o silêncio.

— Quer dizer... como *Troca de esposas*? — perguntou.

— Sim! — gritei. Abençoada seja por me jogar um colete salva-vidas. — Exatamente como um *reality show*! Exatamente.

Tirando o fato de que, é claro, não teremos uma TV... — Parei. Vi Bill e Anni trocarem olhares.

— E a lição de casa? — Bill perguntou, espertamente.

— Vocês podem fazer na biblioteca, na casa de um amigo ou em casa, usando...

— O quê? Um pedaço de pedra e um cinzel? — Anni perguntou, irritada.

— Se você quiser — respondi calmamente. (Fingir que não entendi é um pouco meu talento de mãe.) — Mas a questão é: não consigo controlar o universo. Infelizmente. Então será apenas a *nossa* casa que vai ficar desconectada.

Eu tinha pensado muito sobre isso. Em um mundo perfeito — por exemplo, no qual eu controlasse o universo —, O Experimento seria uma desconexão *total*: nenhuma mídia eletrônica, nadinha, nada mesmo, em lugar algum. Doía aceitar a realidade de que nem mesmo eu poderia orquestrar uma coisa dessas. A não ser que nos mudássemos para Djibuti, ou que eu aprisionasse todos num abrigo antibombas no quintal, não tinha como conseguir isso. Como qualquer outro pai no universo, eu tinha que encontrar serenidade para aceitar as coisas que não podia mudar, coragem para mudar as coisas que podia e velocidade de download suficiente para diferenciar uma coisa da outra.

Quando eles ainda estavam digerindo o início das boas-novas que eu havia anunciado, completei que escreveria um livro sobre a aventura.

— Espera aí, espera aí — interrompeu Anni. — Um livro? Tipo, para vender?

— Talvez. Um dia — respondi.

— Bom, e o que é que *a gente* ganha com isso?

Estremeci. Foi feio, mas eu estava pronta. Sabia que mais cedo ou mais tarde teríamos que abrir o jogo. Sendo a mais velha e a que mais tinha praticado os fundamentos da barganha, Anni tinha muita experiência na intermediação de pedidos de indenização em nome da parte queixosa. Eu poderia ter citado

Thoreau. Eu poderia ter explicado aquela ideia do Michelangelo ou produzido uma lista de leitura recomendada sobre mídia, cognição e aprendizado. Em vez disso, leitor, incentivei-os com dinheiro.

"Jogue o mesmo jogo que eles, e de maneira justa", murmurei, "e, sim, todo mundo vai sair ganhando com isso". Eu parecia um chefão da máfia. Mas, *madre di Dio*, tenho três filhos adolescentes. Com quem mais eu deveria parecer?

Dizem que quem não arrisca não petisca. E se tem uma coisa que aprendi nos meus quatorze anos de mãe solteira é que um ataque surpresa pode ser a melhor estratégia ofensiva. Eu sei que isso faz parecer que você e seus filhos estão em exércitos opostos ou algo assim, mas... bem, não é isso mesmo? Estabelecer limites pode ser muito difícil, principalmente se, como eu, você fica secretamente um pouco intimidada por pessoas que têm mais poder, são mais bonitas ou mais ricas. Claro, eles são seus filhos, e você os ama. Mas, mesmo assim, eles podem ser bastante assustadores.

Pode ser que eu esteja exagerando um pouco, mas, até onde sei, a maioria dos pais da minha geração — do fim do *Baby Boom* ao início da Geração X — não está exatamente no comando. Nós meio que assumimos isso nos desculpando, procurando aceitação.

Somos ruins em dar ordens, mas somos ótimos em dar opções, e é um hábito que carregamos desde o início. "Leite, querido?", adulamos como um *sommelier* servil. "Nossos especiais de hoje são de vaca, de soja, do peito ou de cabra." Pedimos a nossos filhos que cooperem. Não mandamos que o façam. E onde há uma objeção, negociamos. Eu tenho uma amiga que por muitos anos pagou semanalmente para que seus filhos escovassem os dentes. Eu mesma uma vez dei uma nota de vinte para que minha filha de sete anos cortasse o cabelo. Penso nisso hoje e estremeço. Tenho certeza de que teria conseguido com uma nota de dez.

Então, não é de se surpreender que as crianças de hoje tenham um vigoroso senso de autoridade. E que, metafórica e literalmente, elas ocupem mais espaço. No meu tempo, nos dias "em preto e branco", a vida em família — e a distribuição do espaço familiar — era muito diferente. Minha irmã e eu dividimos um quarto até a adolescência, e a maioria das outras crianças que conhecíamos também. Nós tínhamos um quarto sobrando, que minha mãe chamava de "o quarto da costura". Lá tinha um sofá-cama que nunca vi ninguém usar e uma Singer que era do tempo do governo Eisenhower. A última roupa que minha mãe tinha costurado de verdade provavelmente foi uma anágua para uma saia, mas essa não era a questão. A questão era: espaços não reclamados pertenciam aos adultos, como por direito divino de hipoteca.

Hoje, a maioria dos pais de classe média inverteu essas prioridades. As crianças não são mais os marginais da vida familiar, mas reivindicam seu direito de sentar à mesa VIP, mesmo que não a alcancem e tenham que usar cadeiras especiais. Elas veem os recursos da casa — móveis, eletrodomésticos, comida, adultos ou qualquer outro utilitário padrão — como *seus* recursos. Tenho uma teoria de que isso é especialmente verdade em casas de pais solteiros, onde a vida tende a ser mais igualitária, menos estrutural e hierárquica. Está bem, tende a ser caótica.

Consideremos a questão do quarto em maiores detalhes. Nossos filhos não só supõem que têm direito a um, como também supõem o direito de mantê-lo conforme um padrão que eles mesmos escolheram. Meus filhos balbuciavam "Mas o 'quato' é *meu*!" desde o momento em que conseguiam jogar seus bonecos do Elmo da grade do berço. Hoje, toda e qualquer parede e superfície do covil particular do meu filho tem algum tipo de grafite — incluindo, e eu não estou brincando, uma teia de aranha enorme em um canto — e seu quarto recebeu o nome carinhoso de muquifo. Dei permissão para isso tudo principalmente porque sou louca, mas também porque internalizei o mantra. O quarto é, afinal, dele.

Eu, ao contrário, não cresci com a noção de que "meu" quarto era "meu" no mesmo sentido que eles, e isso não se deve só ao fato de ter sido compartilhado. Nos velhos tempos — e eu me refiro a bem antigamente — o quarto pertencia aos pais e todos sabiam disso. Eles controlavam o acesso. Escolhiam os móveis e a decoração. (Minha irmã e eu tínhamos penteadeiras brancas estilo Queen Anne, colchas Martha Washington e uma pintura a óleo falsa da Maria Antonieta — só para cobrir todas as tendências políticas. Não é de se surpreender que quando nos mandavam para nosso quarto era realmente um castigo.) Os pais também diziam quando e como limpar o quarto. Nós passávamos aspirador, varríamos e trocávamos os lençóis uma vez por semana. Uma vez por mês — e isso mexe comigo até hoje — *nós lavávamos o rodapé*. Quando contei isso a meus filhos, recentemente, os olhos deles se arregalaram e ficaram do tamanho de CDs.

— Uau! — exclamou Sussy. — O que é rodapé? — Pacientemente, apontei para o molde pintado entre o piso e a parede do quarto dela. — Legal — disse ela, educada. — Nunca tinha notado antes. — Aposto que ela nunca mais vai notar.

Parcialmente, eu me culpo. Quando eles eram mais novos, eu tinha faxineira, como muitos outros pais. A parte boa era não ter que enlouquecer com os afazeres domésticos. A parte trágica é que incentivou uma mentalidade de que a limpeza e a arrumação da casa eram feitas como um toque de mágica no meio da noite por bondosas fadinhas. Meus próprios hábitos encouraçados de arrumar a cama com perfeição, os lençóis dobrados como nos hotéis e um lugar calculadamente casual para colocar os travesseiros, são fonte de admiração genuína para meus filhos. Eles costumavam trazer os amigos de vez em quando para dar uma espiada, como se meu quarto fosse a jaula de algum animal exótico.

Conheço muitos outros pais que não mantêm *nenhum* espaço adulto — e que acreditam que é uma forma de fascismo tentar fazê-lo. Como meus vizinhos, cuja herdada casa de dois andares expôs por muitos anos uma placa de madeira pintada à mão que dizia "Casa do Campbell" — Campbell era o filho de quatro anos do casal. (A mãe e o pai de Campbell, você talvez não fique surpreso em saber, dividiram os bens do lar e seguiram, cada um, seu caminho.) Sob o meu ponto de vista, existem graus de loucura, e gosto de pensar que a nossa família habita um lugar feliz entre a Casa do Campbell e o Acampamento Militar Para Crianças.

As crianças não apenas invadem o espaço do adulto, é claro. Elas também invadem o tempo do adulto. E este é um bem mais difícil de se isolar com biombos. A "hora de dormir", por exemplo. Quando eu era criança, era "ir para a cama enquanto/ os pássaros ainda estavam cantando", como Robert Louis Stevenson observou um tanto quanto amargamente. Com horário de verão ou sem horário de verão, estávamos na cama às 18h30. E se fosse preciso usar óculos de sol e protetor solar, paciência.

Hoje, "a hora dos adultos" tornou-se algo que precisa ser esculpido dolorosamente na estrutura bruta da vida em família — ou, mais precisamente, é preciso cavar às pressas, antes que comece a erodir. Eu era rigorosa com a hora de dormir quando meus filhos eram pequenos. (O sono é para as mães solteiras o que o hélio é para um balão de ar quente.) Mas, conforme os anos foram passando, cedi à pressão de pegar leve, que vinha dos amigos deles e de mim mesma. Nenhuma mulher quer ser vista como uma louca controladora, menos ainda aquelas que arrumam suas camas com um transferidor e um nível.

Como tantos outros pais da minha geração, acabei aceitando, a contragosto, a visão predominante de que o "tempo para mim" é uma indulgência — o equivalente temporal de um pedaço de torta de chocolate ou de um cigarro proibido, a exceção culposa à regra que evidencia aos pais — às mães em primeiro lugar, e às mães solteiras essencialmente — o que eles tentam negar: "Seu tempo não é seu." Na era dos "pais-helicópteros", não podemos querer as coisas de outra maneira. Pairar, como se tivéssemos hélices, sobre cada passo de nossos filhos, como se eles fossem criminosos em fuga ou acidentes de trânsito, é normal. Na verdade, nós devemos girar nossas hélices alegres, sentindo-nos privilegiados por poder fazê-lo. Estar disponível o tempo todo é o que significa ter filhos hoje em dia — mesmo filhos que são mais altos e sexualmente ativos que você (não que isso queira dizer muito no meu caso).

As opiniões variam entre essa tendência da educação sob demanda ser uma mudança saudável ou não. Em uma reportagem sobre a educação de filhos universitários, o jornalista Tamar Lewin, do *New York Times*, falou com uma estudante que usa mais de 3 mil minutos de celular por mês, principalmente em ligações para os pais, tios e avós. "Posso ligar para o meu pai e perguntar 'O que está acontecendo com os curdos?' É muito mais fácil do que pesquisar", diz a estudante. Seu pai não se importa. "Quer você esteja pensando sobre uma blusa ou uma aula, é ótimo ter alguém que responda a suas perguntas. Por que não seu pai?", ele pergunta, cordial.[1]

Hum, talvez porque o objetivo maior de se tornar um adulto seja ser autossuficiente? Porque maturidade significa principalmente adquirir a confiança e a competência de tomar as próprias decisões? "Antes da Revolução Industrial não existia esse conceito de que as crianças deveriam crescer, mudar-se e tornar-se independentes", o pai alega. Isso é verdade. Mas a filha dele não vive em uma sociedade agrária. Ela mora em um alojamento da Universidade Georgetown.

Independentemente do que você pensa sobre seus méritos na maneira como cuida dos filhos, é indiscutível que o "pai-helicóptero" seja o filho bastardo da era da informação. Sem um equipamento complexo de controle de voo e uma rede sofisticada de comunicação sempre alerta, o nível de vigilância que hoje consideramos normal, e até necessário, seria impensável. (Mais sobre isso quando olharmos em detalhe as mensagens de relacionamento que estamos enviando por nossos celulares — e eu não estou falando dos torpedos — no capítulo 4.)

Por enquanto, basta observar que, atualmente, crianças de todas as idades cruzam os limites do território adulto mais do que nunca e fazem isso porque seus pais convidaram-nas a fazê--lo, de forma consciente ou não. Digo isso não como censura, mas como autoconsciência. Como uma mãe que um dia deu um seminário na universidade enquanto amamentava um bebê de cinco meses — literalmente *enquanto* amamentava —, eu mesma sou um membro totalmente participante dessa geração de pais.

No entanto, mais subversivo que quaisquer de suas incursões no tempo e no espaço dos adultos, eu diria, é o senso elevado de direito à *informação* de nossos filhos — promovido e protegido por uma lei de direitos digitais sob a qual a autoridade da vida familiar está sendo radicalmente modificada.

— Não é justo. Quero dizer, e os amigos deles? Eles ainda vão ter algum quando isso acabar?
— Eles ficarão entediados, claro.
— Esqueça o tédio. Como eles vão fazer o dever de casa?
— Coitadinhas das crianças!

Não é sempre que a gente escuta uma conversa sobre quão ruins são nossas decisões. Na verdade, tirando meu telefonema semanal para minha mãe, que mora na Carolina do Norte, não posso dizer que um dia tinha tido essa experiência. Ainda não estou exatamente certa de como isso aconteceu. Num minuto eu estava me despedindo do pai de uma das amigas da Sussy — estávamos confirmando planos para um evento social que estava chegando — e no minuto seguinte estava ouvindo uma conversa particular direto da sala da casa dele. Depois que desligamos, o telefone dele de alguma forma rediscou meu número automaticamente e... bom, tudo o que sei é que eu ouvia a voz de Phillip com clareza, mas ele não estava falando comigo. (Às vezes a tecnologia *é* mesmo nossa amiga.) Naturalmente, reagi como qualquer outro adulto inteligente e responsável numa situação dessas: cobri minha orelha direita e segurei o aparelho na esquerda o mais firme possível.

Ouvi Phillip explicando os pormenores de nosso Experimento a umas visitas e algo que pareceu muito com um suspiro de escárnio. Ninguém disse diretamente que eu era desequilibrada (apesar de a frase "muita pressão no trabalho" ter sido repetida algumas vezes), no entanto, a essência era clara: O Experimento era duro e impraticável. As crianças sofreriam. E eu, como líder enlouquecida de tudo aquilo, estava beirando o abuso, um cruzamento entre a Supernanny a jato e um guarda de Abu Ghraib.

Não fiquei surpresa. Esse tipo de reação tornou-se comum desde que comecei a "assumir" a coisa. Até minha agente, Susan, pareceu um pouco preocupada quando a abordei pela primeira vez para falar sobre este livro. "Amei a ideia", ela me escreveu em um e-mail, "mas você tem certeza de que quer fazer isso com as crianças?". Como se o direito de uma criança ao acesso à internet e a um celular fosse semelhante ao direito a alimentação, roupas, abrigo e creme antifrizz. Inanição de informação, a atitude predominante sugeria, era uma forma de abuso infantil — exatamente o que meus filhos estavam tentando me dizer o tempo todo!

Houve outros que me animaram desde o começo, incluindo minha enteada Naomi, que tinha 37 anos e naquele momento tentava viver do aluguel de imóveis virtuais no Second Life. Mas mesmo entre os que concordavam, havia uma visão compartilhada de que estávamos "voltando aos anos 1970, ou mesmo ao século XIX".

O que *isso* queria dizer?

É verdade que a maior parte das tecnologias que controlam nossas vidas hoje, assim como as crianças que controlam nossas vidas hoje, surgiu nos anos 1990. Isso significa que muitas de nossas mídias são adolescentes também. Algumas das mais hipnotizantes delas — o iPod, o Nintendo Wii, o Facebook — mal saíram das fraldas. Não é de se surpreender que elas sejam o centro das atenções.

Logo no início do Experimento, estávamos no carro a caminho da escola quando minha filha de quatorze anos me lembrou de contatar com urgência a secretária da escola para avisar a mudança dos meus números de telefone.

— Eu disse para ela que você não tinha mais celular e ela ficou muito brava — contou-me Sussy. — Ela disse "E se houver uma emergência?".

Uma pontada de culpa atravessou meu corpo como um toque de celular estridente.

— O que os pais faziam dez anos atrás em uma emergência? — perguntei, fingindo estar calma.

— Há dez anos — respondeu ela friamente —, as mães ficavam em casa.

Quando falei com a secretária da escola mais tarde naquele dia, ela riu.

— Também não tenho celular — admitiu.

— Uau! Bom, e o que você faz em uma emergência? — não resisti à pergunta.

— O que todo o mundo costumava fazer dez anos atrás. Se tiver uma emergência de verdade, não se preocupe, nós a encontraremos.

A hipótese de que o acesso ininterrupto à informação eletrônica e ao entretenimento é direito de toda criança — e responsabilidade de todo pai — estabeleceu-se de forma profunda. Mesmo tendo acontecido com a rapidez de um batimento cardíaco.

A primeira conta *dial-up* de nossa família foi instalada em 1996 — fomos pioneiros na Austrália. Hoje, apenas 25% das casas norte-americanas *não* têm uma conexão à internet ativa, de acordo com dados de 2010 do Nielsen Net Ratings. Em 1996, as famílias ainda estavam descobrindo o e-mail, e as crianças mais aventureiras estavam testando os primeiros sistemas de busca e tropeçando em sites de jogos gratuitos.

Hoje, o adolescente americano comum de dezesseis ou dezessete anos passa tanto tempo conectado quanto dormindo.

Apesar de o primeiro PC da IBM ter chegado ao mercado em 1981 — pense na música "Bette Davis Eyes" e no casamento de Charles e Diana —, a maioria das famílias não comprou seu primeiro computador até o final dos anos 1980. Eles eram coisas metálicas enormes, com telas verdes pavorosas e menos memória do que um paciente de Alzheimer avançado. O primeiro "computador para as crianças" que compramos rodava o Windows 98, e, como todo adulto sabe, 1998 foi, tipo, há cinco minutos. Quando a amiga da minha filha de oito anos customizou o desktop e as cores das fontes para nós, ficamos em volta dela, perplexos. Para nós, ela era um gênio.

Comprei nosso primeiro celular em 2001 — para a minha filha de dez anos, Anni, e ela foi o centro das atenções na escola, com seus colegas de turma implorando por uma demonstração. Só comprei um celular para mim mais ou menos um ano depois e quando mandei minha primeira mensagem de texto, considerei uma bravata tecnológica, perdendo apenas para a abertura do anexo de um e-mail. O iTunes foi lançado em 2001 também — apesar de nossa família ter levado cinco longos anos para descobri-lo — e o *smartphone* BlackBerry, embora apresentasse uma tela monocromática horrível, surgiu em 2002. Em 2008, quando o iPhone fez sua estreia australiana, eu já tinha evoluído da tecnofóbica à verdadeira *geek*. Em 24 horas eu tinha comprado um.

Você se lembra do Game Boy? Pode não ter mudado o mundo, mas certamente revolucionou as férias familiares. Foi lançado em 1989. O Nintendo 64, confusamente, foi lançado em 1996, dez anos antes do lançamento do Wii. O GameCube, o Xbox, o PlayStation e seus numerosos descendentes portáteis — assim como outros grandes nomes que deram um *joystick* para o mundo — são filhos deste milênio também.

Os primeiros MMOs — "massively multiplayer on-line" ou jogo on-line para múltiplos jogadores, como World of Warcraft ou Second Life, que geralmente envolvem simulação e interpretação — começaram a aparecer na mesma época que minhas estrias, no início dos anos 1990. A internet de alta velocidade — o tipo veloz e furioso que fez com que fosse possível *viver* no ciberespaço — está disponível a usuários domésticos há pouco mais de uma década, muito menos do que isso na Austrália. Em setembro de 2008, o número de assinantes de banda larga na Austrália era 5,7 milhões, crescendo 90% nos seis meses seguintes.[2] Nos Estados Unidos, apesar de a economia estar lutando para se recuperar, 73 milhões de lares — ou 60% do total — mantiveram suas contas de internet em 2010.[3]

TiVo (mais ou menos em 2000) e mesmo os DVDs (mais ou menos em 1995) — uma sigla, insistem seus fundadores, que não quer dizer absolutamente nada — já parecem tecnologia velha, apesar de estarem longe da obsolescência. Mas procurar um videocassete para assistir a seus vídeos antigos caseiros é como encontrar um telefone de baquelite para vender.

Está bem, e o e-mail? Não podemos ter uma conversa indispensável, onipresente e onívora sem falar do e-mail.

Eu me lembro do primeiro e-mail que recebi como se fosse ontem. Foi da minha amiga Pat, que trabalhava na Universidade de Princeton, e me foi entregue em mãos e em cópia impressa (irônico, eu sei) pelo técnico de TI do departamento da universidade em que eu trabalhava na época. O ano era 1994. Até aquele dia, eu tinha apenas uma vaga ideia do que *era* um e-mail; eu certamente não sabia que me tinha sido atribuída uma conta. Eu estava animada. Profundamente confusa, mas animada.

Na verdade, apesar de o e-mail ter sido apresentado pela primeira vez no Instituto de Tecnologia de Massachusetts (MIT) em 1961, foi só no final dos anos 1990 que as empresas e os usuários domésticos entraram na jogada — principalmente depois do lançamento do Hotmail, em 1996. E eu sei de tudo isso graças ao Wikipédia, é claro (lançado formalmente em 2001, caso você esteja off-line e queira saber).

Falando em monólitos, o site de busca (e muito mais) Google, que enquanto estou escrevendo emprega uma força de trabalho global e em tempo integral de 20.222 pessoas e é considerado a marca mais poderosa do mundo, foi registrado como domínio em 1997. O verbo onipresente "to google", ou "googlar", foi adicionado aos dicionários *Merriam-Webster* e o *Oxford English Dictionary* em 2006 (para 144 milhões de outras fontes de informação neste tópico, coloque no Google "história do Google").

Como se essas estatísticas não bastassem, considere que o Facebook, que hoje tem mais de 400 milhões de usuários ativos — metade dos quais, eu juro, são "amigos" da minha filha de dezoito anos — foi lançado em 2004. *Vejam isso, 2004!* Se o Facebook fosse seu filho, ainda estaria no ensino fundamental. Hoje, os australianos passam em média um terço de seu tempo on-line no Facebook. É notavelmente um recorde mundial. O resto da aldeia global não está muito atrás. Um estudo da Nielsen publicado em janeiro de 2010 mostrou que o uso das redes sociais aumentou em 82% em relação ao ano anterior.[4] A GFC (Global Friending Crisis, ou crise global de amizade) parece estar se aproximando.

Tão novinho e já chegou tão longe, não é?! E se 1996 parece a Idade da Pedra até mesmo para alguém como eu — que se lembra do tempo em que o rádio transistor era tecnologia de ponta —, será que é mesmo de se surpreender que nossos filhos não consigam imaginar uma vida sem as mídias? Ou que na hierarquia de necessidades de Maslow (edição juvenil) o acesso à internet, e-mail, Facebook, iTunes, Nintendo e celular estejam entre "Segurança" e "Amor/Relacionamento"?

Ainda assim, se a lei dos direitos digitais cada vez mais governa a vida em família, e eu acredito que sim, é importante reconhecer quem primeiro a ratificou. Na verdade, e isso é um pouco vergonhoso, fomos nós. Principalmente aqueles para quem a era da informação coincidiu com a paternidade, gerando agitação, confusão e um declínio estranho de atenção. Fomos apanhados em uma monção de mudança tecnológica tão alucinante em sua intensidade quanto... bem, a própria experiência de ter filhos. E digo isso não para provocar o sentimento de culpa — se você é pai, não precisa da minha ajuda para isso —, mas para conscientizar.

O debate público em torno da ecologia da mídia da vida familiar tem apresentado uma característica inevitável: colocar os pais, não tão erroneamente, na posição do menininho holandês com o dedo no buraco da represa. Depois de seis meses tentando manter uma única casa desconectada, acredite, tenho muita empatia por essa visão. É verdade, não temos a intenção de deter toda a água, mesmo que quiséssemos. Mas por que deveríamos querer? Informação, como a água, é uma coisa boa... em seu lugar.

O velho ditado nos lembra que, para um homem que só tem um martelo, o mundo inteiro parece um prego. Será que também é verdade que, para uma garota com uma conta no Photobucket, o mundo inteiro parece um ensaio de moda? Ou que, para um garoto com um *joystick* e uma placa de vídeo, o mundo inteiro parece um gnomo psicótico com um machado? Em grande medida — definitivamente maior do que gostaríamos de admitir —, sim, parece um pouco. Em última análise, a resposta não é eliminar o martelo, mas entender que ele é usado para outras coisas além de bater. É assegurar que nossos filhos tenham as mãos — e as cabeças — livres para pegar outros brinquedos também.

Alguém um dia disse que não dá para saber quem descobriu a água, mas que não foi um peixe. Independentemente de qualquer coisa, nosso Experimento estava prestes a impulsionar-nos, atordoados e ofegantes, para fora de nosso aquário para sempre.

2
Decisão enérgica: cai a escuridão

"Só amanhece o dia para o qual estamos despertos."
— *Walden*, Capítulo 18

Deslizando pelas portas francesas até a varanda, senti o ar noturno em minha pele como um hidratante caro, quente e denso e com uma leve fragrância. Já passava um pouco da meia-noite em uma madrugada abafada de verão. Eu via a lua, e alguns riscos de nuvens passageiras formaram-se entre o telhado inclinado de estanho e a bungavília branca que tinha crescido como que num passe de mágica desde que o tempo quente havia se instalado. O cheiro do sal do oceano era tão fresco que eu quase podia sentir seu sabor.

Dentro de casa, as crianças estavam dormindo, queimadas de sol e ainda cheias de areia das duas semanas de férias. Concentrando-me, eu conseguia ouvir o zumbido de um ventilador de teto e, mais ao longe, o ronco do computador do meu filho, tão familiar e insistente quanto meus batimentos cardíacos. O *display* digital do meu despertador, vermelho fogo, só era visível de onde eu estava. Vendo-o reluzir, meu coração começou a bater em minha cabeça como se fosse um alto-falante.

Eu sabia o que tinha de fazer. E estava morrendo de medo.

Uma voz dentro de mim dizia: "Você é mãe, certo? Qual é a novidade?"

Olhei fixamente para o relógio de luz que estava na minha frente, na altura de meus olhos, com a opção "rede" iluminada por um parco feixe de luar, mirei com a mão firme... e disparei.

A ideia de desconectar-nos por seis meses tinha sido calculada. A ideia de adaptação para o Experimento com duas semanas de Acampamento Militar do Blecaute foi mais uma inspiração repentina. Se você preferir, uma lâmpada que se apagou.

Psicologicamente, tirar da tomada toda a catástrofe — incluindo luzes e aparelhos — pareceu fazer sentido. Como numa piscina gelada, era melhor, com certeza, mergulhar num pulo de tirar o fôlego do que vivenciar o momento gradualmente, sentindo cada passo doloroso. E tinha um bônus: até o momento em que fôssemos ligar a energia de novo, estaríamos dessensibilizados. Ficaríamos felizes com o que recuperamos, em vez de lamentar o que perdemos. Ou era, pelo menos, o que eu esperava.

Nesse meio-tempo, bom, eu gostava muito de luz de velas. (Que mulher já com alguma idade não gosta?) Além do mais, isso significava nada de aspirador durante duas semanas e nada de montes gigantescos de roupas na lavadora. Falei para as crianças que cada um de nós se responsabilizaria pelas próprias roupas sujas e dava quase para vê-los contando silenciosamente quantas roupas de baixo ainda tinham limpas. Nós tínhamos um fogão e um aquecedor a gás, então cozinhar não seria um problema e ainda poderíamos tomar banhos quentes.

— Vai ser como um acampamento, gente! — eu disse, entusiasmada.

— Nós odiamos acampar — Sussy lembrou. — *Você* odeia acampar, mãe.

Detalhes, detalhes!

— Odeio insetos e sujeira e sacos de dormir — corrigi. — Isso é acampar do jeito que deveria ser: com nossas camas, travesseiros, copos e banheiros com descargas.

O próprio Thoreau me ajudou a calcular o tempo. Ele tinha começado a viver no lago Walden no dia da Independência dos Estados Unidos, 4 de julho de 1844. Para nós, no hemisfério sul — onde Thoreau, naturalista, ficaria encantado em ver as árvores que perdem suas cascas mas mantêm suas folhas —, isso seria o equivalente a 4 de janeiro. Igualmente importante, daria exatamente doze horas após nosso regresso de Gracetown. Logo, poderíamos lavar na máquina toda a roupa suja do feriado que enchia o porta-malas. (Deus do Céu, lavar tudo isso na mão seria como aspirar o pó da casa com uma seringa). Do ponto de vista das crianças, nosso Experimento *terminaria* no Dia da Independência.

— Mas e o telefone? — tinham me perguntado as crianças, em pânico.

Expliquei que simplesmente voltaríamos a usar telefones com fio antigos, mas eles continuaram desconfiados.

— Como eles vão ficar carregados? — choramingaram.

— Vocês não estão falando sério — respondi.

A verdade é que eu não fazia ideia. Sério, como é que um telefone básico *não* precisa de eletricidade? É quase mágico, se você parar para pensar. E na verdade eu tinha parado para pensar nisso não fazia muito tempo.

Foi em um dia, talvez seis meses antes, quando O Experimento era apenas um brilho malvado nos olhos penetrantes da mamãe aqui. Eu estava trabalhando em casa e ouvi o barulho de muitos telefones tocando. Nada incomum para nós. Nossa coleção sem fio naquele instante contava com cinco aparelhos, cada um programado pela Sussy com o próprio toque satânico especialíssimo (uma versão remix meio tecno de "Home Sweet Home" era o mais assustador). As visitas às vezes saíam correndo aterrorizadas quando os aparelhos tocavam. Para mim, a parte assustadora era encontrar aqueles malditos apetrechos.

As crianças raramente se preocupavam em levar os telefones de volta para suas respectivas bases. Para ser sincera, não era meu forte também. Na maior parte do tempo, nós simplesmente os jogávamos onde eles tinham sido usados pela última vez, como papéis de chiclete ou meias de ginástica. Normalmente, era possível seguir um toque até sua fonte — enrolado nas roupas de cama, espreitando timidamente de dentro de uma gaveta entreaberta ou esmagado sob as almofadas do sofá como uma uva-passa. Mas tudo isso tomava tempo, energia e o tipo de senso de humor que eu raramente tinha a esse ponto, a não ser que uma rodada de margaritas estivesse envolvida. O problema maior era com os desaparecidos em combate: telefones que tinham ido para longe de suas bases e sido deixados para morrer em alguma trincheira. De vez em quando *todos* eles se perdiam e eu acabava em uma caçada implacável, procurando aqueles que estavam muito fracos para responderem aos sinais.

Nesse dia em especial, eu estava esperando uma ligação importante de trabalho e... bem, vamos dizer que se um telefone toca na floresta e ninguém consegue encontrá-lo, não dá para considerar que ainda emite som.

No dia seguinte eu saí e comprei dois telefones com fio para colocar no meu quarto e no escritório. Tinham uma cor bege, sem vida, com botões enormes e nada mais, e foram claramente feitos para retardados e enfermos. Não tinha importância. A essa altura, eu me encaixava facilmente nas duas categorias. As crianças rolaram no chão de tanto rir quando viram, mas eu sabia que ia rir por último. Quando o telefone tocasse novamente, em vez de ter que procurá-lo com a ajuda de uma tocha, um vidente e um contador Geiger, eu poderia só ir até ele e atender.

— Sinceramente! — vangloriei-me. — O que vocês têm na cabeça?!

Em se tratando de telefones, estávamos preparados. Iluminação seria moleza, já tínhamos estocado velas, querosene e lanternas a pilha. Seria como iluminação ambiente. No mínimo, daria um ar romântico ao acúmulo de pelos dos animais de estimação que não seriam aspirados. Com a comida e a bebida seria um pouco mais difícil, mas pensei que seria uma boa desculpa para comprar uma caixona térmica — eu sempre quis ter uma, com rodinhas, do tipo que parece grande o suficiente para armazenar restos humanos — e consumir comida como um solteiro, ou seja, espontaneamente e um dia de cada vez.

"Não nos deixemos transtornar nem submergir naquela terrível corredeira e redemoinho chamado almoço", Thoreau aconselhou. Eu ia seguir o conselho.

Ficar sem ar-condicionado no forno que é o verão da Austrália era uma coisa um pouco mais difícil. Por isso, eu sabia, nós íamos definitivamente ficar com gostinho na boca... Não diferente de como fazíamos todo ano. É verdade. Apesar das temperaturas que ficam em torno dos 32°C ao longo de todo o verão e às vezes passam dos 38°C, muitos australianos ainda não têm sistema de refrigeração e nós fazíamos parte desse grupo. Não era tão ruim na cidade portuária de Fremantle, onde morávamos e onde, mesmo nos dias mais quentes, o Fremantle Doctor — a famosa brisa que vem do Oceano Índico — vem nos aliviar no fim da tarde. Abrir mão de nossos ventiladores de teto seria muito difícil, no entanto — principalmente para Sussy, que prefere dormir com um ventinho independentemente do clima, como um filhote de lobo.

Se acontecesse o pior, pensei, poderíamos encher a banheira com água gelada e gelo e viver mergulhados como arroz. Nós fazíamos isso quando as crianças eram pequenas e mais dóceis; e quando está muito quente e ninguém está por perto, eu ainda faço. Não é o jeito mais digno de se refrescar, mas uma vez que se rompe a barreira da dor e a sensação de que somos pedaços de carne humana congelada, é bem legal. Bill falou sobre reviver sua "refrescada" de infância preferida e fazer um "bebê de gelo": cubos de gelo enrolados em um pano de prato que se amarram com um elástico, para levar para a cama e abraçar como se fosse um urso de pelúcia novo, ou um segundo marido.

A única coisa com que eu estava realmente preocupada era o meu cabelo (um assunto sobre o qual, por acaso, Thoreau não forneceu nem um pouquinho de inspiração). Apesar de eu tentar minimizar a importância disso em suas vidas, a verdade é que Anni e Sussy tinham uma predisposição genética a ter TOC com o cabelo. Eu tinha problemas de codependência com minha chapinha também — principalmente desde que parei de pintar. O livro de Anne Kreamer, *Meus cabelos estão ficando brancos*, tinha sido um dos pontos altos do meu ano literário, e eu tinha abraçado completamente a causa. Até o momento, a experiência de aderir aos fios brancos vinha sendo razoavelmente positiva. Eu parecia menos jurássica do que temia — algo mais Susan Sontag que Bob Hawke. Tinha cortado a franja recentemente e descoberto que, com alisamento diário, ficava quase elegante. Sem alisamento diário, ai de mim, parecia quase maluca: ondulada e lambida por uma vaca, como a guarda de uma prisão feminina em algum desses filmes que passam tarde da noite.

É engraçado pensar nas coisas a que nos apegamos quando analisamos a vida em seus elementos mais essenciais. Thoreau descobriu que simplesmente não conseguia viver sem um volume de Homero no grego original. Para mim, era a franja lisa, muito lisa.

3 de janeiro de 2009

A ÚLTIMA NOITE, 22h17.
Enquanto escrevo estas palavras, a meras duas horinhas da Operação Desastre, uma overdose de mídia toma conta da casa. As garotas estão perseguindo um novo gatinho pelos muitos perfis do MySpace, minha afilhada Maddi (que está passando férias aqui) está se alimentando tanto quanto pode de seu acesso à internet pelo celular e Bill está sentado, calmo e, temo, entorpecido na frente do computador. Está jogando um game de gladiador em alta definição de novo: homens enormes com cabecinhas pequenas, escravas com sutiãs com bojo. Tem muita luta acontecendo.

Algumas reclamações na volta de Gracetown hoje, mas é difícil brigar depois de duas semanas de férias. Ao chegar em casa, Anni reuniu forças para uma última (ou, pelo menos, assim espero) birra:

— O que você está pedindo para a gente fazer não é justo. Você nem está pedindo. Só está comunicando!

"Reconheci as preocupações" porque pensei que fosse uma boa estratégia de mediação, mas também porque ela estava certa. Ela anunciou dramaticamente que teria que "mudar para a casa do papai, ainda que não quisesse fazer isso". Tudo provocado por minha recusa em atrasar O Experimento até a tarde do dia seguinte, permitindo assim que ela secasse e alisasse o cabelo depois de nadar pela manhã.

Não que eu não simpatizasse com a causa, mas respondi com firmeza que a decisão não estava em minhas mãos. Preferi dar a impressão de que a energia ia "ser desligada" (digamos, pela companhia de eletricidade) a admitir que eu mesma iria desligar tudo. Sou uma covarde. Mas sou uma covarde experiente. Sei o tipo de chateação que isso poderia gerar. O suficiente para iluminar toda a vizinhança.

Acalmei-a lembrando que ela estava livre para usar a chapinha na casa de amigas ou de vizinhas.

— Mas mãe, isso não seria contra as suas regras?

Nem um pouco. Pelo menos, acho que não. Espera. Essas pessoas não percebem que eu vou inventando as coisas conforme os problemas aparecem? Isso mesmo, é como educar os filhos.

Eu tinha planejado discutir as expectativas-barra-pressentimentos de todos quanto à Grande Jornada Tediosa que tínhamos à nossa frente, mas recuei. Temia que pedir-lhes que pensassem em muitos detalhes pudesse ser desastroso. Eles estavam sendo notável e estranhamente complacentes até o momento. Queria que isso continuasse.

Quanto a mim, prevejo que vou sentir muita falta de:
- minha chapinha (rs)
- meu iPhone
- Microsoft Word (porque, francamente, minha mão já está cansada de escrever)

- *Google!!!*
- *New York Times on-line*
- *fingir que não moro em Perth*

Fui ao lojão de descontos de ferragens comprar as coisas de que precisávamos na manhã de 4 de janeiro tentando me lembrar das palavras de Thoreau: "Simplifiquem, simplifiquem!" Está bem, não era tão difícil lembrar. Mas foi mais difícil do que parece porque, na verdade, eu amo lojas de ferragens, e quanto mais complicado melhor. Posso passar horas procurando por artigos de bricolagem: prateleiras, puxadores e acessórios, ferramentas. Ganchos para pendurar fotos são uma fraqueza particular, e então, por alguma razão, o corredor de fixadores também — como colas, pastas, grampos. (Por favor, não me diga que isso é uma metáfora.) Enquanto caminhava rumo ao setor de ILUMINAÇÃO, passando por estantes com caixas e sopradores de folhas e por corredores que pareciam não ter fim cheios de mangueiras, lembrei-me do conselho de Thoreau: "Tenham dois ou três afazeres, e não cem ou mil; em vez de um milhão, contem meia dúzia, e tenham contas tão diminutas que possam ser registradas na ponta do polegar."

Claramente, aquele homem nunca tinha saído para comprar lanternas numa loja daquelas. Lanternas comuns, de feixe alto, fluorescente, de bolso, à energia solar, à prova d'água, sensível ao toque e até aquelas de colocar na cabeça (tudo de que eu precisava para ler *Walden* em uma mina). Passei bons 45 minutos repassando minhas escolhas, mas no fim acho que Thoreau ficaria orgulhoso. Ou pelo menos não completamente horrorizado. Guardei meu recibo — porque Thoreau guardava seus recibos e os copiava, o que faz com que saibamos exatamente quanto ele gastou para construir sua humilde casa de um quarto, até o último prego e a última madeira (28,12½ dólares). Com o que eu gastei em seis lanternas, uma caixa de velas, fósforos grandes, várias baterias e uma caixa térmica (240,81 dólares), Thoreau teria construído um centro de convenções.

A caminho de casa parei para comprar o maior saco de gelo que pudesse encontrar (3,75 dólares), que usei para encher a caixa térmica. Estoquei a caixa com o essencial: leite, queijo, ovos, uma barra de Lindt preto 70% cacau, um pepino e um Margaret River Semillion Sauvignon Blanc bem decente. ("Creio que água é a única bebida para um homem sábio", Thoreau escreveu. É, bem... eu sou mulher.)

Já tinha se passado metade da manhã. Sentei à mesa da cozinha e, assistindo às cortinas dançarem com a suave brisa do mar, pensei alegremente em todas as tarefas que eu não conseguiria fazer. Em uma manhã normal, se não estivesse no trabalho alternando entre meus e-mails, meu editor de áudio, as mensagens de voz de dois telefones e minhas costumeiras seis abas abertas no Internet Explorer, estaria em casa alternando entre o aspirador, o iPhone, a chapinha e três documentos de Word em graus variáveis de revisão. Sempre acreditei que as manhãs fossem minhas horas do dia mais produtivas. Thoreau também achava, mas de uma forma diferente. Enquanto estava no lago Walden, ele escreveu: "Cada manhã era um alegre convite para viver minha vida com a mesma simplicidade e, diria eu, inocência da própria Natureza." Olhando para os 75 dólares em baterias sobre a mesa da cozinha, ocorreu-me que a simplicidade é enganosamente complexa. A quietude era boa — agora que eu tinha vivenciado, talvez, vinte minutos dela —, mas também era, honestamente, um pouquinho assustadora.

Acho que foi Sartre que observou tão sombriamente que "a vida está em outro lugar" (e ele estava morando em *Paris* na época).

Ele estava errado, é claro. A vida nunca está em outro lugar. E convencer-se do contrário — que você é uma vítima do destino, um prisioneiro, ou até mesmo um fantoche — só reforça esse ponto. Isso é uma das coisas que meu não tão autoimposto exílio abaixo da linha do equador me ensinou.

Quando eu disse para meu namorado australiano que o seguiria até o fim do mundo, eu não imaginava que ele fosse me levar tão a sério. Nós estávamos estudando na Universidade de Nova York, terminando nossos doutorados, quando Ron, nascido em Sidney, recebeu uma oferta de emprego em Perth, Austrália Ocidental. Se não fosse aquele convite, talvez nunca tivéssemos nos casado. Certamente nunca teríamos ido morar em Perth — uma mudança que, do meu ponto de vista nova-iorquino (ainda que de uma nova-iorquina idealista, inevitavelmente mergulhada na brisa de dopamina do amor adolescente), parecia mais para a superfície da Lua.

Nosso divórcio três anos depois não foi algo que se poderia chamar de inesperado. Ele era um sacerdote anglicano que gostava de golfe, tênis e vinho do Porto. E eu era uma intelectual feminista feroz que fumava feito uma chaminé. Nunca ia dar certo. Nossas diferenças geográficas eram igualmente inconciliáveis. Ele estava feliz por voltar ao seu país depois de ter passado quatro anos em Nova York. E eu, por mais que gostasse do ar puro e das praias maravilhosas, sabia que nunca ia conseguir chamar a Austrália de lar.

Isso foi há 24 anos. (Rs.)

Nesse meio-tempo, casei novamente — desta vez com um médico — e tive três filhos (não necessariamente nessa ordem) com um ânimo alarmante. As crianças tinham quatro e dois anos, e a menor tinha seis meses, quando nos separamos. Meu primeiro divórcio tinha sido triste, mas amigável. O segundo foi uma conflagração. Com um australiano como pai de meu filhos, minhas chances de voltar a morar nos Estados Unidos a partir de então eram tão remotas quanto a própria Perth.

Eu tinha seguido meu coração até o fim do mundo. E agora estava presa lá.

Isso foi há quatorze anos e muitas vidas atrás. Penso no tempo em que eu desejava que meu ex-marido fosse atropelado por um ônibus e sinto muita vergonha. Se ele tivesse se mudado para um país subdesenvolvido já teria sido ótimo. Brincadeira, gente! Ele foi e, claro, ainda é o pai dos meus filhos. Eu me lembro disso todos os dias da minha vida. As crianças o amam, e ele as ama, e independente de nossas diferenças, isso deveria ser o suficiente para mim. Não é. Mas pelo menos reconheço que deveria ser. Como aquela colcha pela metade que enfiei na última gaveta quando minha filha mais velha começou o ensino médio. Estou tentando.

A morte, há quem diga, faz a mente se concentrar maravilhosamente. O mesmo acontece quando se é o único responsável por três crianças com menos de cinco anos. Nos primeiros anos, como muitos outros pais solteiros, agarrei-me à minha identidade profissional como um bebê a um umbigo. Comecei a escrever uma coluna semanal sobre meus filhos em um jornal e também livros sobre a diferença entre meninos e meninas e a vida em família. E comecei a planejar. (Até aquele momento, havia vivido o aqui e agora com uma literalidade um pouco exagerada talvez.) Arquitetei um plano para em cinco anos nos levar dali. Seis anos depois, mudei para um plano de dez anos, e depois, um plano de quinze anos. Enquanto isso, minha energia de leoa era toda canalizada para educar meus filhos: um pegajoso, privado de qualquer sono decente e extraordinário dia de cada vez. Comecei a pensar que, se o lar é onde o coração da gente está, então, de acordo com as minhas contas, eu já estava de volta ao Kansas. Algumas vezes, até acreditei nisso.

Todo esse pano de fundo é importante porque, de um jeito até engraçado, a experiência de ser... bom, *deslocada* tem sido um tema central para mim. Quase posso dizer que sair do meu território tem sido a história da minha vida adulta. Foi, com certeza, a fonte do meu vício em tecnologia. Simplificando, a mídia digital fez com que fosse possível eu viver em dois lugares ao mesmo tempo — Austrália e Estados Unidos — em uma divisão de corpo/alma tão sustentada e ambiciosa que fazia Descartes ter a complexidade de um ralador de queijo.

Quando comecei a viver no estado da Austrália Ocidental em 1986, uma carta vinda de Nova York de avião demorava duas semanas para chegar. ("Era preciso um papel especial, selos especiais, adesivos especiais", digo às crianças com uma voz trêmula. "Sério, estamos falando de um passo além da cera e do anel de sinete.") Ligações telefônicas entre hemisférios eram como a piada do Woody Allen sobre as refeições no resort Catskills: eram terríveis e você nunca ficava cheio delas. Irritantes atrasos de três segundos na transmissão asseguravam muitos silêncios constrangedores e linhas cruzadas, além de um eco estranho e sibilar que emprestava à conversa toda a intimidade de um especial do Jacques Cousteau. Na verdade, "conversa" não é o termo preciso. Basicamente, balbuciávamos. E se a pessoa com quem você estava conversando reconhecesse o *seu* balbucio, já era um avanço.

Havia problemas ainda maiores do que o atraso de quatro semanas para descobrir como estava seu sobrinho de dois meses (já seria, na verdade, seu sobrinho de três meses). As palavras-cruzadas do *New York Times*, por exemplo. Como a Rapunzel ansiando pelo príncipe, meu desejo por elas ficou tão intenso que meu marido, preocupado, foi forçado a furtá-las — uma vez, no escritório do Consulado Americano no St. George Terrace. Foi uma delicadeza que nunca esquecerei.

Hoje, o *New York Times* é minha *homepage*. Eu o leio no meu iPhone, no trem a caminho do trabalho. Faço as palavras-cruzadas do dia também, se me der vontade. Mas não há pressa. Porque, como membro *premium* do clube das palavras-cruzadas, tenho acesso a mais de 4 mil outros jogos, e suas soluções, nos arquivos do *Times*. ☺

Como posso começar a explicar como essas inovações mudaram minha vida? Eu escuto a primeira edição do jornal da NPR ao vivo em meu quarto (apesar de fazê-lo na madrugada anterior, devido ao fuso-horário). Escuto um zilhão de *podcasts* norte-americanos no rádio do carro — incluindo quase todos os programas emitidos pela "minha" primeira estação de rádio pública, WNYC. WNYC! Na via expressa Kwinana, indo para o sul atravessando o rio Swan. Passando os subúrbios de Dog Swamp e Innaloo e o inspiradamente intitulado Centro de Entretenimento de Perth!

Posso conversar com minha família via e-mail, Facebook, MSN ou Skype, instantaneamente e em tempo real, sempre que quiser. Com *webcams*, podemos fingir que estamos todos juntos, no mesmo hemisfério. (O que, se você parar para pensar, talvez seja o motivo de não fazermos isso com muita frequência...) Posso ligar para o celular da minha irmã em Long Island pelo meu celular em Fremantle. Posso comprar música americana, livros e DVDs diretamente da Amazon. Posso fazer downloads de programas dos canais americanos diretamente do iTunes — às vezes percorrendo um caminho tecnológico heroicamente longo para isso (como comprar um cartão-presente americano do iTunes no eBay, em dólares australianos, de um vendedor espanhol, como fiz recentemente).

Antes da internet, comprar livros dos Estados Unidos — ou até mesmo de Sidney ou Melbourne — era uma operação a longo prazo. Um atraso de três a seis meses na entrega era normal. Sem exagero, as palavras "correio marítimo" ainda me deixam enjoada. Hoje, posso comprar *e-books* tão rápido quanto qualquer pessoa, em qualquer lugar, em mais ou menos um minuto. A primeira vez que tentei, literalmente chorei de alegria.

Para uma viciada em informação que vive no exílio como eu, a alvorada da era digital tem sido como a chegada de um navio de resgate.

Mesmo durante a minha primeira experiência on-line — no tempo em que os *websites*, assim chamados, consistiam principalmente de páginas densas de alfanuméricos — soube instantaneamente que meu mundo, e por extensão o mundo, tinha deslocado de seu eixo, de forma irreversível. O arrepio que correu por meu corpo foi o mesmo choque de reconhecimento que senti na manhã em que conheci meu marido, no dia em que assisti ao primeiro jogo de polo aquático do meu filho, no momento em que olhei para o rostinho da minha primeira filha. A vida se dividia em antes e depois daquele momento. E sei que isso parece bem dramático. Mas... é esse o objetivo.

Depois de 24 anos, dois maridos e incontáveis mudanças no cabelo, ainda sou uma nova-iorquina que está só de passagem. É uma identidade cultural tão teimosa quanto qualquer marca de nascença, que nenhuma exposição ao sol implacável da Austrália Ocidental pode apagar. Para mim, a tecnologia da informação é muito mais que um meio para se chegar a um fim. É uma linha direta, uma corda de salvamento, para o meu Mundo Real. Aquele do qual eu não posso participar física ou diretamente. Aquele que existe Do Outro Lado, meio mundo além do azul inacreditável do Oceano Índico e da brisa que entra pela janela da cozinha.

Quando acertei um golpe em uma varejeira — elas estão para o verão do oeste australiano como cravos estão para a adolescência — ocorreu-me que o maior desafio de todo este projeto poderia ser abandonar esta ilusão avestruziana: de que enterrar minha cabeça em informação e entretenimento vindos de "casa" era tão bom quanto estar lá.

Mas, por enquanto, havia muitos outros detalhes que precisavam ser apurados. Naquele momento, estávamos desconectados apenas em teoria. Na realidade, era um caso de mídias, mídias por todos os lados e nenhuma gota para delas beber.

Os laptops não deram problema — enfiei todos os três em um armário de arquivamento, na letra H de hibernação — mas sumir com o amado computador de Bill foi um pouco mais difícil.

A Besta, como nós o chamamos (e o móvel cinza imenso em que ele ficava), era, com a permissão de todos, o ponto central da sala de estar. Agora ele estava lá, um pouco torto, coberto de poeira e periféricos descartados, como as ruínas de um monumento de uma raça de bárbaros adolescentes há muito extinta.

Um monitor enorme ficava serenamente no centro cercado por garrafas de água semivazias e papéis de bala amassados. Desencostei a mesa da parede, revelando uma teia de fios, cabos e conectores. E também um livro de física. Vi uma mecha que temi ser cabelo humano, mas se revelou um chumaço de pelos do Rupert e algumas pontas de lápis. Tirei uma foto, pelos velhos tempos. Então arregacei as mangas.

Nas duas horas seguintes, desconectei e enrolei fios de uma profusão impressionante de parafernália digital: dois telefones, um Nintendo DS, um PS3, um iPod, dois Game Boys *vintage*, vários *pen drives*, um HD externo e uma máquina fotográfica digital. Três quartos desses aparelhos estavam perdidos e dados como mortos, mas guardei os fios mesmo assim. Porque eles poderiam aparecer um dia, como os patinhos da música ou um pai que não paga pensão — e também porque eu sou, ai de mim, uma colecionadora. Para ser sincera, tudo o que consegui me livrar foi de um chumaço de pelos.

O resto da parafernália eu espanei, enrolei e escondi no fundo da estante antiga de TV, perto dos vídeos do Barney. (É isso mesmo. Podemos querer assisti-los novamente um dia, tá?) A própria Besta estava saindo apenas para umas férias, uma espécie de *tour* com paradas nos quartos dos amigos de Bill. Fiz uma pequena mala para ela — um cabo USB, alguns DVDs e um *pen drive*, para o caso de ela se sentir sozinha — e levei para a porta da frente para esperar pela carona.

Sempre me preocupei com o fato de que em uma família com mãe solteira de alguma forma o risco de excesso de informação era maior. Mas isso não era verdade, de acordo com o instituto de pesquisa Pew Internet & American Life. Os últimos resultados mostram que famílias com ambos os pais têm a maior concentração de tecnologia de todos os tipos de lares. Hoje, os lares com crianças de oito a dezoito anos têm uma média de dois computadores, e 84% das crianças norte-americanas usam a internet em casa. Então, juntando tudo, nossa soma de um computador e três laptops — um para cada membro da família — pode não ser típico, mas não é totalmente anormal.[1]

As televisões eram o item seguinte da minha lista. Eu esperava me livrar delas antes que Bill voltasse do treino. (Se tem uma coisa de que Bill gosta mais do que a Besta, é de ser goleiro de polo aquático. Sem nenhuma distração digital, seria uma boa apostar que a piscina se tornaria seu vício-padrão.) De acordo com pesquisas da Fundação Kaiser, uma casa típica com crianças tem uma média de 3,8 televisões, 2,8 aparelhos de DVD ou videocassetes e uma câmera de vídeo digital. Trinta e sete por cento desses lares também mantêm com orgulho um aparelho de DVD portátil no carro. Entre jovens de oito a dezoito anos, 71% têm uma TV no quarto, além de um videogame e assinatura de canais pagos. Nesse, como em tantos outros aspectos, somos aberrações, mas dessa vez no bom sentido. Tínhamos apenas duas TVs, sem contar aquela velharia de 12 polegadas em preto e branco que a Sussy comprou por cinco dólares em uma feira de artesanato quando tinha nove anos. ("Obra interessante", brinquei na ocasião.)

Números da Associação dos Consumidores de Eletrônicos mostram que 87% dos lares americanos têm TV a cabo ou via satélite. Na Austrália, menos de um quarto das casas tem, e tínhamos saído dessa estatística mais ou menos seis meses antes do Experimento começar. Particularmente, e eu me sinto meio estranha admitindo isto em público, eu *não* assisto à TV. Não é uma questão moral. Eu só sou como aqueles tipos naturalmente vegetarianos, que por razões estranhas preferem linhaça a bifes.

Nem sempre fui assim. Quando criança, todo meu dia era pensado em torno de meus programas favoritos, e tinha sido assim desde o momento em que coloquei os olhos em meu primeiro programa infantil preferido, mais ou menos em 1961 (pense em vestidos de festa de tafetá, conjuntos de moletom e sapatos de salto para *todas as minhas amigas hoje!*). Mas algo aconteceu com meus hábitos televisivos na época em que fui para a faculdade. Como minha virgindade, talvez, meio que se perdeu no caminho. Quando tive filhos, então, desapareceu completamente.

Como mãe solteira, a última coisa que eu queria no fim do dia era barulho. Qualquer tipo de barulho. Eu não conseguia nem ouvir *música* durante anos. No meu quadro de referências, a TV era estritamente um dispositivo para ocupar/distrair/divertir crianças. Eles assistiam a seus programas favoritos e eu tinha tempo de fazer o jantar e dobrar meias, ou cumprir prazos e — muito de vez em quando — sair com alguém.

Em quatorze anos nessas condições, namorei apenas três homens, ainda que tenha morado com dois deles. Não ao mesmo tempo! O segundo desses namorados, um australiano ex-atleta olímpico, chegou aqui tendo na bagagem um canal de esportes que funcionava 24h — parte de um lindo pacote de TV por assinatura —, e o impacto nos hábitos televisivos da família foram dramáticos.

Sussy entrou em contato com suas raízes americanas latentes e descobriu os seriados de comédia e, quanto mais bobos eles eram, mais ela gostava. (*Zack & Cody: Gêmeos em ação*, por exemplo, sobre gêmeos idênticos de onze anos que moram em um hotel de luxo e têm uma mãe solteira que trabalha em uma boate. É o suficiente?) Bill se envolveu brevemente com o World Wide Wrestling antes de desviar a atenção para *Family Guy* e *The Daily Show* e uma temporada de futebol australiano. Anni, curiosamente, não assistia a nada — nunca. Ela achou da nossa nova TV via satélite mais ou menos o que achou do meu novo namorado: "Não sou fã", disse ela, resumidamente.

O relacionamento terminou, mas o estilo de vida ficou por um tempo. Foi só quando atingi o estágio de aceitação do luto pelo fim do namoro que finalmente mandei cancelar a assinatura. A essa altura, as crianças já haviam descoberto as alegrias ilícitas do download. Trancados em seus quartos com os últimos episódios de *The Hills* ou *A vida secreta da adolescente americana* ou *Naruto*, a sala de estar onde ficava a TV de repente se esvaziou. Era hora de seguir em frente. Carregamos o antigo aparelho para o quarto de Bill e eu comprei outro barato para colocar no lugar, para a vergonha das crianças. Era sob a carga dessa vergonha que eu agora cambaleava em direção ao jardim.

Coloquei-a cuidadosamente sobre uma prancha de isopor, como se ela iniciasse uma longa jornada pelo oceano. A TV de Bill, que devia ter mais ou menos o meu peso, ia ser um desafio maior. Mas eu estava desesperada para me livrar dela antes que ele voltasse do treino. Pode parecer ridículo, mas ele era muito apegado a ela — e orgulhoso dela, quase como os homens com seus carros e aparelhos eletrônicos. Eu me sentia culpada por separá-los. Má também. Tinha desconsiderado quase completamente os amigos que disseram: "Tem certeza de que quer fazer isso com as crianças?" Agora, pela primeira vez, eu não tinha tanta certeza.

O que eu ia fazer se o Bill de repente estourasse? Se recusasse a se separar da TV e voltasse atrás em sua promessa? Eu ficaria devastada. Não só pelos planos que tinha feito (por mais elaborados que fossem), mas por ele. Por todos nós.

Eu queria que meus filhos vivenciassem isso — e queria isso exatamente do mesmo jeito e pelas mesmas razões que queria que viajassem para o exterior, praticassem ioga, aprendessem uma língua estrangeira ou a velejar: para crescerem. Para se descobrirem. Para tornarem-se mais vivos, nas palavras à *Walden* de santo Irineu. Meus filhos viviam na Austrália desde que nasceram. Mas no que diz respeito a aspectos importantes eles tinham sido criados em outro lugar, na cidade-estado supranacional profetizada por Marshall McLuhan na década de 1960 e concretizada por Bill Gates e Steve Jobs na década de 1990. Digitopia. Cyburbia. A Aldeia Global. Chame do que quiser, é onde eles vivem agora. Meus filhos são cidadãos australianos *e* americanos. Mas em primeiro lugar e mais importante, eles são nativos digitais — assim como os seus.

Quando encontrei o termo "nativo digital" no livro *Nascidos na Era Digital*, de John Palfrey e Urs Gasser, de 2008, eu nem precisei ler a definição. Sabia instintivamente o que significava e a quem se referia. O termo foi cunhado pelo designer de jogos e autodenominado "visionário" Marc Prensky em 2001 e se refere à "primeira geração nascida e criada completamente conectada", nas palavras de Palfrey e Gasser.[2] Isso significa que Anni, Bill e Sussy, todos nascidos entre 1990 e 1994, definitivamente são membros qualificados. Eu não.

Apesar de meu conhecimento tecnológico duramente conquistado, e embora eu consiga fazer algumas tarefas on-line melhor que eles (bem, uma, mas mesmo assim... Se tivesse um programa chamado *Você acha que sabe usar o Google?*, eu viraria uma sensação da noite para o dia), sou, por definição, uma imigrante digital — e se você nasceu antes de 1980, também é.

Não importa se nós, imigrantes digitais, nos tornamos gênios da tecnologia, deixamos revelar nossas origens do Velho Mundo a cada passo. Começando pela leitura dos manuais de instruções, que é uma confissão imediata. Quando uma nova tecnologia é adquirida, os nativos não precisam sair em uma busca descontrolada para encontrar o botão de ligar. Eles apenas sabem, como se algum dispositivo para detectá-lo automaticamente, sobre o qual seus inferiores ou pais só leram nas páginas de informática de seus jornaizinhos infelizes, tivesse sido instalado neles. Acontece o mesmo com novos aplicativos. Imigrantes como você e eu lemos com dificuldade toda a documentação. Seguimos o tutorial. Fazemos o registro para ter acesso ao suporte on-line. Em resumo, abordamos qualquer nova experiência midiática — do Twitter ao TiVo — como se fosse um desastre digital prestes a acontecer. Começamos indo atrás de uma cadeira de rodas e uma bengala, só por precaução.

O nativos acham isso hilário. Eles se sentem tão ameaçados por novas mídias quanto por um par novo de tênis. Eles tomam para si e começam a corrida. Enquanto lutamos para configurar data e hora, eles já assistiram a um videoclipe, customizaram os toques com efeitos sonoros apropriadamente atuais e mudaram o papel de parede por uma foto do pug "se aliviando".

Nós, imigrantes digitais, damos duro para aprender a língua estrangeira. Ainda falamos "download" com hesitação e um sotaque forte. Falamos "escrever" quando deveríamos falar "postar", "página" quando deveríamos falar "perfil". Hesitamos em "adicionar" pessoas ao nosso círculo de amizades. Nós esquecemos o que a palavra "avatar" significa, se alguma vez já soubemos. E apelamos constantemente para nossos filhos para que traduzam tudo isso para nós. ("Ei, gente! A prima Linda acabou de jogar *barrel of monkeys* no Facebook. Por favor, me digam se isso é uma coisa boa.")

Como muitos outros de sua tribo, meus nativos digitais viajavam regularmente para outras terras, ainda que em pequenos saltos, mesmo antes de O inverno da nossa desconexão começar. Eles *liam* livros (de vez em quando). Eles tocavam instrumentos, praticavam esportes e saíam para fazer compras. Seguiam a tendência estranha de pintar o cabelo com cores esquisitas. Por Deus, eles apertavam o *pause* para comer — pastando constantemente como um pequeno mas atraente rebanho de cabras. E claro, não importa o que estavam fazendo, ou quantas coisas ao mesmo tempo, eles sempre encontravam tempo para irritar uns aos outros.

O objetivo do Experimento era mandar os nativos digitais para uma *longa* viagem ao exterior. Uma espécie de férias em família no Velho Continente. Um experiência de imersão, se você preferir, na cultura de seus antepassados. Com o tempo, atrevi--me a esperar, eles poderiam até adaptar alguns de seus costumes curiosos e usá-los em casa, em sua terra natal.

Mas tais sonhos grandiosos teriam que esperar. No momento, eu tinha um objetivo mais modesto: tirar logo a bendita TV dali. Fui até o quarto do Bill, que fica nos fundos da casa, para uma vistoria. Fazia muito tempo que eu não ia ao muquifo para fazer algo específico. Olhando ao meu redor agora, entendi o porquê. A TV era do tamanho de um congelador. O quarto era do tamanho de uma geladeira. Dizer que ela dominava o espaço era um eufemismo absurdo. A boa notícia era que a TV ficava sobre uma cômoda cuja altura não passava da minha cintura. Ergonomicamente, isso era bom porque queria dizer que eu não precisava dobrar os joelhos para levantar o aparelho. Poderia facilmente colocar meus braços em volta dele... se eu fosse um gorila. Como eu esperava, a coisa era tão pesada e imóvel quanto um marido jogado em um sofá. Tinha que haver outro jeito. Talvez um carrinho de mão? Se sim, eu teria que trabalhar rápido, pois o Bill já estava para chegar.

Fui correndo até o galpão, meio que esperando encontrar Lucy e Ethel, de *I Love Lucy*, se esgueirando atrás do saco de fertilizante tão cômica era a situação (pelos próximos seis meses, eu iria vivenciar vários momentos como esse). Se um dia já desejei secretamente que a minha vida fosse filmada e assistida por uma plateia — e acredite, nunca quis isso —, teria sido um sucesso. Ao lado de uma manta velha para cavalos, o carrinho de mão era um riquixá perfeito. Levei-o até a entrada dos fundos, a um passo da porta do quarto. Até consegui pegar a TV e erguê-la. O que não consegui foi me virar ou caminhar. Ou respirar. Estava presa ao chão, pensando desesperadamente no que fazer em seguida, antes que meus braços se desmontassem como peças de Lego, quando Bill veio correndo pelo corredor, uma toalha de piscina balançando ao vento, presa como uma capa em seus tornozelos.

— Pqp, mãe!

Ai, meu Deus. Eu odeio quando ele fala... siglas feias.

— O que você está fazendo? — ele repetiu, irritado. — Deixa que *eu* faço isso.

Naquele momento, fiquei tão emocionada com aquela afirmação inesperada que praticamente reuni a força de dez mães na menopausa. Para mim, significava que Bill não ia desistir. Metafórica e literalmente, aquilo tirou um peso enorme das minhas costas.

No fim, precisamos de toda nossa força — e ele é um menino de quinze anos com 1,80m e ombros largos como um machado — para tirar a TV pela porta dos fundos, no brilho ofuscante do sol do meio-dia, cruzando a grama sob a laranjeira até a escuridão sufocante do galpão. De um jeito ou de outro, Bill conseguiu colocá-la sobre a outra TV, esmagando a prancha e um dedo indicador (o meu). Ele a cobriu amorosamente com um cobertor e marchou como um bravo para dentro de casa.

Do meu ponto de vista, as duas semanas seguintes se passaram — ou flutuaram, na verdade — como se fossem um sonho.

— Isso é porque estava tão escuro que você não conseguia *ver* nada, mãe — Anni lembrou-me, ácida. Mas mesmo assim, o Acampamento Militar do Blecaute provou ser um dos momentos mais serenos e transformadores de toda a minha vida adulta. Um cínico talvez diria que teve algo a ver com o fato de que as luzes estavam apagadas e ninguém estava em casa. Há um pouco de verdade nisso, sem dúvidas.

Sussy precisou de fato mudar-se — levou uma mala e o MacBook com ela.

— Acho de verdade que está na hora de eu passar um tempo com o papai — ela explicou novamente com sinceridade, mas não de todo convincente. Não fiquei feliz com isso. Mas ela provavelmente precisava mesmo passar mais tempo com o pai, que havia visto apenas algumas vezes nos últimos anos. Ele morava em uma casa no campo a mais ou menos uma hora de carro ao sul, mas tinha também uma casa perto da nossa, onde ficava durante a semana. E se Sussy realmente acreditava que o lar era onde o MySpace estava, essa era uma oportunidade perfeita para testar a hipótese.

Tentei não me sentir "bloqueada" — para usar a linguagem das mensagens instantâneas — mas nem sempre fui bem-sucedida. Houve muitas vezes no decorrer dos anos em que me senti reduzida a um tipo de "santo provedor de serviços" para meus filhos, mas isso estava fazendo com que a coisa atingisse outro nível. Falei para mim mesma que seria uma experiência enriquecedora para todos nós e continuei indo ao *Walden* em busca de consolo. "A riqueza de um homem é proporcional ao número de coisas que pode deixar em paz", li. É, mas não da *filha*, não pude deixar de pensar.

Apesar de serem mais sutis com a história, Anni e Bill também fizeram uma estratégia de fuga durante essas primeiras semanas de leite morno, lençóis quentes e banhos gelados. (Tinha sido um choque descobrir que o aquecedor a gás precisava de energia para acender. Quando descobri, no segundo dia — a reserva de água quente tinha sido suficiente para todos nós no primeiro —, até eu balancei. Se o clima não estivesse tão abafado, O Experimento poderia ter dado errado ali, naquele momento.) Houve muitas noites dormidas na casa de amigos. Menos esperado, houve algumas noites em que os amigos vieram dormir aqui também.

As crianças conheciam muita gente que tinha ido e vindo da Europa e da América do Norte como se não fosse nada. Mas ninguém, *ninguém*, tinha passado por uma situação dessas — não intencionalmente e não nas próprias casas. As lanternas *à la Harry Potter* não eram o único atrativo. A oportunidade — se você consegue acreditar nisso — de jogar jogos de tabuleiro também era. Eu não tinha imaginado que o Acampamento Militar do

Blecaute teria um valor de novidade tão forte entre os que passariam por essa experiência conosco.

Na primeira noite sem energia, Sussy, Maddi e eu começamos com uma rodada de mímica e *elas* iniciaram a brincadeira. ("Imite um ventilador", brincou Sussy.) Tentei me lembrar da última vez que algum de meus filhos tinha me pedido para jogar um jogo. Tirando os de perguntas, fazia anos. Claro, nós jogávamos pôquer e General quando estávamos viajando com outras famílias — principalmente na Ilha Rottnest, onde, como em Gracetown, a falta de inovação tecnológica era uma das principais características. E é claro que jogávamos muitos jogos quando eles eram pequenos.

Mas todos tinham crescido e se tornado tão competitivos que passei a evitar deliberadamente qualquer coisa que envolvesse um ganhador e um perdedor. Eles ainda faziam queda de braço quase todas as manhãs para decidir quem iria sentar no banco da frente no carro. Eu certamente não ia arriscar uma partida de Banco Imobiliário com essas pessoas. O Experimento significava que tínhamos menos escolha em relação a cooperar ou não — como aquele filme do Hitchcock em que todo mundo está preso em um bote salva-vidas e tem que se unir ou morrer de hipotermia.

Algumas noites, Pat, amigo do Bill, dormiu lá em casa. Parece que ele teve uma briga enorme com os pais e o irmão sobre o tempo que passava no computador. Rsrsrs!

— O Bill falou que estamos sem energia aqui? — perguntei, cuidadosamente.

— Por mim, tudo bem — rosnou. — Cansei disso mesmo.

A última vez que Pat dormiu aqui em casa, ele trouxe seu computador — preso na bicicleta, como se fosse uma criança. Isso não era incomum. Era uma amizade, na verdade, entre quatro elementos: dois meninos e dois computadores. Não importava quantas vezes Bill me explicasse, nunca consegui entender por que isso era necessário — se eles estavam jogando um jogo, por que não jogavam um de cada vez? Mas tinha alguma coisa a ver com batalhar entre si e em tempo real. Sinceramente, era muito semelhante a estar casado.

Dessa vez, Pat trouxe uma escova de dentes e um livro no lugar do computador.

— Uau! Pat sabe ler? — Sussy provocou. Ela estava em casa para passar o final de semana com a gente. Naquela noite, fui dar boa noite e vi os garotos sentados na cama de Bill, lado a lado, com suas lanternas e seus livros: *Harry Potter e o Prisioneiro de Azkaban* e — imagine só — *Deus, um delírio*.

Então, no final das contas, Dawkins estava errado, pensei, enquanto andava nas pontas dos pés até meu quarto. Existe, *sim*, um Deus.

5 de janeiro de 2009

Em paz, uma atmosfera quase zen na casa hoje.
Fácil, ninguém está em casa.
Sério, a qualidade do silêncio mudou. Está mais denso, mais meditativo.
Acabou o burburinho. É bom.
Limpei a geladeira e encontrei duas máscaras de olhos em gel enfiadas embaixo de um resto de queijo pecorino. Nojento! Fiz frango ao curry para o jantar. As garotas (Anni, Maddi e Sussy) chegaram por volta das 20h e rolaram de rir ao encontrar Bill e eu comendo na varanda à luz de um lampião. "Assustador!", gritaram. (Anni: "Mãe, essa é a ideia mais idiota que você já teve.") Mas pegaram suas lanternas com obediência e entraram.

Andei sorrateiramente pelo corredor mais tarde e encontrei todas na cama de Anni, cercadas por lanternas e revistas. Sussy lendo um livro e as outras duas discutindo o "pânico de relacionamentos".

Quartos terrivelmente bagunçados no momento, mas, graças a Deus, não consegui ver muitos detalhes.

6 de janeiro

Escrevi minha coluna à mão, assim como este diário. É doloroso para a mão e para a cabeça, muito. Não existe mais dúvida nenhuma: Microsoft Word. É demais. Suspiro.

Comprei um monte de canetas novas e cadernos, para me alegrar. (Pontas ultrafinas, permanentes e cadernos de espiral com capas pretas sóbrias, mas elegantes.) Passei uma quantidade de tempo vergonhosa arrastando-me pelos corredores bem iluminados e climatizados da papelaria. Posso me imaginar abusando delas se não tomar cuidado.

Palavras-chave na lista de desejos (ou seja, coisas que queria pesquisar no Google hoje): 1 - diuréticos naturais; 2 - o ministro da Justiça francês; 3 - passagem aérea mais barata de Perth a Nova York; 4 - causa da morte de Henry David Thoreau.

Li cada palavra abençoada do jornal.

Bill foi de bicicleta até a casa do Vinnie e ligou para perguntar se podia dormir lá. Evidentemente, a Besta ainda vaga, procurando alguém para devorar.

7 de janeiro

Já completamente acostumada com a rotina digna de Walden agora. Passei a manhã em South Beach, mergulhando, cochilando e relendo Thoreau. Fui para casa comer queijo quente feito na frigideira. (N.B.: Descobri como fazer torradas sobre chama aberta. Espetar o pão com um garfo longo, segurar sobre a chama fazendo círculos. Evitar observar-se no exaustor.)

Refeições definitivamente estranhas, fora de qualquer rotina. Hoje: ½ croissant de amêndoas, duas mangas, um sanduíche de queijo, uma taça de vinho, um refrigerante de toranja, um KitKat. Thoreau riria. Mas ele também tinha algumas vontades bem estranhas. "Vi de relance uma marmota cruzando furtivamente meu caminho", escreveu, "tive uma estranha emoção de prazer selvagem e senti uma forte tentação de agarrá-la e devorá-la crua; não que eu estivesse com fome, a não ser uma fome daquele agreste que ela representava". Interessante. Senti a mesma coisa com o KitKat.

8 de janeiro

Próximo dos 40°C hoje — mesma previsão para amanhã. Não posso jogar "conversor de medidas" no Google para encontrar o equivalente exato em Fahrenheit, mas sei que está próximo dos cem. (Estranho que depois de 23 anos de sistema métrico eu ainda tenha essa necessidade. "Dez quilômetros? Ok, mas quanto é isso realmente?" Sempre quero saber.)

Tenho caminhado bastante, apesar do calor. Muito esquisito sem o iPod. Costumava escutar certos podcasts para determinados percursos. Desconectada, estou tentando prestar atenção à paisagem do lugar. Fazer novos trajetos para ter algo interessante/novo para observar. Figueiras, por exemplo. Estão em toda parte nessa vizinhança! Experimento um figo de cada árvore por que passo. Thoreauniano? Talvez. Engordativo? Definitivamente.

Problemas com os cabelos continuam a me desafiar. Experimentei alisamentos low-tech — por exemplo, pentear a franja molhada para trás e prendê-la como se a cabeça fosse um bobe enorme. É triste. Pareço, como temia, uma mendiga. Mas pelo menos estou com um bronzeado legal. Então, talvez, uma mendiga brilhante...

9 de janeiro

Tensão.

Briguei com Anni por causa da louça, cobranças no cartão de crédito por livros atrasados na biblioteca e outras atitudes básicas de "princesinha". Voltou para casa ontem à noite às DUAS da manhã. Entreguei silenciosamente uma lanterna a ela e à amiga e voltei para a cama. ("Desculpe pela minha CASA DE DOIDOS, Laura!, ela gritou.) Está culpando O Experimento por toda a bagunça e desorganização da vida dela no momento. Pergunto para mim mesma todo dia, ou toda hora, onde foi que errei. Impotência? Nem me deixe começar a falar disso.

10 de janeiro

Noite ruim: sonhos febris e perturbadores. Eu quero, eu quero e eu quero ouvir minha rádio!
Expliquei ao treinador de Bill sobre O Experimento e fiquei surpresa e um pouco assustada ao ver seus olhos marejarem. Ele fez um discurso ao Bill sobre como ele era sortudo de passar por uma experiência como essa... Como ele se lembraria disso por toda a vida e SERIA GRATO À SUA MÃE (minha parte preferida). Disse que adoraria fazer o mesmo em sua casa. Bill ficou mudo. Olhou para mim com algo que parecia respeito.
Anni pediu desculpas por ontem e fizemos uma grande e catártica limpeza no quarto dela. ("Simplifique, simplifique, querida. Por exemplo, por que ter uma dúzia de latas de Coca Zero quando duas ou três são o suficiente?") Ela disse que contou a algumas amigas sobre O Experimento e ficou surpresa com quantas acharam legal.
Lavei a roupa à mão, aliás. Surpreendentemente agradável (só algumas blusinhas de verão e roupas de baixo — não consigo imaginar como seria lavar os lençóis ou, Deus me livre, o uniforme de futebol do Bill). Lembrei-me do tanque da minha avó e de como ela lavava suas roupas de baixo na cozinha todas as manhãs e logo as pendurava para secar. Senti-me muito virtuosa e ecológica, levando tudo para o varal como uma dona de casa dos anos 1950. Mas ainda com vergonha do cabelo.

11 de janeiro

GATINHO NOVO!!! Decidi que precisávamos de um brinquedinho novo depois de tudo isso. Hazel! Tão fofinha. Anni e Bill escolheram-na na feira da Cat Heaven. Ela tem medo do Rupert, apesar de ele ser tão feroz quanto um tapete persa.

23h. As meninas estão conversando e lendo à luz de velas, no quarto limpo e arejado, não estão grudadas no Facebook em um esquecimento quase zumbi do caos ao seu redor. Elas estão cansadas — como deveriam, dada a hora —, e não conectadas.

13 de janeiro

Decidi que o lava-louça é completamente superestimado. Não é nenhuma economia de tempo — está mais para um dispositivo de perda de tempo. Sua função é, certamente, ¾ estética — ou seja, tirar a louça suja de vista. Uma cozinha escura faz o mesmo instantaneamente.

15 de janeiro

Como administrar o tempo (hora de levar, hora de buscar) sem um celular? Primeira tentativa hoje, quando precisei da ajuda de Bill para pegar a cama. (Ofereci uma cama queen-size para compensar a perda da TV. Não vai ter lugar nem para colocar um alfinete no quarto dele agora, mas que seja...)

Logística complicada! Eu no trabalho, em Perth, Bill em Fremantle. Plano elaborado para Bill pegar um ônibus e depois um trem para Subiaco, onde nos encontraríamos na estação às 15h30.

Muito ansiosa, já que planos como esse geralmente requerem uma meia dúzia de mensagens de um lado e de outro para confirmar, alterar, reconfirmar e realterar ("Perdi o ônibus", "Não estou conseguindo comprar o bilhete do trem", "Tudo bem se nos encontrarmos quinze minutos mais tarde?" etc., etc.).

E adivinhe?

Nós nos encontramos a tempo. Quando a cabeça dele apareceu na multidão que subia a escada rolante, praticamente dei um soquinho no ar (mas sabia que isso ia fazer com que ele descesse de novo!).

É como nos velhos tempos, quando as pessoas simplesmente apareciam.

16 de janeiro

Estou de saco cheio daquela maldita caixa térmica. Garrafa de vinho tombada e cheiro de vinho barato em todas as compras. Arranhão nojento na bancada também.

Fui até o quarto do Bill esta manhã e encontrei-o brincando com SOMBRAS. Está obcecado com a Hazel, como todos nós. (Sussy reclamou que não estava junto quando a escolheram. Sentou no tapete e ficou brincando com ela durante horas.)

Senti uma falta terrível do iPhone quando tive que esperar vinte minutos com o Bill pela comida tailandesa no restaurante. Desesperada, fiquei jogando jogo da velha e forca. Muito divertido. Um bloquinho pode ser uma distração bem bacana. Tinha me esquecido disso.

17 de janeiro

Mais ou menos 22h30 — última noite sem energia!

Anni está literalmente contando os minutos até a meia-noite. Ela está lendo com a ajuda de lanternas, cercada por velas. Hazel cochila na barriga dela.

18 de janeiro

Deixei que houvesse luz. E energia também.

E foi muito, muito bom.

Bill saltita pela cozinha: "A eletricidade é demais! A eletricidade é demais!" Ligou o micro-ondas só para ouvir os bipes e saiu dançando de novo.

Anni: "Não ligo se NUNCA mais tiver meu computador, contanto que eu possa ler em meu quarto com o ventilador ligado e as luzes acesas."

Sussy veio nos visitar de novo. "Estava com saudades da Hazel", explicou. Sei, sei. A Besta retornou de sua peregrinação. Está lá, derrotada, no corredor, como se dissesse: "Olhem para minhas habilidades gráficas, todos vocês, poderosos, e desesperem-se!"

Alisei o cabelo devagar e com uma alegria profunda e gratificante. Assei bolinhos (de milho).

A eletricidade ainda era o máximo no dia seguinte, e continuou o máximo por muitas semanas que se seguiram. Mas, no que diz respeito a períodos de abstinência, reagimos muito bem, acredito. Ninguém teve rompantes de suor frio ou alucinações com visitas de fantasmas das *playlists* passadas. Mas, em alguma medida, a escuridão nos separou. A mais importante foi a partida de Sussy. E, sinceramente, todos nós buscamos nossos próprios refúgios: na casa de amigos ou em cinemas, no clube da cidade ou em bares com internet wi-fi, na rua dos cappuccinos de Fremantle. Meu refúgio era um afloramento rochoso na ponta de South Beach, onde passei horas lendo *Walden* e escondendo minha franja crespa. E estava tudo certo. Afinal, essa era uma parte importante do plano: tirar-nos de nossas respectivas celas digitais e levar-nos àquela área livre de e-mail chamada "vida".

De qualquer forma, como o próprio Thoreau nos fez lembrar: "Como os jovens podem melhor aprender a viver a não ser tentando a experiência de viver?" Agora que as luzes estavam acesas novamente, a diversão real (se é que podemos chamá-la assim) estava para começar.

3
Tédio para iniciantes

"Não faça nada. Fique aí parado!"
— Autor desconhecido

Naquela primeira manhã, acordei com o som do canto dos passarinhos. "Cacete!", resmunguei. (Viver com três adolescentes não é exatamente um aprimorador de vocabulário.)

Inclinando-me para abaixar o volume do CD *player* — aquele maldito CD de relaxamento balinês estava começando a me irritar — percebi de repente. Meu Deus. Os pássaros estavam vivos. Era todo o resto que estava morto: meu despertador, o ventilador acima da cama, as luzes, os aparelhos e toda e qualquer máquina que possuíamos. Da sala de estar, os sons costumeiros de uma manhã de domingo estavam notavelmente — quase assustadoramente — ausentes.

Nada de MTV. Nada de videoclipes. Nenhuma explosão de fogo antiaéreo ou carregamento da arma de um atirador. Nenhum toque ou bipe ou — tirando os pássaros — chilrear de qualquer tipo.

Para ser sincera, parte de mim estava achando estranho. Mas outra parte, possivelmente minha orelha média, tremeu com algo que podia ser alegria. Lembrei-me das palavras de Thoreau sobre o poder de cura da quietude: "Existem inúmeras belas coisas que não podemos dizer se tivermos de gritar." Naquele momento, senti uma onda de gratidão e certeza. Eu sabia, no fundo da minha alma, que o que estávamos fazendo estava certo e que já tinha passado a hora de fazê-lo. Fiquei lá deitada, mergulhada no silêncio, praticamente deitada nele, quando de repente bateram à porta.

— Mãe! — uma voz ressoou.

Afundei-me embaixo das cobertas, cobrindo-me como se fosse uma grande mãe avestruz.

— Mãããão, estou entediado — Era Bill, com uma toalha pendurada sobre os ombros, exigindo que eu o levasse à piscina para jogar polo aquático. Reclamava que ele já tinha passado "tipo, uma hora" relendo Harry Potter, e que suas opções "desconectadas" estavam agora esgotadas. Tenho certeza de que havia muitas coisas bonitas que eu poderia dizer sem gritar. Só não conseguia me lembrar de nenhuma.

Uma hora se passou, só mais 4.379. Ai, ai!

Depois que tínhamos embalado nossos aparelhos, passei horas desenrolando coisas, ficando desconfortavelmente íntima e próxima do emaranhado de cabos, conectores e tufos de pelo de cachorro que se escondiam atrás das mesas. Eca! Quem diria que teria uma bagunça tão grande lá atrás? Quando finalmente terminei o trabalho, senti-me — para usar o verbo preferido das minhas filhas — purificada. Nos seis meses que se seguiram, passei muitas horas a mais desembaraçando minhas ideias sobre nossos aparelhos, separando algumas pressuposições de observações, desvencilhando artigos de fé (e esperança) de verdades inconvenientes. Eca! Quem diria que teria uma bagunça tão grande ali?

O tédio foi um dos primeiros nós que encontrei. E foi o tédio que me fez começar a pensar sobre sir Don Bradman.

Assim como toda criança americana em idade escolar sabe a história de George Washington, toda criança australiana aprende a história de Don Bradman, um menininho da floresta que não cresceu para se tornar primeiro-ministro, mas para se tornar uma coisa muito, muito mais importante: um jogador de críquete. Para ser justa, Bradman não era apenas "um" jogador de críquete. Como todos sabem, ele era o deus do críquete. O maior e mais amado batedor da história do esporte.

Bradman nasceu em 1908 e foi criado no interior, em New South Wales — também conhecido como "fim do mundo". A lenda diz que o jovem Don não tinha bola de críquete nem taco, só uma bolinha de golfe e um pedaço de pau, que ele usava com devoção e até um pouco de compulsão para bater contra um reservatório que coletava água da chuva nas longas, quentes e poeirentas tardes.

"Naquele tempo, não queria dizer nada", Bradman admitiu mais tarde. "Eu estava apenas me divertindo. Não fazia ideia de que estava treinando minha visão e meus movimentos." Aos doze anos, Bradman foi declarado um prodígio do críquete. A média de pontos de sua carreira — 99,94 — é largamente reconhecida como a maior conquista estatística de qualquer esporte.

Tudo isso porque ele era tão absurdamente talentoso? Ou tudo porque ele estava tão absurdamente... entediado?

O tédio é uma questão sobre a qual O inverno da nossa desconexão nos deu muito tempo para pensar. Estava lá desde o primeiro momento em que eu imaginei O Experimento, um dia no final de 2008 quando estava tendo mais uma entre tantas conversas com a nuca do meu filho. Ele estava jogando *Jasão e os Argonautas* enquanto fingia me escutar.

Não me pergunte como é possível saber isso só de olhar a nuca de uma pessoa, mas acredite, é possível.

É como conversar ao telefone com alguém que está lendo os e-mails. Há algo encoberto em sua voz equivalente a um olhar vazio ou a um sinal de ocupado. Não lembro exatamente o que eu estava tentando falar com Bill naquele dia. Pode ter sido qualquer coisa. Se ele tinha alimentado o cachorro. Se ele acreditava em um Salvador. Se ele planejava virar-se e estabelecer contato visual antes do fim do ano. O que quer que fosse, os grunhidos que eu recebia como resposta estavam quase me fazendo ranger os dentes de raiva.

Anni estava atrás de mim, parada com seu *notebook*, próxima ao que costumávamos chamar de mesa de artesanato. Alguns anos antes, quando sua superfície de pinho indestrutível e reciclada ainda ficava escondida sobre uma bagunça alegre de tintas e tesouras, *glitter* e cola quente, o nome fazia sentido. Em 2008, havia muito tempo que a mesa não era usada para mais nada artesanal do que inserir um *pen drive*, e apenas alguns depósitos fossilizados de massinha restavam para marcar o fim de uma era.

Sussy estava jogada no sofá com seu Nintendo DS, concentrada em um jogo de comida japonesa estranhamente viciante que era moda entre seus colegas de turma. ("Desenvolve as habilidades, mãe", ela gritou da última vez em que me aventurei a criticá-lo. "Tente fritar ovos em uma tela deste tamanho!") Ao seu lado, Rupert olhava para mim bondoso, mas com um toque de ansiedade — algo que você sempre pode esperar de um pug.

— Como seria a vida — vi-me murmurando — *sem* toda essa porcaria? — Ninguém tirou os olhos de nenhuma tela.

— Como seria a vida — repeti, mais alto desta vez — se todas as nossas telas de repente se apagassem... se simplesmente desconectássemos toda essa parafernália?

Talvez tenha sido o verbo desconectar que causou aquilo. Quem sabe? Mas Bill respondeu com uma frase completa. Para falar a verdade, ele quase se virou para mim.

— Seria um tédio, isso que seria — ele respondeu.

"JÁ É... UM TÉDIO... AGORA!", eu queria gritar.

Encarei aqueles dedos velozes e olhos vidrados. Eles dizem que não se deve gritar com um sonâmbulo. Decidi tentar uma tática diferente.

— Talvez ficar entediado não seja uma coisa tão ruim — arrisquei.

— E talvez seja — ele respondeu na lata. Eu tinha pedido por isso.

— Enfim, o que realmente significa "tédio", Bill? Quer dizer, o que as pessoas faziam com o tempo antes do computador, ou mesmo antes de Gutenberg?

Houve uma pausa.

— Como se *Loucademia de Polícia* tivesse alguma coisa a ver com isso — Sussy resmungou.

É triste dizer, mas não era uma piada. Continuei tentando.

— Todo mundo ficava "entediado" o tempo todo ou o quê?

— Provavelmente sim, mãe, mas eles só não sabiam disso — Bill respondeu, um pouco incerto. Voltou a bater na cabeça de alguém com uma clava, mas eu sabia que ele estava pensando no que eu tinha dito.

Obviamente, o tédio tem *tudo* a ver com a percepção. É um autodiagnóstico, puro e simples. Se você não sabe que está entediado, você não está. Por alguns minutos tudo o que ouvi foi o som dos ovos virtuais da Sussy fritando na frigideira.

— Porque se eles não estivessem entediados — Bill finalmente completou —, qual seria a razão afinal de terem inventado o computador, ou qualquer outra coisa?

Ah! Então *era* possível pensar e ferir o inimigo ao mesmo tempo. Impressionante.

O que Bill disse — basicamente, que o tédio pode ser interpretado como o ímpeto à realização em vez de um obstáculo a ela — fazia sentido pelo aspecto intuitivo (e, dado o fato de que ele tinha dado apoio inesperado ao que eu estava tentando dizer, fui benevolente o suficiente em reconhecer isso naquele momento). Meses mais tarde, quando comecei a investigar o tópico de maneira mais pragmática, descobri que o palpite dele tinha sido realmente certeiro. O papel do tédio como incentivo à inovação e à criatividade *é* fundamental. Não é apenas a história que nos ensina isso — como a história de sir Don e seu olho batedor biônico —, mas nossa experiência de vida. Então, por que nos esquecemos desta verdade simples: que a motivação começa com o *desconforto*, com necessidades que não são satisfeitas?

"Algum desejo é necessário para manter a vida em movimento", observou o intelectual oitocentista Samuel Johnson. "E aquele cujas vontades são providas deve admitir as que não o são." Aqui é, sem dúvida, onde entram os ovos fritos virtuais.

É como a piada sobre o garoto judeu bonzinho que ainda mora com os pais aos quarenta anos e nunca disse uma palavra para ninguém, até que uma noite, à mesa do jantar, de repente ele diz: "Você poderia me passar o sal, por favor?" Seus pais, espantados e maravilhados, gritam: "Meu filho! Você fala! Mas diga-nos, por que você nunca falou antes?"

O filho dá de ombros: "Até agora, tudo estava ótimo."

O filósofo do século XX William Barrett estava chegando praticamente à mesma conclusão quando observou nossa necessidade primária de entender o universo como algo "rico em problemas indecifráveis". Sem essa percepção, Barrett argumentou, nos sentimos perdidos, sem propósito e talvez até em pânico — como minha mãe, obcecada com a roupa suja quando deveria estar aproveitando a vida em um cruzeiro no Caribe ("Eu não posso encontrar você na piscina enquanto não tiver lavado e pendurado minha roupa íntima", ela dizia a meu pai com toda a seriedade) ou então meu pai, "aposentado", mantendo registros meticulosos dos menores tempos que levou para cortar a grama. Pós-Experimento, entendo que os jogos que antes absorviam tanto espaço no disco rígido dos meus filhos funcionavam da mesma maneira: criar problemas imaginários para serem resolvidos em uma existência artificial e possivelmente perigosa, deficiente de problemas reais.

O problema em ter necessidades não atendidas — ou seria isso uma benção? — me fez pensar no empreendedor social David Bussau, que havia recebido a honra de Australiano do Ano ao mesmo tempo que Bill e eu começamos a discutir as utilidades do tédio. Na verdade, eu tinha acabado de entrevistar Bussau e ler sua biografia, então os detalhes estavam frescos na memória.

Magnata da construção civil que acumulou uma fortuna multimilionária antes dos trinta anos, Bussau é o cofundador da

Opportunity International, uma iniciativa global de microfinanças que fornece pequenos empréstimos a indivíduos de países em desenvolvimento. Como dr. Muhammad Yunus, que ganhou o prêmio Nobel por um trabalho parecido, Bussau acredita que a autodeterminação, não a caridade, é o caminho para transformar vidas e economias locais. Mas talvez o mais surpreendente a respeito desse homem, que está agora na casa dos sessenta, é que ele alcançou tudo isso apesar de ter crescido órfão — abandonado pelo pai, renunciado depois pela mãe. Em sua opinião, no entanto, ele realizou tudo isso *porque* cresceu órfão. "O fato de meus pais terem me abandonado foi provavelmente o maior presente que eles poderiam me dar", ele me disse.

Eu tinha achado a história dele impressionante. Mas, quando compartilhei isso com as crianças, elas não se abalaram. "Eu consigo entender", Anni disse. "Seria divertido ter a casa inteira só para mim."

Fechei os olhos. Sério, o que dizer numa hora dessas? A única experiência de "abandono" que tiveram foi terem sido deixados à noite com a babá que se recusava a servir chocolate quente para eles na cama.

Agora, claro que ninguém seria a favor de deixar os filhos na porta de uma instituição. (Fantasiar sobre isso, sim. Ser a favor, não.) E, é claro, a visão de Bussau é incomum. Muitas crianças seriam, e foram, arrasadas por circunstâncias parecidas. Mas a verdade é que algumas prosperaram, muitas não.

Sinceramente, mesmo reconhecer essa possibilidade parece ser um pensamento subversivo. A própria noção de deixar que os filhos superem seus problemas sozinhos desapareceu das atitudes paternas e não deixou vestígios. E isso inclui encontrar uma solução pessoal para o problema do tédio. "Um homem deve assumir o fardo moral de seu próprio tédio", advertiu Samuel Johnson. Mas como pais, e talvez principalmente como mães, tendemos a assumir o fardo moral do tédio de *todo o mundo*.

Eu escutava meus filhos reclamarem do tédio praticamente desde o momento da concepção. Se suas imagens do ultrassom tivessem legenda, não tenho dúvidas de que haveria algo como: "Mãããããããe, não tem naaaaada para fazer aqui!"

Frequentemente penso sobre nossa primeira grande viagem aos Estados Unidos, quando eles tinham sete, cinco e três anos. Só para constar, ir de Perth, Austrália Ocidental, até a casa da minha irmã em Long Island leva 28 sólidas horas de viagem, 24 delas de avião. Quando se viaja com crianças, o fator tédio infantil faz com que a viagem pareça muito, muito mais longa. Nessa em especial, fomos para o aeroporto de táxi de manhã cedo, atravessando o bairro até chegarmos à via expressa — uma distância de uns cinco quarteirões. Quando paramos no sinal vermelho, a mais nova puxou minha manga. "Já estamos em Nova York?", balbuciou. "Estou entediada!"

A suposição de que era minha função remediar os momentos de tédio da vida (ou, preferivelmente, preveni-los) nunca havia sido seriamente questionada — por nenhum de nós. Não acho que isso torne a nossa família particularmente incomum.

Esse é um grande problema para os pais hoje em dia. Não apenas escutar as crianças reclamando deles, mas responder a essas reclamações. Assumindo a responsabilidade por elas. E, talvez acima de tudo, inserir tecnologia nessas reclamações. Em algum momento ao longo do caminho, proporcionar "estímulo" tornou-se um aspecto fundamental de nosso trabalho. A crença de que uma criança estimulada é uma criança beneficiada é tão amplamente aceita que poucas vezes nos preocupamos em articulá-la. Assim também, é claro, é sua consequência natural: que uma criança entediada é uma criança em risco. Na verdade, o imperativo moral de manter nossas crianças ocupadas ou sofrer as consequências é um desses artigos não examinados que ajudou a transformar a criação em um campo minado de culpa descabida e recursos maldirecionados (bebê Einstein, alguém?).

Mesmo antes do Experimento, comecei a pensar se não estávamos confundindo "conectar-se" com "ligar-se"; se o tédio — longe de ser o inimigo de tudo o que é educacional — pode acabar sendo nosso amigo.

Quando começamos a cogitar a possibilidade de uma vida "desconectada", havia muitas coisas que temíamos. Ganhar peso. Perder amigos. "Ficar por fora" (uma ideia vaga, mas inquietante). Mas nosso maior medo era o de que Bill estivesse certo desde o princípio: que sem nossas mídias, ficaríamos entediados.

Que ridículo. É *claro* que estávamos entediados. Paradoxalmente, no entanto, descobrimos que a reconexão com nosso interior essencial não era tão horrível como temíamos, uma vez que pegamos o jeito e redescobrimos a arte perdida de fitar o infinito. E permitir a nós mesmos viver "o momento" com tédio motivou-nos — cada um à sua maneira — a descobrir jeitos de tapar os enormes vazios da nossa imaginação.

De minha parte, aproveitei dedicando-me ao estudo do tédio. Li quase todo o interessantíssimo livro da Patricia Meyer Spacks, *Boredom: The Literary History of a State of Mind*, no trem (os olhares que recebi de meus companheiros de viagem foram muito divertidos também). No caminho, aprendi que o tédio é antes e acima de tudo uma ideia, um conjunto de crenças e valores. Não é uma experiência universal, como a fome ou o anseio por uma franja lisa, mas um produto da cultura. E um produto relativamente recente da cultura. Na verdade, a palavra "tédio" nem existia até o século XVIII. E alguns historiadores afirmam que o conceito, e por extensão a experiência do tédio, também não.

Por falar nisso, "interessante" (em seu sentido atual) também foi uma inovação do século XVIII que apareceu pela primeira vez no livro de Laurence Sterne *Uma viagem sentimental*, em 1768. "Se a vida nunca foi tediosa em tempos pré-modernos", observa Spacks, "também não era emocionante, interessante ou excitante, no sentido moderno dessas palavras".[1] Isso é diferente de dizer que as pessoas, segundo os padrões de Bill ou os meus, não vivenciavam esses estados da mente. Pode-se pensar no tédio absoluto (para nós) das tarefas agrícolas, como capinar, plantar ou colher — ou na decoreba que era o ensino da poesia, dos versos bíblicos ou da tabuada. Tais atividades podem não ter sido exatamente apreciadas, mas tê-las categorizadas como "tediosas" implica a existência de uma alternativa. Uma oferta melhor perdida. Na ausência de tal alternativa, pode-se sentir vazio ou desmotivado ou, como dizemos, "no piloto automático". Quando não existe realmente nada melhor para fazer, em outras palavras, é improvável que alguém se sinta entediado.

Quando meus filhos eram bebês, eu achava ficar em casa e ser uma "dona de casa" — apesar do fato de ser divorciada (rs) e de sentir que estava fazendo "a coisa certa" — extremamente entediante na maior parte do tempo. Minha mãe nunca achou. Pelo menos em parte, isso se deve ao fato de que eu tinha opções a imaginar.

O problema do tédio está também completamente atrelado ao lazer e, especificamente, à separação entre trabalho e lazer em nossas vidas. Apesar de a tecnologia ter, hoje, invadido alguns desses limites — permitindo que cheguemos nossas caixas de entrada confortavelmente na cama, por exemplo, ou que tuitemos no meio de reuniões tediosas —, muitos de nós ainda subestimamos a divisão trabalho/lazer. Nem todo o mundo subestima ou subestimou. As pessoas pré-modernas não subestimaram. Aqueles que hoje vivem em economias de subsistência também não. Nem, por falar nisso, as crianças pequenas (para quem tudo é brincadeira), novas mães (para quem tudo é trabalho) ou *workaholics* genuinamente viciados (que esqueceram qual é a diferença). Enquanto a proporção entre trabalho e não trabalho diminui, os próprios prazeres tornam-se o "problema" — o que é algo em que as pessoas quase nunca pensam em relação ao equilíbrio trabalho/vida até que se aposentem e fiquem apavoradas.

Na direção contrária do curso da vida, vemos o problema do lazer no fenômeno da "criança apressada", como descrito pelo psicólogo David Elkind em seu livro clássico, de 1981, *O direito de ser criança: O problema da criança apressada*. Esse foi também o ano em que a IBM apresentou o computador pessoal (que, aliás, custava 2.800 dólares e trazia um HD de 64k, o que é o suficiente para armazenar três centésimos de uma única música). Todos nós conhecemos crianças que são assim: tão ocupadas que praticamente precisam de uma secretária para acompanhar suas obrigações e programas. A escola da Sussy parece se especializar nelas. "É difícil acompanhar Chloe Hetherington, de onze anos", noticia quase entusiasmado nosso jornal local. "Três vezes por semana, a menina, que mora em Cottesloe, chega à escola às 7h30 para participar das aulas de música; às quartas-feiras, faz aulas de dança, às quintas, participa de debates na escola e aos sábados está correndo em uma quadra de hóquei." Os desconfiados de carteirinha aconselham limites — nesse caso, o psicólogo da escola (cuja filha de oito anos "faz aula de dança duas vezes por semana, além de aulas de guitarra e esportes circenses") e um "educador" que oferece o conhecimento de que "é tudo uma questão de equilíbrio". Mas não é difícil detectar a aprovação por trás das advertências. Uma criança que dança, canta e joga hóquei praticamente ostenta o sucesso de seus pais. No mundo de Chloe Hetherington, não há espaço para fitar o infinito. O tédio, é claro, pertence aos seres inferiores.

Como o exemplo dela sugere, o tédio é, em parte, uma questão de classe. (Produzir uma "criança apressada" é um caso tão inconfundível de gasto exagerado quanto ir de Audi ao jóquei-clube.) Como a criação dos filhos, o tédio é uma construção social. Apesar de comumente falarmos como se fosse um estado objetivo, quase biológico do ser, ao contrário, é mais uma explicação — ou uma desculpa, na verdade — do que uma condição. É também — e talvez especialmente quando nossos filhos estão envolvidos — um *julgamento*.

Como pais e educadores, cada vez mais tememos esse julgamento — e estamos dispostos a percorrer distâncias extraordinárias para evitá-lo. Fiquei surpresa ao ler que no século XVIII, quando a ascensão da sociedade burguesa permitiu um pouco de tempo de lazer para as classes trabalhadoras, os camponeses, desesperados por entretenimento, organizaram competições de riso — porque isso é exatamente o que eu costumava fazer com meus filhos nas ocasiões raras em que encarávamos restaurantes adultos (basicamente, qualquer lugar que não tivesse jogo americano com piadas escritas). "Mas onde estão os gizes?", eles lamentavam, enquanto eu tentava explicar a diferença entre toalhas de mesa de linho branco e um bloquinho de papel. Mais cedo ou mais tarde, eu estava sentada com meu vestido de noite e salto alto, vesga e com um dedo mindinho enfiado no nariz. Mesmo adolescentes, a atenção deles em restaurantes é como a de um mosquito. Fazemos nossos pedidos, e eles ainda me perguntam "Quanto tempo vai demorar para nossos pedidos chegarem?", como se eles pensassem que eu preparei a comida e clandestinamente a coloquei na cozinha enquanto ninguém estava olhando.

Acabar com o tédio emergiu como consequência-chave da lei de direitos digitais — e aqueles que tentam diminuí-la correm o risco de provocar o que Hannah Arendt chamou de "a raiva primitiva do direito não cumprido". Um artigo que li no começo do Experimento aconselhava os professores a "desistir da luta" de impedir que as crianças mandem mensagens de texto umas para as outras durante as aulas, citando um estudo da Universidade da Tasmânia duvidosamente intitulado "Mandar mensagem p/ o colega é d+!". O estudo descobriu que mais de 90% dos alunos do 9º ano e do ensino médio — incluindo aqueles que estudam em escolas com políticas estritas (rs) contra o uso do telefone — estavam envolvidos regularmente em tal prática. O autor Martin Beattie pediu aos professores que baixassem a guarda e começassem a incorporar as mensagens nas rotinas escolares.[2]

No entanto, como Bill corretamente supôs, o tédio — longe de ser um buraco negro sugador de energia a ser evitado com tanto vigor quanto um atendente de telemarketing na hora do jantar — na verdade serviu como combustível do progresso humano, e muitos especialistas observaram isso. Bertrand Russel foi um deles. Filósofo, lógico, matemático, historiador, reformista social, pacifista, autor premiado com o Nobel e monogâmico serial — o quê? Não jogava hóquei? —, Russel acreditava que o tédio era "um dos grandes poderes motivadores de toda a história". Ele claramente sabia do que estava falando. Mas o comentário de Russel também sugere que um mundo *sem* tédio seria apático, na verdade — e isso foi um paradoxo em que me peguei pensando frequentemente. "Todo o esforço de todo o tipo", Spacks nos lembra, "acontece no contexto do tédio iminente ou do tédio repudiado".[3]

Também descobri que outros especialistas que refletiam sobre o tédio viram-no como uma falha de caráter, uma doença social, uma forma de agressão passiva e mesmo uma desculpa para a agressão ativa: as pessoas furtam, abusam da bebida, atiram em outras não porque são "más", mas porque estão "entediadas". Como resultado, muitos de nós temos simplesmente mais do que aversão ao tédio, temos medo dele.

Como uma pessoa que realmente lê o texto do frasco do condicionador no chuveiro, descobri que me identificava com isso. Mais tarde, quando pude pesquisar no Google, descobri que existe um nome para tal distúrbio: catisofobia ou "medo do tédio". Pronunciável ou não, acredito que alcançou proporções epidêmicas em nossa cultura. Antes do Experimento, certamente havia chegado à nossa família.

Eu esperava que os nativos digitais ficassem inquietos sem suas mídias. Mas minha necessidade hiperelevada de ser... bem, não exatamente *entretida*, mas *distraída* foi algo que não havia considerado. Afinal de contas, eu era adulta. Mais ou menos. Quando não estava com o dedo enfiado no nariz. Como muitos outros adultos, eu frequentemente vangloriava-me do fato de que "nunca ficava entediada". Que eu — como a pequena Chloe Hetherington — era ocupada demais para isso. O que não tinha admitido era que estava quase sempre esquivando-me desse sentimento. Talvez não caísse no sono jogando SuperMario, ou não caísse num *loop* infinito de vídeos quase inapropriados do YouTube, mas meu espaço cerebral estava, digamos, tão colonizado por conteúdo quanto o de qualquer um.

Para começar, como muitos outros adultos escolarizados, eu consumia "notícias" do mesmo modo que consumia Coca Zero: em grandes goles vazios durante o dia. Satisfazia, mas era difícil de digerir, produzindo uma desconfortável flatulência informacional. No entanto, eu estava acostumada a assumir uma superioridade moral e fingir uma autoevidente "necessidade de saber". "É raro que um homem tire um cochilo de meia hora após o jantar, mas, ao acordar, sempre ergue a cabeça e pergunta: 'Quais são as novidades?'", observou Thoreau um século e meio atrás, com uma ânsia palpável. O que é que ele pensaria do meu "despertador de desktop" da NPR jogando manchetes na tela do meu laptop a cada segundo de cada minuto de cada hora de cada dia?

A questão que diz respeito ao que FAZEMOS com as notícias que "seguimos" — como um fã leal, ou um perseguidor obcecado — é um dos problemas menos discutidos pelo jornalismo contemporâneo. É algo em que Thoreau começou a pensar desde o nascimento da era digital. "Estamos na maior pressa para construir um telégrafo magnético de Maine ao Texas", escreveu, "mas o Maine e o Texas possivelmente não têm nada de importante para comunicar". Veja só, na era do Twitter, paramos de nos preocupar com detalhes gerais tão pequenos. Nada de importante para comunicar, um cínico pode observar, não é apenas nenhum impedimento. Parece ser o próprio objetivo da coisa toda.

Antes do Experimento, eu nunca tinha pensado muito em minhas tendências catisofóbicas. Agora que refleti, percebi que não sou necessariamente normal. Nem todos nós sentimos a necessidade de baixar uma cópia digital de *O morro dos ventos uivantes* após saber que teremos de esperar dez minutos. Eu fiz exatamente isso no dia em que comprei meu iPhone e sinto-me humilhada em comunicar que senti uma emoção que beirava o erótico em sua intensidade. "Deus é minha testemunha, eu jamais ficarei entediada novamente!", exclamei, triunfante. Quase dava para ouvir a abertura de *E o vento levou...* sobre os assovios do vento quebrando.

Não me leve a mal. Eu ainda acho que a App Store está entre os maiores milagres seculares da nossa era — e quando li em algum lugar no segundo trimestre do Experimento que ela tinha atingido seu bilionésimo download, parei por um instante em silêncio e nostalgia. Mas estou relutantemente inspirada com o aviso de Thoreau de que "nossas invenções costumam ser brinquedos bonitinhos, que distraem nossa atenção das coisas sérias". Não que algum dia eu tivesse confundido meu Zippo virtual com a tocha do aprendizado ou qualquer coisa do tipo, mas a capacidade humana de se deixar seduzir e sedar por objetos brilhantes nunca deve ser subestimada. Os índios canarsie, que venderam Manhattan por quinquilharias que valiam 24 dólares, ainda são nossos irmãos espirituais.

Quando minhas quinquilharias foram tiradas de mim, passei uma hora inteirinha pensando em como a fuga do tédio tem sistematicamente empobrecido toda a nossa imaginação. Eu com certeza tinha levado a "defesa contra o tédio" a sério, aceitando acriticamente que meus filhos "precisavam" de estímulo; que senão ficariam em desvantagem — e, por implicação, potencialmente destrutivos ou importunos. Como muitos outros pais modernos, tomei como certo que mesmo os bebezinhos vivenciavam esse sentimento. Nunca parei para me perguntar o que exatamente significava. Quando um bebê de três meses fica encarando sua mão fechada como se ela fosse o último episódio de *Scrubs*, o que pode significar tédio?

Lembrei-me em detalhes dignos das mais novas tecnologias de alta resolução de como eu havia diagnosticado sem hesitar um caso de tédio prematuro quando Anni tinha essa idade e não dormia de jeito nenhum. O interior do berço deve ser muito chato para sua sensibilidade de bebê de doze semanas, decidi — não obstante sua profusão estridente de caixas de música, móbiles, brinquedos e bichos de pelúcia que iam de ursos a arraias (é verdade, a criança tinha uma arraia de pelúcia). Fui encorajada nessa ilusão por Penelope Leach, cujo livro *Guia completo das mães* era praticamente o *Guia da maternidade para iniciantes* da época.

A visão de Leach era a de que bebês "agitados", como ela os chamou, eram simplesmente bebês não estimulados tentando comunicar uma necessidade de melhores opções de programação. Ela era *expert* em destruidores de tédio feitos em casa, como móbiles de saquinhos de chá, bolas de Natal e pequenas colheres, ou "o que quer que esteja ao seu alcance".

Eu fiz um de equipamento de pesca à prova de crianças que deixaria Alexander Calder envergonhado... de muitas maneiras. Montava teatrinhos de marionetes e ficava horas fazendo carinhas divertidas em balões. Minha obra-prima — um crânio amarelo fazendo careta como se estivesse sofrendo de insônia — era quase um autorretrato.

A recusa de Anni em ser entretida por qualquer dessas coisas sugeria (para mim e para Penelope, pelo menos) que eu simplesmente não estava tentando o bastante. Leach dizia abertamente que bebês difíceis eram provavelmente superinteligentes. Levou alguns meses até que eu me atentasse ao fato de que, independente disso, aquele bebê também estava superexausto. Ele não precisava de mais entretenimento. Precisava de menos. Tal mãe, tal filha: Anni precisava dormir.

O tédio é um pouco como a gripe. É comumente superdiagnosticado. Também como a constipação, esquecemos que ele é essencialmente um efeito, não uma causa. Patricia Meyer Spacks se refere à capacidade da palavra tédio de "nublar distinções".

Quando dizemos que algo é "tedioso", tratamos como "um termo universal de desaprovação".[4] Não é como descrever um choro de bebê como "cólica" — ou, já que estamos falando disso, o fracasso de um adulto em prosperar como um caso de "baixa autoestima". Spacks, que calha de ser mãe e também acadêmica, observa a frequência com que esse sentimento é invocado como pano de fundo para emoções mais difíceis da vida familiar. Ela se refere à "agressão escondida — toda mãe sabe disso — nas proclamações de tédio".[5] O tédio implica vitimização e mesmo uma raiva um tanto farisaica direcionada à fonte percebida da privação (ou seja, você!).

A incapacidade ou falta de vontade de participar de quaisquer atividades pode ser um efeito colateral da fatiga física, como já observamos. Crianças que são privadas de sono acham *tudo* tedioso (assim como seus pais e mães acham). De forma não tão óbvia, o tédio também pode mascarar o *medo*: de falhar em algum novo empreendimento, por exemplo, ou em uma nova configuração social. O tédio pode ser usado quase como um escudo, um campo de força que nos protege de danos físicos iminentes. Além disso, também funciona como um tipo de anestésico psicológico. A verdadeira fonte do desconforto é encoberta, ou suplantada por completo — e é por isso que, a longo prazo, tratar o tédio com doses escalares de "entretenimento" não é uma cura desejável, além de não funcionar. Curiosamente, psicanalistas observaram que o tédio e a depressão clínica estão intimamente ligados. "Como me parecem cansadas, envelhecidas, monótonas e inúteis todas as finalidades deste mundo!", resmungou Hamlet. Tradução: "Mããão... estou entediado!"

Minha experiência também sugere uma ligação com a perda de controle. Ficar preso em uma sala de aula, na lavanderia, em uma estação de trem, em um relacionamento longo ou mesmo em um país estrangeiro perfeitamente agradável, tudo isso pode ser rotulado como "entediante" — mas, na verdade, é frustração ou impotência. O ressentimento que sentimos nessas situações pode se tornar algo mais passivo, mais socialmente aceitável. Em vez de ficarmos loucos, desligamos. Em situações em que, ao contrário, percebemos que temos o que os psicólogos chamam de "locus de controle" — independentemente do nível de estímulo que recebemos —, ficamos menos propensos a invocar o tédio. Mesmo a ilusão da escolha ajuda-nos a manter a sentinela contra o peso morto do tédio.

Paradoxalmente, muitas escolhas também podem induzir o tédio ou, em alguma medida, a indiferença — quase como se um interruptor de sobrecarga fosse acionado. Um estudo bastante conhecido que mostrou que os consumidores compravam *mais* geleia quanto menos variedade tivessem para escolher é uma doce ilustração do efeito entorpecente que o "excesso de opções" pode produzir. Há trinta anos, quando a TV a cabo era uma inovação, a piada de que você agora tinha acesso a cem canais e *ainda* não havia nada para assistir parecia o cúmulo da ironia. Hoje, é mais uma banalidade. O "dilema dos cem canais" foi notado por muitos observadores, entre eles, Orrin Klapp, em *Overload and Boredom*, que aponta para o "grande paradoxo de que muito lazer, recursos, riqueza de informações e estímulo levam ao tédio, um déficit na qualidade de vida".[6]

Quanto mais a vida se torna interessante, em outras palavras, mais estamos fadados a vivenciar o tédio. Isso é bastante fascinante, na verdade.

19 de janeiro

A eletricidade continua sendo o máximo.
Bill e Anni foram ao cinema hoje... juntos. (O curioso caso de Benjamim Button, ou o curioso caso da socialização entre irmãos.) Bill pediu reembolso — "Graças a você e a seu Experimento, não temos mais nada para fazer!" Francamente, atordoada demais para contestar. A última vez que vimos um filme juntos foi literalmente no século passado.

Tinha esperança de economizar dinheiro, mas vejo agora que me enganei. Entre o cinema — só nessa semana, fui QUATRO vezes —, livros, aulas de música e CDs (podemos ouvir CDs, graças a Deus), já estou zerada. "E não esqueça que você prometeu reativar nossas matrículas na academia", Anni repreendeu. "É o mínimo que você pode fazer."

Está bem, está bem. Então nas primeiras semanas ainda não tínhamos pegado o jeito de "assumir o fardo moral de nosso tédio". Eu ainda estava carregando o peso por todos nós — e oferecendo compensações em dinheiro, nada menos que isso, quando eles esmoreciam.

Naquela mesma semana, fui a um churrasco e me vi rodeada por um emaranhado de pais admirados, ávidos por saber como estávamos sobrevivendo. Sinceramente, eu não era chamada de "corajosa" por tantas pessoas desde a última vez em que levei as crianças à missa do galo. Um homem, o diretor adjunto de uma renomada escola particular para meninos, disse que tinha sido recentemente obrigado a "conectar" o corredor de sua escola para que todos os meninos tivessem "igualdade de acesso", de acordo com a lei de direitos digitais. "Os pais hoje em dia consideram o acesso à internet um "serviço essencial", ele explicou amargamente. "Acho que isso é loucura, mas..." deu de ombros. "Imagino que ninguém quer que seu filho se sinta privado."

Dei um sorriso um pouco desconfortável ao ouvir isso.

De volta à Central de Testes de Criação dos Filhos, os privados estavam começando a encontrar seus caminhos. Depois de um dia ou dois de *blackout*, Bill pescou o saxofone do fundo do armário de brinquedos, onde havia sido abandonado há muito tempo junto com um coelho de pelúcia marrom. Ouvir "Summertime" sendo tocada no deque depois do jantar à luz minguante de uma ainda abafada noite de verão foi meu primeiro momento de pura alegria durante O Experimento. "Se nunca ficar melhor que isso", refleti em meu diário, "não tem importância. Já valeu a pena".

Tinha se passado muito tempo desde a última vez em que eu tinha ouvido Bill tocar qualquer instrumento que não fosse virtual. Entretanto, menos de dois anos antes do Experimento, ele estava fazendo aulas semanais com um professor que amava e até tinha começado a cogitar a possibilidade de uma carreira musical. Mas aí... nada. No final do 9º ano, ele descobriu o polo aquático, o World of Warcraft e o Windows Live Messenger. O MySpace, o Sidereel e uma quantidade assustadora de jogos de atiradores seguiram com um sucesso repentino. A música desapareceu do horizonte, como se ela também tivesse sido atingida pela bala de um atirador. De vez em quando, Bill falava vagamente, quase com nostalgia, sobre voltar a tocar sax novamente. Como se a música fosse uma brincadeira de criança que ele tinha deixado de lado com o trenzinho e o amado aspirador de pó (um que ele tinha encontrado em um monte de lixo e que usava para fazer truques com bolas de gude).

Ele também comprou um iPod e parecia mais concentrado em acumular música do que em tocá-la — ou mesmo, necessariamente, escutá-la. Notei essa tendência em outros adolescentes. ("Você só tem oito giga? Ah, que pena, cara. Eu? Eu tenho 160." Fala, vira e pavoneia-se saindo pela esquerda do palco.) Eles comparavam capacidade de HD como as gerações anteriores vangloriavam-se com cavalos de força e calibres de rifle. O simbolismo era tão sutil quanto um anúncio de remédio para impotência ("Isso aí são 5 mil músicas no seu bolso ou você só está feliz em me ver?"). Ao mesmo tempo que o iPod levou Bill a se animar com a possibilidade de adquirir a melhor lista de músicas — a maioria delas, tenho que admitir, por pirataria de compartilhamento de arquivos (terminologia discreta para violação de direitos autorais) —, ajudou a tirar a música do centro e levá-la para a periferia de sua consciência.

Você ouve o iPod enquanto faz outras coisas, afinal de contas. Essa é a beleza do aparelho. Na verdade, essa é A utilidade do aparelho. Ele permite que vivamos a vida ao som de trilhas sonoras de nossa escolha (música para a lição de casa, música para o ônibus, música para praticar exercícios, música para os poucos momentos de descanso da maternidade etc.). Mas uma trilha sonora, como o nome sugere, é algo que se desenrola por trás do evento principal. Ela proporciona o clima, não o enredo; barulho de acompanhamento, não ação em primeiro plano. É um café para viagem num copo de papelão, consumido em goles descuidados a caminho do trabalho. Não é café da manhã.

"Se um homem não mantém o passo com seus companheiros, talvez seja porque ouve um outro toque de tambor", Thoreau observou, naquele que é claramente o trecho mais famoso de *Walden* e talvez de toda a literatura americana. "Ele que acompanhe a música que ouve, por mais marcada ou distante que seja." Como todas as pessoas no mundo civilizado, identifiquei-me com essas palavras. Mas O Experimento fez com que eu as ouvisse como novas — com ouvidos destapados —, uma evocação absolutamente inquietante à era do iPod. Cada um de nós marchando ao ritmo da música que ouvimos? Hã? Isso deixou de ser uma metáfora; é literal e explicitamente o que a tecnologia nos convida a fazer. O fato de que "pod" vem do latim para "pé" — e assim iPod traduz-se grosseiramente por "eu piso" — faz essa conexão ainda mais bizarra.

Enquanto escrevo estas palavras, experimento uma ânsia quase visceral pelas batidas particulares do meu iPod. (Vejamos a coisa desta maneira: não é nenhuma coincidência que O inverno da nossa desconexão tenha coincidido com o inverno da minha matrícula na academia.) Ainda assim, eu estava muito consciente da existência de benefícios em sofrer uma iPodectomia. De certa forma, colocar os fones de ouvido pode tornar *mais* difícil ouvir aquela batida particular imprecisa. E quanto à variação dos teclados... é melhor nem começar a falar disso...

Devo esclarecer que usar iPod (ou, no meu caso, um iPhone) foi proibido durante todo o tempo do Experimento — ao contrário dos computadores, que podíamos acessar na escola, no trabalho, na casa de amigos, em lanchonetes ou em qualquer lugar na verdade, fora dos limites de nossa propriedade. (Felizmente, a internet de nossos vizinhos mais próximos exigia senhas de acesso, do contrário meus filhos poderiam ter se mudado para a calçada.) "Regras um pouco arbitrárias, não?", minha amiga Mary resmungou. Mas ela é presbiteriana, então era de se esperar que dissesse isso. Sim, havia certa flexibilidade, como nós anglicanos diríamos, na maneira como interpretávamos — eu, na verdade — a determinação "desconectados".

Estava permitido ouvir CDs e rádio, é claro, mas qualquer outra forma de tecnologia estava estritamente proibida. Não foi a lógica que ditou essa decisão — um arquivo de áudio é um arquivo, afinal de contas —, foi a pragmática. Se os iPods fossem permitidos nos quartos das crianças, pensei, mais cedo ou mais tarde eles certamente migrariam para seus ouvidos e se alojariam lá como ácaros. Permitir seu uso teria sido como, ah, sei lá, ficar andando por aí com trufas Lindt enquanto se está fazendo a dieta Atkins (coisa que Sussy e eu fazíamos no quarto mês, a propósito). Para que fazer isso com você mesmo?

Teve um detalhe que as crianças conseguiram me fazer deixar passar: seus telefones. Como todos os lapsos morais, esse aconteceu enquanto eu não estava prestando atenção. Deixe-me explicar. Lá atrás, no Natal, em algum momento entre o corte do salmão assado e o apito do forno avisando que os biscoitos caseiros estavam prontos, Bill de repente despedaçou a alegria natalina: "E os nossos telefones?", ele perguntou. Vi o brilho do Natal sumir dos olhares dos meus filhos quando, vazios e suplicantes, eles se viraram para mim. O clima passou instantaneamente de Norman Rockwell a Edvard Munch. (Mas jantares de Natal podem ser assim.)

A verdade era que eu já havia considerado algumas particularidades da questão do telefone. Sabia que O Experimento demandaria uma desconexão total do iPhone para mim mesma. Era meu principal e mais amado vício; além do mais, o próprio aparelho funcionava como um tipo de superconexão. Fazia tudo o que os outros aparelhos faziam, e mais. Eu podia assistir à TV, ou a filmes, ou checar meus e-mails, ou navegar na internet, ou tirar fotos, ou jogar, ou ouvir música, ou... Está bem, calma, garota.

Os telefones das crianças eram diferentes. Juntos, elas já haviam perdido mais celulares que molares. Chegou a um ponto em que todos aceitamos que não fazia sentido comprar nada mais elaborado que uma lata de atum digital e um pedaço de fio. Apesar de seus aparelhos serem sem dúvida um tipo de conexão, eles não tinham acesso à internet, dispunham de câmeras ruins e joguinhos bem precários. Além do mais, recusei-me a dar a Anni e Bill um plano e os fiz serem responsáveis por seus minutos pré-pagos (uma humilhação, do ponto de vista deles, equivalente a serem mandados para a escola com ponchos de crochê fluorescentes). Logo, seus telefones funcionavam praticamente como *pagers*. Eles recebiam ligações e mensagens de texto, mas a capacidade de responder era restrita e frequentemente inexistente. Quanto à Sussy, ela nem tinha telefone naquela época. Eu tinha dado para ela meu Nokia novinho quando ainda estava em plena lua de mel com meu iPhone, mas não passou um mês e ele foi roubado por uns desconhecidos em uma feira barata da escola.

Devido a tudo isso, decidi que os telefones seriam meus itens de barganha — a serem usados se, e somente se, eu encontrasse muita resistência à proposta. Mas acontece que *não* encontrei muita resistência e, em retrospecto, entendo que isso foi o que me fez ceder.

Leitor, eu cedi. Mas coloquei algumas restrições em troca. Nada de jogos — nem mesmo os ruinzinhos. (Anni, outrora a criança sábia, era especialmente propensa a abusar do Tetris em momentos de estresse.) Nada de carregá-los com MP3 (apesar de ter a capacidade de armazenamento de um porta-comprimido, um iPod é um iPod, e estava proibido). Eles podiam usar os telefones como telefones, nada além disso. E tinham que concordar que abusar desse privilégio significava sua proibição sem aviso prévio.

— Sim, mas quem vai definir o que é "abuso"? — Anni perguntou.

— Você quer seu suborno ou não? — Sussy repreendeu a irmã.

— Eu não conseguiria dizer melhor.

Com acesso a downloads ilimitados em um celular "de verdade" — um iPhone, um BlackBerry ou outros *smartphones* equivalentes —, O Experimento seria seriamente comprometido, se não inútil por completo. Cada vez mais, a tecnologia móvel é um imperativo principalmente para os adolescentes, e o fornecimento de conteúdo para aparelhos portáteis é considerado a próxima grande fronteira digital. Jogos, filmes, redes sociais, transmissões ao vivo, toda a gama de "produtos" da mídia bem ali no bolso da calça de todas as crianças já é uma realidade para muitos. Logo será para a maioria. O que isso vai significar para a experiência coletiva de nossos filhos do "tédio" não há como prever. (Quando éramos crianças, nos acostumamos com um intervalo comercial a cada sete minutos. A geração Twitter de hoje fica impaciente com 140 caracteres.)

O que é certo é que pagaremos caro pelo privilégio de todas as maneiras. De acordo com um estudo recente no Reino Unido, os adolescentes de hoje gastam doze vezes mais do que gastavam em 1975 para comprar abre aspas-tecnologia essencial-fecha aspas, mesmo levando em conta a inflação.[7]

O limite dos modos mais tradicionais de conectividade móvel, como as mensagens de texto, parece não existir. "Você acredita que, em abril de 2008, um adolescente conseguiu enviar 6 mil mensagens de texto em um mês?", pergunta um conselheiro escolar/*blogger*. Duzentas mensagens por dia? Ah! Não só acredito, como vivenciei isso no desconforto de minha casa, mas falarei sobre esse assunto adiante.

Pelo menos minutos de telefones pré-pagos são limitados; essa é a vantagem. Quando a mesada acaba, ponto final... mais ou menos. Os iPods, por outro lado, não são nem um pouquinho autolimitados: procurar por novos aplicativos na iStore pode ser divertido, mas certamente não é necessário. A vantagem do "a qualquer hora/em qualquer lugar" é o coração da mística do iPod, e foi exatamente isso que me deixou nervosa a respeito das crianças. Como mãe de três adolescentes, eu conhecia a primeira lei da dinâmica digital como a palma da minha mão: o que é possível ser acessado *será* acessado. Eu também havia caído no feitiço do meu iPod desde o começo — o dia foi 30 de janeiro de 2007 e a música foi "Jump", do The Pointer Sisters (e eu pulei... de alegria). Basta dizer que eu sabia por experiência própria como a sedução funcionava.

Naturalmente, as crianças queriam que o uso dos iPods fosse permitido no carro. "Você proibiu a 'conexão' em *casa*", eles me lembraram.

— Você não disse nada sobre o carro.

— Ah, mas o carro é um extensão da casa —, falei levianamente.

Sinceramente. Era preciso ser um cruzamento entre o mestre Yoda e a juíza Sonia Sotomayer para sobreviver um dia com essas pessoas. A verdade é que eu gostava de ouvir músicas do iPod por meio do iTrip — o cabo que liga no acendedor de cigarro para reproduzir, inesperadamente, o som do iPod pelo rádio do carro — tanto quanto qualquer outra pessoa. O que eu odiava eram as negociações intermináveis, a disputa por uma posição que aquilo acarretava. O iPod de quem? Qual lista de músicas? Por quanto tempo e a que volume? E os *podcasts*? Ufa. Quase me deixava com saudades dos velhos tempos, em que a única coisa pela qual tínhamos que brigar era sobre que estação ouvir.

Um de nossos carros antigos — uma perua Mercedes velha com pneus carecas, estofado de veludo e sistema pneumático de trava enferrujado — tinha um rádio Telefunken *vintage* que só pegava uma estação, a Rádio Comunitária de Freemantle (pense em "Good Times" e tributos a Pat Boone de causar pesadelos). Basicamente, tínhamos duas escolhas: podíamos escutar Vera Lynn cantando "The White Cliffs of Dover" de novo, ou podíamos ficar em silêncio. Era terrível, mas também maravilhoso. Tranquilo até. Um bálsamo à fadiga decisória que, como mãe solteira, era uma ocupação constante.

O carro seguinte acabou tendo tanto um rádio que funcionava quanto um toca-fitas — sem fazer alarde, ok? —, e as garotas começaram a gravar fitas, para usar a palavra favorita delas, "aleatórias". Uma que sempre tocava trazia "Sixteen Going on Seventeen" da *Noviça Rebelde*, "Teenage Dirtbag", e um hit *indie* com o qual todos nós, de tempos em tempos, nos identificamos: "I Love You 'Cause I Have To". Tínhamos várias dessas fitas e tocávamos sem parar, até que elas ficavam surradas e roucas. Mas nós as amávamos — eu mais ainda. Com o tempo, aprendemos todas as letras de todas as canções e cantávamos juntos sem um pingo de vergonha. Claro, eu gostava dos hits da Disney (sério: "Sebastião", de *A pequena sereia*! A música ocidental pode ficar melhor do que isso?) e cerrava os dentes com a selvageria literária que é uma música da Hilary Duff, mas aguentar os golpes da batalha de gosto musical era o próprio sentido das nossas gravações.

Até que compramos os iPods e acabou-se a guerra. Para nós, como para a maioria das famílias, o advento do tocador de música individual inaugurou uma nova era nas viagens familiares de carro. O tédio, que antes era uma característica dos longos trajetos automotivos, como atormentar a irmã no banco de trás, foi banido como uma criança travessa. Agora todos podiam ouvir suas músicas, em seus mundos particulares de som. "Seja seu próprio telégrafo", Thoreau estimulou os leitores em 1848. Um século e meio depois, fizemos melhor que isso. Tornamo-nos nossos próprios rádios.

Três crianças, três iPods, três listas de música e um único silêncio penetrante. Rápido. É claro que, ouvindo com atenção, dava para escutar os hits preferidos vazando de suas respectivas orelhas internas — de Miley Cyrus (Sussy) a Metric (Anni) e a Rage Against the Machine (Bill, que ironia). Nenhuma conversa era necessária. Na verdade, nenhuma conversa era possível. Quanto a aceitar o gosto musical de outra pessoa, bem, se você não precisava se acostumar, por que fazê-lo? "Nós conhecemos nosso gosto, mãe", a mais nova informou enquanto aumentava o volume de "SexyBack". Eu rezava para que ela estivesse enganada. Eu estava certa de que era mais seguro dizer que ela gostava daquilo que conhecia. E enquanto ficássemos firmemente arrolhados em nossas próprias marinadas musicais — nunca entediados, mas certamente nunca agitados ou abalados —, como poderíamos conhecer quaisquer outras coisas? Ouvir as músicas deles tinha certamente ampliado *meus* horizontes na era pré-iPod. Poucas mulheres da minha idade conseguiam cantar "Fergalicious" tão naturalmente como eu.

Mas não era só a perda de padrões que me preocupava. Era a perda da audição. De acordo com estudos recentes da American Academy of Audiology, mais de uma em cada oito crianças sofrem de perda de audição irreversível devido ao excesso de exposição ao barulho — e a tendência, assim como o volume dos dispositivos de nossos filhos, está aumentando consideravelmente. Quando a geração iPod chegar aos sessenta anos, é estimado que mais da metade seja formada por deficientes auditivos. Esqueça os fones de ouvido. Até lá, já será o caso de usar trompetes. O problema é que a exposição massiva ao barulho — levado diretamente ao ouvido interno — causa estragos nas delicadas células ciliadas da cóclea. Quanto barulho é muito barulho? Basicamente, se você consegue ouvir, mesmo que baixinho, as canções de *High School Musical 3* do iPod de sua filha, ela não está ouvindo em volume saudável. Mas tentar fazer com que meus filhos escutassem isso — ou qualquer outra coisa, aliás — era impossível.

— Vinte e cinco por cento das pessoas que usam iPods ouvem música a uma altura suficiente e pelo tempo suficiente para causar danos — praticamente gritei, certa manhã.

— O quê? — eles responderam.

Alguns dias antes de voltarmos a Gracetown, uma garota de quatorze anos passou na frente de um carro enquanto ouvia seu iPod e morreu. Uma testemunha falou à polícia: "Ela não hesitou, ela não parou, ela não andou mais devagar ou olhou antes de atravessar." O motorista estava claramente em alta velocidade e foi acusado de condução negligente. Mas mesmo assim! Uma companhia de seguro do Reino Unido diz que "podestres", como os britânicos os chamam, agora são 10% dos pequenos acidentados em estradas — e mais da metade deles são crianças. Eu me esforço para não ser superprotetora no que diz respeito à segurança dos meus filhos — e eles são, em geral, muito conscientes e responsáveis —, mas isso me deixa aterrorizada.

Os assaltos por conta do iPod eram outra preocupação — principalmente em se tratando de adolescentes tão agarrados a seus aparelhos que se negam a desistir deles sem resistência. "O iPod é para o adolescente o que o bebê é para uma mãe", um especialista em crianças disse ao *Canadian Press*, em novembro de 2008. "Essas crianças são tão ligadas a suas músicas e a suas *playlists* que é como se colocassem sua identidade nessa seleção. Então você não está roubando só um aparelho. Para eles, você está roubando uma identidade."[8] Achei isso perfeitamente compreensível, e talvez tenha sido isso o que me balançou. Eu estava certa de que reagiria exatamente da mesma forma se fosse adolescente. Se alguém tivesse tentado me assaltar enquanto carregava toda a minha coleção de LPs, meu toca-discos e minhas caixas de som pela cidade, eu também teria resistido. (Como se a vida sem Don McLean pudesse ter algum significado!) Mas acho que a questão é bastante clara: eu não estaria fazendo isso, para começar.

Por todos esses motivos, decidi que ficar livre de iPods — tão livre quanto a grama crescendo, tão livre quanto o vento soprando, livre para seguir o coração — era a coisa certa a fazer. Se o tédio era o preço que tínhamos que pagar para redescobrir nosso espaço mental original de adaptação ao ambiente, ou seja, a arte perdida de fitar o infinito, que fosse.

Não surpreendentemente, acho, meu choque com essa nova dinâmica foi relativamente curto (mas dramático enquanto durou, como você poderá ver no próximo capítulo). Como uma *baby boomer*, eu tinha crescido nos dias calmos do tédio, quando o mundo inteiro era preto e branco. A expectativa de que a vida me ofereceria um fluxo constante de entretenimento era mais uma característica adquirida — e uma aquisição relativamente recente. Às vezes penso no meu quarto quando era adolescente, no tempo em que ser mandado para lá sem jantar ainda tinha vagas conotações negativas. Por contraste, Sussy pediu — e recebeu — um frigobar para o seu quando tinha dez anos. Entre seus computadores, TVs, DVDs, Nintendos e vários dispositivos de música, os quartos das crianças hoje têm mais opções de entretenimento que um cassino em Las Vegas. No meu tempo, se você quisesse entreter-se com jogos interativos violentos, assistir a conteúdos inapropriados e conversar com estranhos duvidosos, você tinha que esperar uma reunião familiar.

Mas também, na minha adolescência, uma faca elétrica era tecnologia de ponta. ("Corte na diagonal, Greg! Na diagonal!", criticava minha mãe, como se o bife de alcatra fosse uma peça artesanal que papai estava tentando criar segundo um modelo.) O tédio fazia parte da vida de uma criança naquele tempo. Você não tinha que gostar dele. Mas esperavam que você aguentasse, e você aguentava. Na igreja, por exemplo — onde minha irmã e eu desenvolvemos todo um conjunto de estratégias elaboradas e profanas para passar o tempo, usando adereços como uma única luva branca, duas moedas da urna de coleta e um "missal das crianças", com as ilustrações mais grotescas que já vi na vida. (Na minha imaginação, ainda vejo o rosto de Satã, verde e enrugado como um picles, enquanto tentava Cristo na montanha.) Não consigo imaginar o que aconteceria se eu carregasse meus filhos para uma missa em latim e deixasse-os lá por 45 minutos, com nada além de um rosário para se entreterem. Eles provavelmente me denunciariam e eu seria presa sob a acusação de catisofobia crônica.

Para os padrões contemporâneos, até nossas férias em família eram tediosas. Geralmente, dirigíamos durante muitas horas, só com os *outdoors*, rádio AM e nuvens de fumaça que vinham do banco da frente para passar o tempo. Os pais certamente não assumiam o papel de diretores sociais-barra-organizadores de evento para seus jovens passageiros, como nós fazemos agora. Um jogo desconexo de vinte perguntas (sendo dezenove alguma variação de "A gente já chegou?") e um pacote de balas era o mais ambicioso que a coisa toda ficava. Aliás, não havia Game Boys ou aparelhos de DVD portáteis, nem mesmo CDs do *High School Musical*. O mais próximo que chegávamos de música infantil era Johnny Mathis cantando "Nature Boy" um pouco carregado na nostalgia.

Nossa habilidade de fazer qualquer coisa que seja — e fazer bem-feito — me espanta hoje em dia. Mesmo quando chegávamos ao nosso destino — a casa da minha avó na Flórida, ou um alojamento familiar em Poconos (éramos marmotas, por acaso?) —, não havia grandes quantidades do que hoje os pais consideram "estímulo". Minha irmã e eu ficávamos na piscina, regando-nos com óleo de bebê e sonhando em ter idade suficiente para pedir coquetéis e fumar cigarros. Como exercício, brigávamos ou andávamos de elevador. Para entretenimento, líamos revistas ou os livros quase mofados que naquele tempo ainda eram encontrados em uma biblioteca para os hóspedes. (*Marjorie Morningstar* na versão condensada da *Reader's Digest* ou — sem dúvidas mais apropriado para uma família com adolescentes em férias — uma cópia cheirando a cloro de *O estrangulador de Boston*.) Fazer nada, mas fazê-lo em um cenário em certa medida mais elegante que nossos quartos era o objetivo das férias, como minha mãe faria questão de nos lembrar. Quanto ao "estímulo", era *disso* que a gente tirava férias.

Hoje em dia, a indústria do turismo familiar — e os pais que a mantêm funcionando a todo vapor — tem uma fórmula completamente diferente. "Reconhecendo que o humor inconstante de um adolescente pode ajudar ou estragar uma viagem em família, um número crescente de resorts vem investindo centenas de milhares de dólares em espaços elaborados para manter os adolescentes felizes", publicou o *New York Times* na primavera pré-recessão de 2008.[9] A maior parte desse dinheiro é gasta em atualização de mídias, como a "iChair" proporcionada pelo Loews Coronado Bay Resort and Spa, um tipo de poltrona reclinável com som estéreo "a que as crianças podem conectar seus iPods ou MP3 *players* e curtir".[10] Ou o Fun Club no Occidental Grand Xcaret, em Cancun, onde elas podem jogar tênis, golfe e boliche em uma tela de 110 polegadas — e isso sem colocar em risco seu bronzeado artificial. Ou no Teen Lounge, que não permite a entrada de pais, no Ritz-Carlton de Palm Beach, onde, segundo o site do hotel, meninos e meninas "podem mixar suas músicas e passá-las para seus iPods, jogar videogame, navegar na internet, jogar bilhar ou só passar o tempo e jogar Guitar Hero". O Le Parker Meridien em Nova York projeta jogos do Nintendo Wii, com som *surround*, em uma parede de seis metros localizada — acredite ou não — na quadra de squash.

Os resorts "reconhecem a incongruência de os adolescentes jogarem *videogame* as férias inteiras", informou o *Times*, "mas dizem que muitos pais ainda acham melhor do que tê-los enfiados no quarto assistindo à TV ou lamentando-se em volta da piscina".[11] Tudo bem reclamar da TV, mas como típica lamentadora de beira de piscinas, fico ofendida com essa última parte. Ainda assim, como é interessante-barra-terrível que os resorts estejam reagindo a essa necessidade dos pais, que estejam acumulando tecnologia adolescente na tentativa de amenizar *nossa* ansiedade a respeito do engajamento de nossos filhos, ou da falta dele. De certa forma, educar em uma era de abundância significa que somos todos donos de resort agora. E tentamos imaginar o porquê de nossos filhos se comportarem como hóspedes rabugentos com um senso de autoridade reconhecido.

Tirar o cardápio de mídia sob demanda do serviço de quarto dos meus filhos foi, nesse sentido, parte de um projeto maior. E conforme as semanas se passaram, comecei a ver como a sutil mentalidade "você pode arrumar meu quarto agora" administrou nossas vidas de outras maneiras também. Por que *eu* ainda trocava os lençóis deles, passava suas roupas e deixava o equivalente moral de um chocolate em seus travesseiros todas as noites? Nem sempre é claro onde recai a responsabilidade de uma mãe nesses assuntos. Mas tirar a cortina de fumaça da tecnologia me ajudou a ver com mais clareza como a impotência adquirida por eles era algo que eu encorajava inconscientemente. Acho que muitos de nós fazemos isso. Alimentamos esses agrados em parte por culpa — principalmente se trabalhamos o dia todo ou dedicamos grande parte de nossa energia para atividades que não sejam a criação dos filhos (sejam profissionais, políticas, criativas ou comunitárias) — e em parte por possibilidade (ou seja, porque podemos e pronto).

Ser mãe solteira elevou meu medidor de culpa em mais ou menos doze vezes. Fui vagamente ciente disso durante anos. Tentar "recompensá-los" por não ter conseguido fornecer os aspectos esperados de uma vida em família — a saber, um pai que mora na mesma casa — foi parte de toda a estrutura da minha prática parental desde... bem, sempre. O Experimento marcou minha declaração de independência dessa estratégia triste e fadada ao fracasso. Dar coisas a eles, principalmente coisas com fios e microchips, nunca ia compensar a perda de uma família tradicional. E se renunciar a essas coisas faria com que nossa família se desintegrasse, sinceramente, teríamos sido próximos alguma vez? É engraçado, porque eu nunca teria permitido que eles se empanturrassem de doces ou comidas gordurosas. Mas quando eles estavam correndo o risco de se tornar comedores exagerados de entretenimento — comilões de jogos, de comunicadores instantâneos e MySpace —, fingi que não estava vendo.

Uma vez que o Teen Lounge (versão doméstica) foi desmontado e encontrei-me olhando adiante — embora visse uma tela em branco —, ficou bastante óbvio, de repente, que nossa casa inteira tinha sido pensada para acomodar esferas separadas. Para usar a linguagem de um corretor, eu tinha o meu "refúgio" (na forma de quarto — com uma cama perfeitamente arrumada —, banheiro, sala de leitura e estudo) e as crianças tinham o "refúgio" delas (uma ala separada que incluía quartos, banheiro e uma sala "da família"), e os dois só se encontravam na zona desmilitarizada que chamávamos de cozinha. Sem nossa mídia particular para estruturar padrões de migração, para onde iríamos? E o mais terrível de tudo: o que faríamos quando chegássemos lá?

"Condenaram-me a vinte anos de tédio!", resmunga Leonard Cohen em "First We Take Manhattan". Ouvi muito essa música durante o verão de 2009. E toda vez que ouvia, sentia cada vez menos meu desejo por tecnologia — e mais e mais meu desejo por minha casa. Talvez não devesse ter ficado tão surpresa com isso. Especialistas dizem que a maioria dos vícios é sintoma, não causa — jeitos de anestesiar uma doença mais antiga, profunda e virulenta. Obviamente, minhas codependências de mídia não eram exceção.

Meu palpite de diagnóstico — que eu estava usando a tecnologia para tratar minha saudade de casa — ficava mais forte com a passagem dos dias sem tecnologia. Mas, de certa forma, era simplesmente uma confirmação de algo que eu já sabia desde sempre. Afinal de contas, a ironia de ter me mudado de Nova York, por consenso geral o lugar mais excitante do mundo, para Perth, o mais isolado e sem dúvidas o mais maçante, não tinha se perdido em mim depois de todos esses anos. Na verdade, eu tinha sido convidada muitas vezes para falar sobre isso em público, principalmente quando surgiu uma polêmica local depois que um site de turismo batizou Perth de "Chatolândia". O Festival das Artes anual de Perth tinha até organizado um debate aberto sobre o tópico, em que eu havia participado, argumentando — como você pode imaginar — no lado positivo. (Nós ganhamos.) Depois, em maio de 2009, fui convidada a falar a um grupo de planejadores urbanos australianos e internacionais sobre mais ou menos o mesmo tema. O tópico sugerido? "Perth: a perspectiva de um forasteiro."

Tenha em mente que, naquele momento, eu já morava em Perth havia mais de duas décadas — tendo dado à luz três filhos, comprado e vendido meia dúzia de propriedades, escrito um volume da história da Austrália Ocidental premiado e casado ou juntado as escovas de dentes com uma lista vertiginosa de residentes locais (está bem, três). Se eu era uma forasteira em Perth, então Jonas e a baleia viveram em bairros adjacentes.

No entanto foi difícil justificar esse sentimento de indignação. Porque a verdade era que eu mesma me considerava uma forasteira. Fui franca sobre isso em minha fala, possivelmente de maneira inapropriada. Falei sobre ter me sentido presa desde o início e de como lutava para constituir raízes, como uma espécie introduzida mal-adaptada ao ambiente. Reconheci que havia muitas razões para tudo isso, a maioria relacionada mais com quem *eu* era do que com o que Perth era (o que eu sabia que soava como uma fala brega de término de relacionamento, mas... é). E completei que a falta de uma massa crítica de mentes curiosas — dado o tamanho de nossa população e sua anexação geográfica ao deserto e ao mar — significava que nosso pequeno charco era confortável, mas estagnado.

Minha plateia estava atenta, ou pelo menos foi educada. Fiquei aliviada de perceber quantos, como eu, "não eram daqui, mesmo". Mas então alguém perguntou algo que me fez refletir. "Você alguma vez já levou em consideração o fato de que o 'tédio' de Perth pode tê-la inspirado, e não inibido? Quero dizer, talvez tenha sido a *falta* de estímulo que fez de você tão produtiva e meio que... determinada." Ela parou, parecendo um pouco envergonhada. "Você entende o que estou querendo dizer?"

Eu fiquei lá parada, piscando como um celular no silencioso.

24 de janeiro de 2009

Quem são essas pessoas e o que elas estão fazendo no meu quarto?
9h. Anni: "Posso entrar?" Pega uma revista — também como de costume, já que não consegue começar a semana sem consultar o horóscopo. Justo. Ela é de Libra, afinal de contas.

9h10. Batidas à porta. Sussy (short e camiseta Nofriendo, brincando com a logo do videogame). "Ei." Aponta para a metade não ocupada da cama king-size como se perguntasse "Esse lugar está ocupado?". "Pode vir", respondo. Ela pega alguns catálogos de lojas e pula na cama.

9h15. Arranhão na porta. Hazel, a gatinha, quer entrar. Pula para cima da cama. Percebe um travesseiro bom e toma conta dele. Rupert olha para mim melancolicamente, deitado no tapete. Emite um ronco.

9h30. Batida na porta, possivelmente um chute. Bill: "Que p#*%a é essa, mãe? Por que está todo mundo na cama com você?" Eu: "Não sei." Bill (com desdém): "Mulherzinhas!" Nós o ignoramos. Hazel pisca. Rupert boceja. Ignoramos Bill mais um pouco. "Bom, tem lugar para mim aí ou não?"

2 de fevereiro

Primeiro dia do Bill no segundo ano. (Veredicto: "É menos pior que o primeiro.") Diz que vai tentar treinar três horas por dia. Anni ri com desdém. Rupie bufa (mas ele faz isso o tempo todo). Lutei contra o impulso de lembrá-lo de que a primeira lei da definição de metas é "ser realista". Afinal de contas: "O âmbito de um homem deve exceder sua compreensão ou para que haveria um céu?" (Sempre preferi Browning a Ducker.)

3 de fevereiro

Anni tomou conta da cozinha três vezes em 24 horas. O que está acontecendo?! Ela fez bolinhos de banana lindos essa manhã... Uma refeição inteira para Mary e sua família ontem à noite. Curry de peixe ao coco. Salada de pepino. Calda de chocolate (mais conhecida como o quinto grupo alimentar).

Depois ela anunciou sua intenção de escrever um livro de receitas. Foi buscar caneta e papel para tomar nota. Caligrafia surpreendentemente bonita! (Apesar de não tê-la visto provavelmente desde o quarto ano.) Anotou receitas de espaguete à bolonhesa, muffins, panquecas, chilli com carne e salada de batata.

Muitas risadas ao lembrar: jantares em família que deram errado — refeição com cara de "comida de cachorro", incidente do queijo plástico etc. —, mas a verdade é que foi bem emocionante. Percebi que aprendi a cozinhar quase que por osmose — andando pela cozinha e vendo minha mãe e minhas avós. (Tirando a receita do muffin, copiada ingrediente por ingrediente da aula de Economia Doméstica e ainda hoje possivelmente a coisa mais útil que aprendi na escola.)

Sussy faz isso um pouco, mas os outros... não muito. Suspeito que os cozinheiros do mundo são as crianças que mais queriam lamber as panelas.

4 de fevereiro

Escrevi a coluna à mão de novo, depois fui ao X-Wray Café (opção de wi-fi mais próxima e mais barata) com o laptop para digitar e enviar. Estressante, já que não faço ideia de como contar palavras e acabo fazendo o dobro do necessário e depois excluindo trechos com dor no coração. Também tive que ler provas em cópia impressa (mandadas para o e-mail de Mary no trabalho, que as imprime e entrega) e pedir alterações por telefone. Esquisito, mas funciona. Eu acho.

Cheguei em casa um pouco antes de Bill — que estranhamente (dado o que falei ontem) ficou me olhando e conversando comigo enquanto eu fazia o jantar. (Cuscuz com grão de bico, batata-doce, passas e especiarias: um pouco empapado na verdade, mas uma pausa bem-vinda dos churrascos recorrentes — ainda batendo 40°C às 20h, aliás.)

Leu para mim toda a sua lição de inglês.
Isso soa normal para você?

10 de fevereiro

Anni e eu ressuscitamos nossas carteirinhas da biblioteca hoje. Até a bibliotecária com cara de sra. Trunchbull riu da expressão "lista negra", onde estávamos graças aos consecutivos atrasos na devolução — ah, como eu estremeci — de dois livros. Anni pegou uma história de amor dessas bem bobinhas. Um pouco decepcionante para uma criança que leu — e entendeu — Jane Austen no ginásio, mas, ah... um livro é um livro, certo?

15 de fevereiro

A pródiga retornou ☺☺☺ e renunciou aos aparelhos. Na falta de bezerros cevados, nos contentamos com macarrão com queijo. Caiu no sono com um braço atirado sobre o Ducky, como de costume, às 19h30.

Interessante ouvir Anni e Bill convencerem Sussy de que a vida "desconectada" é uma "brisa"... comparada a nenhuma luz e nenhuma energia!

Briga grande entre Anni e Bill ontem: sobre o controle do aparelho de som. Tinha que acontecer. Ele é da Anni, apesar de o Bill ter reclamado sua posse por usucapião. Subi silenciosamente até o sótão para recuperar o antigo aparelho e desmontei meus amplificadores para Bill.

Mas ele está muito ruim, então talvez eu tenha que procurar por um som de segunda mão, principalmente agora que a música não é mais um papel de parede sonoro.

28 de fevereiro

Anni fez lasanha. Excelente, daquele jeito especial que somente a lasanha feita por outras pessoas pode ser. Também tem jogado Sudoku e palavras-cruzadas impressas como uma aposentada num banco de praça. Muito fofa! Também levou Rupie para passear duas vezes na praia essa semana. Quando perguntei por quê — já que é totalmente inesperado —, respondeu: "Não sei. Ele parecia um pouco deprimido." Não a lembrei de que ele é um pug e sempre está com cara de deprimido.

Fomos as duas para a Universidade Murdoch para fazer sua matrícula, mas nos disseram que só se pode fazer on-line. Ironia maior: o sistema deles estava fora do ar!

Bill tocando "Autumn Leaves" à la Adderley (meu CD, mas ficaria muito feliz em doar por uma boa causa). Também está aprendendo piano sozinho com livros Suzuki velhos. Quase surreal vê-lo de bermuda surrada e camiseta do Led Zeppelin tocando minuetos. Está aprendendo aos poucos. Foi à casa de Pat ontem à noite e voltou em uma hora. ("Tive minha dose de internet.")

Sussy está dividindo o final de semana entre dormir e fazer ligações pelo telefone fixo. Principalmente o primeiro. Fica de mau humor quando é obrigada a levantar ou desligar. Está claramente tentando hibernar durante O Experimento como um ouriço adolescente. Talvez não seja uma má ideia.

3 de março

Anni terminou de ler Fora de série, do Malcolm Gladwell. (O quê? Um livro de não ficção que não é sobre Feng Shui?!) Também a vi aventurar-se para a parte realmente jornalística do jornal. "Eu sou estudante de jornalismo, mãe", resmungou, enquanto virava a página para a coluna social.

Bill e eu brigamos sobre as aulas particulares de matemática. Ele quer mais aulas. Que doideira! Tem feito lições de casa de geometria na mesa da cozinha.

Está lendo Kafka à beira-mar (minha sugestão desesperada) — ele gosta de coisas japonesas, então pensei que valia a pena tentar. Veredicto: "Ótimo." Tentei esconder meu espanto. De J.K. Rowling a Haruki Murakami?! Ok. Eu desisto. Cadê a câmera escondida?

Parece que Murakami é cheio de referências ao jazz. Não me lembrava disso. O que prendeu a atenção de Bill foi a menção a "My Favorite Things", do Coltrane. Que ele estava escutando naqueles dias.

15 de março

Fiz frango assado, purê de batatas e salada de pepino para mim, Bill, Anni e Millie. Ficamos lá um tempão, comendo o que sobrou, conversando. Do nada, a cozinha foi de espaço de trânsito a comando central.

Bill descreveu o dia de ontem como abre aspas-o melhor sábado da minha vida-fecha aspas. Tocou com alguns amigos novos — sendo que um deles dirige (uau!) —, tomou chá gelado 2 x e foi à praia 2 x. Fechou o dia passando na casa de Oscar (evidentemente teve um encontro emocionante com um Playstation portátil). Fascinante porque foi comum, juro — mas claramente intenso também.

Mais tarde descobri Anni e Sussy no quarto de Sussy, lado a lado embaixo das cobertas, cantando junto com o rádio em um estado eufórico e quase em transe. (Taylor Swift: "Love Story".) Moral: se você não pode ter o ringtone, SEJA *o ringtone.*

4
Meu iPhone/Eu mesma: observações de uma fugitiva digital

"A grande maioria dos homens leva uma vida de calado desespero. (...) Um desespero estereotipado, mas inconsciente, se esconde mesmo sob os chamados jogos e prazeres da humanidade. Não há diversão neles, pois esta vem depois da obrigação."
— *Walden*, Capítulo 1

"Levanto às 4h30 toda manhã. Gosto do silêncio. É um silêncio em que posso recarregar um pouco minhas baterias. Faço exercícios, esvazio a cabeça e alcanço o mundo. Leio jornais. Checo e-mails. Navego na internet. Assisto a um pouco de TV, tudo ao mesmo tempo. É minha hora do sossego... Amo *gadgets*. Sou o cara do iPhone."
— Robert Iger, CEO, Walt Disney Company[1]

Como a maioria dos casos ilícitos, este começou bem inocente. Nós éramos apenas amigos no início. Colegas de trabalho, na verdade. Mas você sabe como é. A gente começa a almoçar junto. A gente se esbarra no ônibus. Sai para dar uma caminhada. E quando a gente vê, está praticamente morando nos bolsos um do outro. Ou um de nós está, que seja.

Eu iria me apaixonar pelo meu iPhone de qualquer forma. Entendo isso agora. Meu desejo por informação — um buraco negro de luxúria e carência, incapaz de qualquer satisfação — foi algo contra o qual lutei toda a minha vida. Eu ia ao dentista e levava duas revistas *New Yorker*, um romance, um rádio portátil e um dicionário de rimas... só para garantir. Atravessando o oceano em um avião, nunca passava pela minha cabeça o temor da queda. A possibilidade de decolar para um voo de quatorze horas e descobrir que esqueci o romance no aeroporto (um pesadelo que aconteceu comigo uma vez em um voo da Qantas de Los Angeles a Sydney, em 1998, e que ainda me causa arrepios), isso sim poderia causar um ataque de pânico.

Quando o iPhone foi lançado — o que aconteceu na Austrália em meados de 2008 — eu já estava batendo os pés de impaciência e sofrendo de taquicardia por doze longos meses. Eu tinha estado em Nova York em julho do ano anterior, logo após o lançamento nos Estados Unidos, e um lindo homem em um saguão de hotel, vendo o brilho do desejo em meus olhos, me fez uma pequena apresentação. Amei tudo no iPhone. O jeito que ele cabia na minha mão, tão fino, porém tão substancial. O jeito que se mexia, em giros e deslizes tão sinuosos. O jeito como ele respondia quando tocado daquela maneira especial.

Só estávamos juntos havia seis meses, mas durante esse tempo desenvolvemos um relacionamento que era pura harmonia, de uma maneira totalmente não harmônica. Não é preciso dizer que O Experimento destruiu tudo isso. E foi um rompimento tóxico. Teve todos os elementos fundamentais: raiva, negação, barganha. Com muitos efeitos. Escrevo essas palavras cinco meses, duas semanas, quatro dias, dez horas e nove minutos — não mais que isso — depois daquele dia fatídico em que falei para meu iPhone: "Precisamos dar um tempo." E apesar de não ter acreditado nisso de maneira nenhuma naquele dia, no fim encontrei a aceitação.

Nunca duvidei nem por um instante de que me desintoxicar do iPhone depois de seis meses delirantes e vividos à base de dopamina seria um dos meus maiores desafios. Mas, pelo menos para mim, quase todos os outros aparelhos de nossa casa já estavam desligados havia muito tempo.

Mesmo a perda de meu laptop, apesar de agudamente sentida, foi algo que fui capaz de aceitar nas primeiras semanas. Eu o associava principalmente com trabalho penoso: escrever colunas ao ritmo implacável e diário dos prazos. A perspectiva de escrever qualquer coisa maior que uma lista de compras à mão (e mesmo essas eu costumava digitar, formatar e imprimir) era terrível. Mas eu tinha organizado um hiato longo e agradável. Uma coluninha de quinhentas palavras por semana era tudo com o que teria que me preocupar, e se não tivesse nadinha de inspiração, eu sabia que poderia sair e tomar um café em algum lugar com conexão wi-fi.

Eu amava a Della — está bem, meu laptop tinha um nome (que vergooonha!) — mas também reconhecia que uma separação pacífica foi provavelmente a melhor coisa que nos aconteceu naquele estágio do relacionamento.

Olhando para trás, vejo que Della era uma esposa e companheira — fiel, confiável, confortável e só um pouquinho chata. Mas meu iPhone? iNez? Aaaaah! Isso sim era um caso de amor explosivo. Com um bocado de sexualidade impossível, iNez incorporava todas as coisas que eu mais amava na tecnologia. Não fica nem um pouco menos humilhante quando paro para pensar em quais são essas coisas. Basicamente, iNez era submissa, discreta, divertida, ridiculamente receptiva e ficava linda de verniz preto. Ela poderia até ser uma gueixa. Se é para ser sincera — e admitir isso para mim mesma já me mata, imagina para você —, eu ficava excitada em ser vista com a iNez. Amava as coisas que ela conseguia fazer, mas também amava o que ela representava — uma confluência inebriante de juventude, riqueza e influência. Ser vista com ela me fazia sentir importante, poderosa, "por dentro". Mas o "dentro" tem mania de ficar cada vez mais apertado. Por isso eu tive que deixá-la.

Quando a mulher de Ian Schafer reclamava que ele prestaria mais atenção a ela se ela fosse digital, o CEO de 33 anos da empresa de marketing on-line Deep Focus não tentava negar. Trocando tuítes, ele ficou interessado em saber que "muitas companheiras se sentem assim". Schafer disse à USA Today que acreditava que o cérebro humano não tinha sido feito para lidar com tanta conectividade. "Queremos fazer mais e mais e mais", reflete, "mas quanto mais fazemos, menos realmente concluímos".[2]

Tony Norman, que escreve sobre *gadgets* para a *Pittsburgh Post-Gazette*, não deu atenção quando seus amigos o avisaram para não chegar muito perto do iPhone. Ele não conseguiu prender-se ao mastro e sofreu as consequências. "Se um dia você quiser saber o que estava se passando na cabeça de Frodo Baggins quando ele se recusou a largar o anel do mal sobre os poços de lava da Montanha da Perdição, em *O Retorno do Rei*", escreveu Norman, "compre um iPhone".[3]

Galen Gruman, do site *Computerworld*, sofre de uma ansiedade relacionada à separação do iPhone tão severa que desenvolveu um pavor de estações de metrô. Não é a claustrofobia que o incomoda. São as "lacunas na conectividade". Galen confessa que em tais momentos fica "com os dedos coçando para se conectar com o mundo lá fora".[4]

E então chegamos a Melissa Kanada, uma relações-públicas de 27 anos que jurou por Deus que ficaria "limpa" durante uma viagem ao exterior de duas semanas com o namorado. "Acho que durou uns quatro dias", lembra. "Eu pensava: 'Ah, ele está no chuveiro, não vai ter problema... Você se sente acolhida de novo.'"[5]

E Nick Thompson, da revista *Wired*, observa: "Existem muitas pessoas que têm um relacionamento problemático com esses objetos, em que o aparelho se torna o mestre e eles se tornam os servos."

Thompson jamais deixaria que isso acontecesse com ele. De jeito nenhum. Como na vez em que estava esperando uma mensagem importante, mas não queria ficar checando a cada dez minutos se havia chegado. Um usuário menos criativo talvez simplesmente desligasse o telefone. Mas, com os subterfúgios de um viciado de longa data, Nick sabia que medidas mais drásticas eram necessárias. "Tirei a bateria e coloquei-a no quarto do bebê (que estava dormindo)", onde nenhum homem — não importando o grau de desespero pelo recebimento de uma mensagem — se atreveria a pisar.[6]

E não nos esqueçamos da pessoa que vivenciou "vibrações fantasmas". ("Eu ainda sinto como se estivesse recebendo e-mail. Pego o celular para checar... e não tem nada lá! Estou ficando doido?") Ou do homem que derrubou o celular no vaso e ficou de joelhos para resgatá-lo e reanimá-lo, até que "o centro encharcado do universo" foi embora para aquela grande assistência técnica lá no céu. ("Tentei assoprar em todos os buracos, e depois peguei o secador de cabelo para tentar salvar 'meu precioso'.")[7]

Reproduzo esses testemunhos não como censura, nem com pena, mas com o choque da identificação. Eu me senti melhor comigo mesma — e pior ao mesmo tempo — depois de saber deles. Melhor, porque a maioria dessas pessoas parece um pouquinho mais doente do que eu. E pior porque me ajudaram a ver que o problema que acreditava ser "meu" — parte da estrutura de minha personalidade neurótica — está na verdade incorporado na estrutura de personalidade neurótica de nossa *cultura*.

Os usuários do BlackBerry chegaram lá primeiro, cunhando o termo "CrackBerry" — a palavra do ano do dicionário *Webster* em 2006 — em 2000 e contribuindo com uma literatura rica e perturbadora sobre a droga digital de sua escolha. O *e-book* de 2008 *CrackBerry: True Tales of BlackBerry Use and Abuse* reúne os maiores sucessos do site CrackBerry.com, incluindo algumas das histórias aqui citadas.

"É um livro de autoajuda sobre como lidar com o vício em BlackBerry", declaram os autores Gary Mazo, Martin

Trautschold e Kevin Michaluk. Se isso é autoajuda, eu sou Lucy in the Sky with Diamonds. Na verdade, o livro faz pelo CrackBerry o que *The Electric Kool-Aid Acid Test*, de Tom Wolfe, fez pelos alucinógenos.

CrackBerry é uma leitura profundamente assustadora, com afirmações como: "Nós nos sentimos melhores, mais completos e mais inteiros quando estamos atados a nosso BlackBerry o tempo todo" — a ironia é que *não* existe ironia — e histórias como a de Sue, sobrevivente de um acidente de carro terrível que se lembra: "Eu estava gritando de dor e perguntei se eles tinham achado meu BlackBerry." Mas, de certa forma, o livro me deu exatamente o tipo de choque de realidade de que eu estava precisando.

O Gráfico da vergonha, por exemplo, que permite que os descontrolados localizem-se em uma escala que vai de "usuário leve" a "muito perigoso": eu "interrompi" conversas para usar meu celular? (Dã.) Eu "li e respondi e-mails durante uma refeição com outras pessoas"? (Depende de como você define "refeição". Também "responder", "durante" e "outros". Ah, ok. Sim, constantemente.) Eu escrevi uma mensagem "enquanto dirigia um veículo levando outras pessoas"? (Talvez.) Eu escrevi uma mensagem "enquanto esquiava em uma descida lotada de gente"? (Não, meus queridos, não fiz isso. Não! Não sei esquiar. Pronto.)

Todo esse exercício vergonhoso me fez reviver momentos de paixão com o iPhone que havia arquivado alegremente como fiz com os sutiãs de maternidade número 48, ou com o pedacinho do cordão umbilical de Bill que se soltou na mantinha dele e eu nunca conseguia criar coragem para jogar fora. (Mostrei para Bill recentemente — parece um pouco com um pedaço de muco agora —, porque ele pensou que eu estava inventando. Ou talvez só desejou que eu estivesse.)

Lembrei-me do quanto me senti desolada nas raras ocasiões em que deixei iNez em casa e tive que passar o dia todo sozinha e desconectada. Lembrei-me da sensação de revirar a bolsa freneticamente e sentir o toque familiar e fresco do vidro temperado. Lembrei-me da onda de adrenalina estonteante que sentia quando não conseguia encontrá-la por um minuto, ou como, devidamente segura em meu infoventre novamente, eu trocava olhares com os outros usuários de iPhone no trem e abríamos um sorriso secreto, timidamente cúmplices em nosso vício compartilhado.

Está bem, então talvez eu não fosse tão *hardcore* quanto alguns usuários — Johnj41, por exemplo, que não só dorme com o telefone, como *toma banho* com ele. ("Tenho um saco plástico no banheiro só para poder fazer isso. Eu sei, sou patético, e quer saber? Nem ligo. Rs!") Ou Lenny M, que prende o telefone com velcro no guidão da bicicleta para poder olhar para a tela enquanto pedala. Ou o escritor Gary Mazo, que tem um esquema meio servidão-e-disciplina rolando — "Posso encapá-lo com couro se o levo em um passeio pela cidade e posso protegê-lo com uma armadura se precisar arriscar sua existência mundo afora". Eles fazem com que a iNez e eu pareçamos namoradinhos de porta de escola. Mas uma dependência é uma dependência, e a experiência de largar o vício de uma vez enfatizou o grau de minha negação quanto à minha necessidade de fazê-lo. Ou talvez "desejo" seja a palavra mais precisa.

Porque o iPhone, como qualquer outro *smartphone*, é um coquetel tão inebriante de funcionalidades que levou um tempo até que eu destilasse cada um dos elementos. Telefone, texto, música, *podcast*, internet, e-mail, aplicativos. Do meu jeito, eu era viciada em todos eles. Mas o maior vício era o e-mail. Mesmo nos estágios mais tenros da minha reabilitação — quando ainda estava vivenciando alucinações auditivas com meu toque amado (ironicamente, lembro-me agora, era uma versão no piano de "Let's Call the Whole Thing Off") —, eu sabia que a falta do e-mail seria meu maior desafio pessoal.

Sempre fui... bem, digamos, uma "entusiasta" do e-mail. ("Obcecada" é uma palavra muito feia.) E por que não? Em meu inquieto exílio no oeste australiano, o e-mail proporcionava um canal direto com o mundo que eu tinha deixado para trás, capaz de erradicar a tirania da distância com o toque do botão "enviar". Como jornalista, fiz uso agressivo do e-mail desde o início. Nada me animava mais do que receber uma resposta instantânea a uma pergunta misteriosa de uma fonte em Nova York, Londres ou Washington, DC. A diferença de doze horas entre Perth e o resto do mundo significava que era fácil pegar as pessoas on-line, checando seus e-mails antes de dormir, enquanto eu conectava para começar o dia.

No início, quando meu dia de trabalho terminava — basicamente quando as crianças chegavam da escola ou dos treinos —, minha atenção ao e-mail também acabava. Nunca me ocorreu voltar correndo para o Outlook depois do jantar ou antes de dormir. Meu escritório em casa era bom, mas definitivamente não era o lugar em que eu queria ficar depois do pôr do sol. Mesmo num passado mais recente, quando eu tinha acesso a um laptop e à banda-larga sem fio, não tinha muita vontade de arrastar Della pela casa.

Depois que me juntei a iNez, aqueles padrões relativamente funcionais se dissolveram. Agora que tinha a liberdade de andar por aí conectada o dia todo (e a noite toda também, se eu quisesse), minha carência de informação cresceu como nunca.

Ter liberdade, apesar de ser muito, muito bom se você for uma galinha caipira, não é necessariamente tão bom em outras categorias da existência.

A coisa toda me fez pensar em minha mãe fumando na garagem. Quando eu estava no ensino médio, meus pais decidiram parar de fumar. Meu pai simplesmente jogou fora seus maços, comprou um par de tênis e nunca mais olhou para trás. Minha mãe fazia as coisas de uma forma diferente. Ela acreditava em preparativos. Para ela, colocar a mesa para o dia de Ação de Graças no Halloween era o cúmulo da radicalidade. Ela atacava seu vício em nicotina com o mesmo espírito com que preparava uma refeição em dia de festa: muito, muito gradualmente. Nos últimos estágios de sua abstinência, quando finalmente declarou a casa como uma zona livre de fumaça, ela ainda se permitia fumar em dois lugares: no quintal dos fundos (onde os vizinhos conseguiam ver) ou na garagem (onde o cachorro fazia cocô obedientemente no jornal). Era difícil decidir qual ambiente era menos atraente. Ainda consigo vê-la sentada no degrau de concreto com seu casaco de inverno, fumando um Carlton, concentrada.

Naquele tempo, eu achava que ela era doida. Agora vejo razão em sua loucura. Ao atrelar seu hábito a um lugar específico e não exatamente hospitaleiro — colocando limites espaciais muito claros à sua volta —, ela estava adquirindo domínio sobre ele. Não havia mais nenhuma possibilidade de acender um cigarro automaticamente. Cada cigarro era uma decisão consciente — e uma decisão de confinamento. Isolando-se na garagem, ela estava desassociando o ato de fumar de qualquer outra coisa que não fosse o próprio ato de fumar. Não havia mais nada que minha mãe pudesse fazer na garagem *além* de fumar. Quando ela terminava, reintegrava-se. Ela voltava, por assim dizer, para casa.

Bem, nos velhos tempos era isso que o e-mail costumava ser. Era como aquele cigarro que a gente fuma no degrau da garagem. Era um hábito que sabia seu lugar. Aliás, podemos até dizer que, nos velhos tempos, o próprio trabalho era assim.

A interface fatal entre a tecnologia sem fio e miniaturização — cuja apoteose mais recente é o *smartphone* — desvinculou o trabalho de seu sentido de lugar. Escritórios, mesas, papel? Mídias velhas, todas elas. Agora o mundo inteiro é um escritório e todos os homens e mulheres, meramente funcionários... Queiramos ou não. "É uma resposta pavloviana", insiste um CrackBerry em recuperação. "O sinal toca para indicar uma mensagem. Ando como Frankenstein pelo quarto, com os braços abertos, 'Preciso... checar... mensagens.'"[8]

Claro, não é tão simples assim. Nem mesmo a App Store criou um jeito de desativar nosso livre-arbítrio. Ainda. Mesmo assim, o puxão estranhamente hipnótico de um alerta de e-mail está entre as estratégias de desvio de atenção mais bem-sucedidas da humanidade. Como um telefone tocando, ou um choro soluçante de um recém-nascido, é impossível ignorar.

A quarta pesquisa anual da AOL Mail sobre vício em e-mail, publicada em julho de 2008, revelou que quase metade dos 4 mil usuários de correio eletrônico inquiridos considerava-se "viciados" — um aumento de 15% em relação a 2007. Cinquenta e um por cento checavam seus e-mails quatro vezes por dia ou mais, e um em cada cinco o fazem mais de dez vezes por dia.

Na era do *smartphone*, esses dados parecem quase estranhamente pouco analisados. (De fato, a AOL não fez outra pesquisa sobre o assunto desde então.) Hoje em dia, nós não "checamos" nossos e-mails, mas o inalamos continuamente durante o dia.[9] Nós abrimos nossas mensagens como famintos de informação — do mesmo jeito que uma especialista em lactação um dia falou para mim: "Pare de pensar em amamentação em termos de alimentação. A lactação deve ser tão natural quanto a respiração." Isso soou ao mesmo tempo adorável e assustador. Talvez, como se pode esperar, sugar uma caixa de entrada o dia inteiro também seja.

A pesquisa revelou que mais de um quarto dos que responderam tinham sido tão dominados por sua caixa de entrada que declararam "falência de e-mail", ou pelo menos consideraram seriamente fazê-lo. Fiquei fascinada ao ler isso, porque foi exatamente o que fiz no início do Experimento. Descobrir que havia um nome para minha decisão me fez sentir menos estranha. E então li que "20% dos usuários disseram que tinham mais de trezentos e-mails em suas caixas de entrada!".[10] Trezentos? E ainda com um ponto de exclamação? Quem eram esses maricas? Quando *eu* declarei falência, tinha 9.637 mensagens. Esse é um número a ser divulgado.

Não cancelei minha conta, mas programei uma resposta "fora do escritório" automática, que entrou em funcionamento em 4 de janeiro de 2009:

> *Estou em uma zona livre de e-mails até segunda ordem.*
> *Isso mesmo!*
> *Ficarei feliz em receber correspondência por escrito no endereço*
> *154 Edmund Street*
> *Beaconsfield, Austrália Ocidental*
> AUSTRÁLIA *6162*
> *ou receber ligações da maneira tradicional em*
> *618 9430 4106.*

Clicar em "salvar alteração" foi como lançar-me em queda livre. A audácia pura daquilo tudo fez minha cabeça girar. Senti algo de desafiador, imprudente — como se me desconectando, mesmo que temporariamente, estivesse fazendo algo ilegal e perigosamente anormal. E eu estava, como as respostas a meu (admito a dramaticidade da palavra escolhida) anúncio deixaram claro. Fiquei preocupada com a inconveniência que poderia causar aos outros, mas a possibilidade de assustá-los nunca me ocorreu. Ops!

Meus parentes foram os primeiros a se desesperar. "Achamos que você tivesse desaparecido!", minha mãe gritou. (Foi fruto da minha imaginação ou ela pareceu um pouquinho decepcionada?)

"Recebemos uma mensagem estranha sobre seu e-mail estar fora do ar", minha irmã reclamou em tom acusatório. (Entrelinhas de irmã mais velha para irmã mais nova: "Lá vai você ser imatura de novo.") Outras pessoas ligaram para dizer que sentiam muito que eu tivesse perdido meu trabalho. Como é que é? Desde quando ficar off-line significava estar desempregado? Fiquei enfurecida. Então ocorreu-me a resposta: provavelmente há dez anos. Considerando objetivamente, a inferência de que estar desconectada era igual a estar desempregada não era um salto tão ilógico afinal de contas.

Divulgar o telefone da minha casa por aí foi outro risco experimental que senti que tinha que correr. Tínhamos um número meio secreto havia muitos anos, desde que meu livro *Profissão: esposa* desencadeou uma série de ligações abusivas de ex-maridos — e nem eram os *meus* ex-maridos. Mas fazia anos que tinha tido problemas sérios com inimigos (sem contar as pessoas a mim relacionadas por sangue). Imaginei que receber ligações estranhas e indesejadas era um preço baixo a pagar pela libertação do fardo daquelas mais de 9 mil mensagens. E, de qualquer forma, parecia duvidoso que alguém que não me conhecesse bem tivesse a coragem de ligar para minha casa.

É, bem...

No primeiro final de semana, recebi uma ligação de um leitor querendo discutir a coluna daquele sábado. Foi doloroso, mas sobrevivi. Até consegui parecer agradável — um efeito que vinha tentando (e falhando) há, bem, meio século. Preparei-me para uma enxurrada de invasões similares. Nunca mais tive nenhuma.

É interessante como pouquíssimos de nós temos o escrúpulo de não divulgar uma conta de e-mail, mas quase todos somos capazes de defender nossos números de telefone até a morte. Por alguma razão, não consideramos e-mails indesejados como invasões de privacidade tanto quanto ligações indesejadas. O que é estranho porque, de várias maneiras, as mensagens virtuais podem ser muito mais invasivas que ligações para nossa casa.

Se você trabalha diante do computador o dia todo — como muitos de nós —, mensagens de e-mail explodem diante de você diariamente, como pequenas granadas arremessadas por um inimigo invisível. Graças à supervigilância de nossas contas Outlook, mensagens de qualquer um, de todo o mundo — amigos, colegas, chefes, desconhecidos — gritam insistentemente por nossa atenção o dia todo, acotovelando-se para entrar na frente das páginas dos documentos que estamos tentando processar. Claro, é só um *flash* de dois segundos no canto da tela. Mas como esse *flash* assombra nossa consciência!*

As ligações — mesmo se você trabalhar em casa — não são nem um pouco assim. Para começar, amigos não ligam no meio do expediente para contar uma piada (muito menos cinco amigos, muito menos uma piada ruim), ou passar uma corrente de filosofia caseira, descrever um gatinho/cachorrinho/bebê/esquilo incrivelmente fofo. Vendedores não ligam com ofertas especialmente pensadas para "clientes como você". Colegas não ligam para encaminhar conversas que eles tiveram com outros colegas. E ninguém, mas *ninguém mesmo*, algum dia vai ligar para dizer "ok" e desligar.

Pelo bem do Experimento, só para garantir, decidi desconectar nossa secretária eletrônica. Sempre tive alguns problemas com a secretária eletrônica e a maneira como ela desloca a responsabilidade de estabelecer contato do ligador/requerente para o receptor/requerido. Fiquei feliz em ter que lidar com a inconveniência de perder uma ou duas chamadas se isso significava umas férias de ter que ficar trocando ligações com pessoas com quem eu nem queria falar, para começo de conversa.

Resumindo: eu provavelmente perdia muitas ligações, e provavelmente 99% delas eram verdadeiramente, loucamente, profundamente perdíveis mesmo. O 1% que poderia ter mudado minha vida deve ficar para sempre na categoria que Donald Rumsfeld ensinou-nos a chamar de "desconhecidos desconhecidos". Nunca vou saber o que não sei sobre essas ligações — ou mesmo se elas existiram. Não vou dizer que não ligo para isso. Vou dizer que fico *eufórica* com isso.

---

* E, em resposta à sua pergunta, sim, tentei desabilitar meus alertas. Não ajudou. Na verdade, não saber quando as mensagens chegam distrai, de certa forma, ainda mais.

Mas voltando à história do e-mail. Por favor, você não precisa de um iPhone, ou de nenhum outro *smartphone*, para se tornar desesperadamente preso ao e-mail, ou para experimentar grandes problemas com os limites que precisamos impor entre trabalho e casa. Mas ajuda. A pesquisa da AOL (com tons de sépia) revelou que quase dois terços das pessoas checam suas mensagens de trabalho durante um final de semana qualquer, sendo que um quinto delas faz isso cinco vezes ou mais. Vinte e oito por cento admitiram dar uma olhadinha durante as férias (e os 72% restantes provavelmente mentiram). Entre os entrevistados que moram em Nova York, um quarto não viajaria para qualquer lugar em que *não* pudesse acessar seus e-mails.[11] Alguns anos antes da pesquisa, isso pareceria muito estranho. Quando astronautas conseguem tuitar do espaço — o que aconteceu em janeiro de 2010 —, fica difícil imaginar onde na Terra, ou nas redondezas, há um lugar sem sinal. ("Olá, tuitosfera!", escreveu o residente da estação espacial Timothy Creamer, também conhecido como Astro TJ, da vastidão do espaço sideral. "Nesse momento nós tuitamos da Estação Espacial Internacional em tempo real... esse é o primeiro tuíte ao vivo do Espaço! ☺ Mandem suas perguntas."[12] Isso não é de arrepiar?)

O estudo da AOL lá atrás, em 2007, mostrou que só 15% dos usuários de e-mail usavam um dispositivo móvel para checar mensagens. Desses, quase um terço (30%) confessou que, como consequência, eles se sentem "casados com o trabalho".

Possivelmente porque estão dormindo, mas sem transar, com ele (rs). Sério, não sou só eu. Parece que dar uns pegas no *smartphone* na cama é provavelmente o segundo desejo secreto mais vergonhoso dos tempos modernos. A AOL revelou que 41% dos usuários de dispositivos de e-mail móveis admitiram facilmente se aconchegar com o telefone enquanto dormiam. Sessenta e sete por cento checavam a caixa de entrada na cama, 25% enquanto estavam em um encontro, 50% enquanto dirigiam e 15% na igreja. (Deus escreve certo por linhas tortas. Por que não escreve por meio do Outlook?) Ah, e lembra a coisa do banheiro? Que me fazia sentir com tanta vergonha e tão perversa e *errada*? Bom, não estou dizendo que é legal checar a caixa de entrada enquanto se está lá. Mas saber que 59% dos meus companheiros usuários de *smartphone* fazem exatamente a mesma coisa definitivamente me fez sentir menos suja.[13]

Em 2007, *smartphones* ainda eram *gadgets* de prestígio. Apenas pessoas com uma determinada renda podiam se dar ao luxo de ler seus e-mails no banheiro. Em 2009, 10% dos americanos possuíam um aparelho desses. Em meados de março de 2010, a Nielsen estimou que uma em cada duas pessoas teria um já no Natal — no momento certo para um resplandecente *login* natalino.[14]

Descobrir esse mundo secreto de viciados em e-mails fez-me sentir menos devassa. Mas também provocou uma alucinação de minha mãe dizendo: "Se todo mundo pulasse da ponte do Brooklyn, você também pularia?"

Saber que essas pessoas usam a tecnologia de modos tão peculiares deixa a pergunta no ar: como *nós* deveríamos estar usando? Ou, já que tocamos no assunto, não deveríamos? Checar nossos e-mails enquanto andamos de bicicleta, tomamos banho ou fazemos no banheiro o que a natureza pede pode ser desagradável ou extremo. Mas é errado? Depois que terminei com a iNez — cuidadosamente desligando-a e colocando-a em algum buraco irrecuperável no escritório de casa —, tive muito tempo livre para refletir sobre o assunto.

Como qualquer outro *smartphone* — geralmente definido como um celular com habilidades similares às de um computador —, o iPhone sofre orgulhosamente de "exagero de recursos". Com suas super-habilidades, ele possui uma agenda, um GPS, conversores de unidades, um despertador e uma quantidade vertiginosa de aplicativos para serem baixados que podem fazer tudo — enquanto escrevo isso, surgem uns 50 mil, que vão se multiplicando progressivamente a cada minuto —, desde i Lick it, um jogo que envolve lamber imagens de comida com nossa própria língua, ao Flychat, uma espécie de mídia antissocial que envia mensagens para estranhos, sem nenhuma razão aparente. Há também os aplicativos mais "sérios", que fazem de tudo: transações bancárias on-line, detectores de radares de trânsito ("trapster"), registros de seu (ou da parceira) período menstrual ("Lady Biz") e até tocar sons diabolicamente irritantes de sua escolha — um bebê chorando de cólica, britadeira, barulho de alguém mastigando (o homônimo de "irritação").

Curiosamente, ficar sem a função telefone do iPhone — o mais prosaico e menos sedutor de seus múltiplos encantos — foi a parte fácil. Foi também a que teve o maior impacto em minha vida — minha vida de mãe principalmente. De certa forma, eu tinha antecipado tudo isso. Dia a dia, hora a hora, ligações para (e de) meus filhos somavam 80% do meu uso do telefone. Aceitei desde o início que perturbações à minha paz seriam inevitáveis. O que nunca esperei foi que minha decisão de me desconectar na verdade *aumentasse* essa paz. Minha suposição não confirmada de que mais contato melhora a criação (e gera menos ansiedade) era só isso: não confirmada. Minha dependência do telefone era algo que tinha crescido exponencialmente ao longo dos anos, espalhando seus tentáculos de forma imperceptível, como uma micose.

Foi revelador descobrir que meu aparelho mais indispensável poderia ser tão facilmente dispensado. Mas o que realmente me impressionou foi perceber que minha disponibilidade 24 horas tinha na verdade sabotado meus esforços para criar bem meus filhos e impedido-os de... como dizer isso... serem bem-criados? De certa forma, a coisa toda era como a minha descoberta sobre as máquinas de lavar louça e de lavar roupa. Todos esses anos elas pareceram muito mais eficientes que a lavagem à mão. Enganaram-me direitinho. Medidas objetivamente em resultados de tempo e esforço, elas não eram *mesmo*.

A necessidade de ficar conectada continuamente, como o desejo de deixar mangas e colarinhos mais brancos que a neve, não é um problema que a tecnologia tinha resolvido. É um problema que a tecnologia tem, em grande parte, ajudado a inventar. Muitos de nossos padrões — de normalidade, de eficiência, de decoro, de segurança — são consequências de nossas tecnologias. Isso é exatamente aonde Thoreau queria chegar quando nos alertou sobre nos tornarmos "os instrumentos de nossos instrumentos". (Fácil para ele dizer. O grande transcendentalista aparentemente mandava suas roupas sujas para serem lavadas em Concord!)

Isso não quer dizer que a tecnologia seja algo diabólico que nos leva a fazer suas vontades através do controle da mente, como um ditador fascista ou uma criança teimosa. Nem quer dizer que nós, usuários dessa tecnologia, somos vítimas passivas: Pandoras infelizes retorcendo-se em desespero pelo caos que Deus instalou. No entanto, assim como as coisas que consumimos de certa forma nos consomem também, os aparelhos que deveriam simplificar nossas vidas meramente criam complexidades novas e maiores.

"Nossa vida", observou Thoreau, sentado com suas meias devidamente lavadas, "se perde no detalhe". É de se imaginar o que um homem que achava o serviço dos Correios uma futilidade iria pensar do iPhone.

Cortar o cordão umbilical do celular era algo com que eu sonhava, e pelo qual me sentia culpada, ao longo de anos, desde que Anni ganhou seu primeiro telefone e começou a postar os eventos de seu dia depois da escola. "Não tem nada para comer ☹" ou "Tem uma aranha no banheiro!! Quando você vem para casa matá-la???" ou "O Bill me bateu". (Tenho certeza de que ela tinha essa última mensagem pronta para encaminhar.) Durante anos, mensagens de texto como essas foram arremessadas em meu horário de trabalho como bolas de futebol quebrando vidraças.

E eu as respondia de uma maneira com a qual fico chocada só de lembrar: por exemplo, com seriedade. Dava instruções de como matar aracnídeos e oferecia dicas de lugares onde ela poderia encontrar comida em casa. ("Olhou na prateleira de cima da despensa?" ou "Atrás do leite.") Aos interesses de quem eu acreditava que esse tipo de coisa servia?

"Ficar conectado" é uma coisa — e é para isso que conversas ao telefone, principalmente conversas ao telefone depois da escola, servem. Ficar trocando mensagens de texto fora de hora é outra bem diferente. Se você me perguntasse naquele tempo, eu teria insistido que o contato era crucial, mesmo se o conteúdo fosse trivial. Mas a verdade é que essas trocas faziam tão pouco no sentido de manter relacionamentos carinhosos ou oferecer segurança, e tanto no sentido de encorajar dependência (a deles), culpa (a minha) e insatisfação (de todos). Já estávamos "conectados". Pelo ventre.

Mas também não eram só as mensagens de texto. Quantas vezes liguei o telefone depois de uma reunião ou de um filme e vi dez ou doze ligações perdidas de casa — para ligar de volta e ouvir "Ah, nem precisa mais. Já achamos a mistura para bolo/tesoura/fita/cartucho da impressora/forma de pizza/chave da porta/gato/papel higiênico/controle remoto/*legging* preta/*marshmallows*/baralho/aspirador de pó /manteiga/ pinça". Imaginava-os amarrados às cadeiras da cozinha ou amontoados em uma ambulância a caminho da Emergência, ou pelo menos chorando sobre o corpo do pug morto; e eles estavam comendo bolo e assistindo a vídeos no YouTube. Algumas vezes tentei explicar a Anni como era ruim receber tantas ligações de uma vez, mas ela só balançou a cabeça com tristeza como se dissesse: "Você já considerou uma irrigação do cólon?"

Estou almoçando com uma amiga quando seu telefone toca. Ela o tinha colocado na mesa entre a gente — como as pessoas fazem hoje em dia —, como se fosse um arranjo de flores ou um conjunto de talheres. "Meu filho!", ela diz, olhando para a tela. "Desculpe!" Ela vira um pouco para o outro lado para atender à ligação e eu escuto na cara de pau. (O que foi? Uma mulher tem direito a *alguma* compensação pelas interrupções da vida moderna.) A conversa é desconcertante.

"Para que lado você está indo?", escuto ela dizer. "Não. Quero dizer, em que direção?" E então, depois de uma longa pausa: "Você está vendo o silo de grãos ou o estacionamento?" Depois de mais algumas consultas enigmáticas, ela conclui: "Certo. Suba a rampa, vire a esquerda e ande até chegar ao térreo. Térreo, você está me ouvindo? Você já vai conseguir vê-lo de lá. Sim. Não. É grande. Bem grande. Isso. Amo você também, querido. E se tiver algum problema, ligue de novo, ok?"

Ela desliga e eu faço o máximo para parecer desinteressada. A verdade é que daria a metade intocada da minha pizza de queijo roquefort, rúcula e pera para ouvir a história. Quero dizer, obviamente o menino estava perdido em algum lugar... mas onde? Não há tantos silos de grãos por aqui. Além do mais, o menino não é nem um pouco física ou intelectualmente incapaz. Hunter tem 22 anos, mais de 1,80m de altura e é brilhante.

Bom, acontece que o garoto — ah, sejamos sinceros, o *homem* — estava em uma plataforma de trem. Parece que ele tinha acabado de descer em uma parada desconhecida e não tinha certeza do sentido a seguir. Ele devia ir para a direita? Ou para a esquerda? Certamente, essas eram as duas únicas opções... e sim, tudo bem, tinham muitas pessoas em volta. Mas, mesmo assim. Foi estranho.

Voltamos à nossa pizza e à nossa conversa, mas achei a coisa toda bem difícil de digerir. A ideia de um menino inteligente de vinte e poucos anos preferir usar a mãe como GPS de acesso remoto a perguntar para a pessoa ao lado dele — e que nem ele (aparentemente) nem ela (pelo que pude perceber) acharam nada de estranho nisso — pareceu-me, mesmo naquele momento, notável. Arquivei o acontecimento mentalmente na letra N de "Nunca deixe isso acontecer com você". Mas foi só quando estávamos na metade do Experimento que comecei a pensar sobre isso novamente. O Dilema de Hunter, reconheci com horror, era simplesmente a extensão lógica da mesma dependência digital que estava alimentando em minha família.

Nenhum pai ou mãe que se preze quer prender seus filhos às amarras sem fio de seu avental. Mas acontece. Um pedido de ketchup aqui. Um número de telefone encaminhado ali ou uma arbitrariedade no controle remoto acolá. E antes que você perceba, o prestador de serviços é *você*. É como a hora de uma criança ir para a cama, que acaba ficando só um pouquinho mais longa a cada noite, até que você se vê condenado a um programa noturno de sessenta minutos de massagem, marionetes, leituras dramáticas e interseções de forças poderosas invisíveis. Pouco a pouco, sua disponibilidade de se acomodar faz com que todos se tornem totalmente incapazes de viver as próprias vidas (ou dormir os próprios sonhos, como pode ser o caso).

Soren Gordhamer, autor de um livrinho de autoajuda peculiar chamado *Wisdom 2.0: Ancient Secrets for the Creative & Constantly Connected* — basicamente, budismo para pessoas que mandam muitas mensagens de texto —, argumenta que o uso racional da tecnologia depende só de "ver escolhas". Atender a nossos celulares como se eles fossem nossos mestres, ou nossas mães — permitindo que suas chamadas interrompam nossa direção, nosso jantar, nossos sonhos — é um caso claro de ser cego às escolhas, de abrir mão do privilégio delas. Gordhamer explica: "Se não vejo escolha, então não tenho escolha. Se a tecnologia é meu mestre, devo atender a todos os seus chamados e todo o resto se torna secundário."[15] Ou, nas palavras assombrosas da poeta Adrienne Rich: "Só aquela que diz que não teve escolha é que perde no final."

Concordo com tudo isso, mas sei por experiência como a resistência pode ser difícil. (O Experimento não prova que sou boa em "ver escolhas". Pelo contrário. Temo que ele mostra que sou tão ruim nisso que tenho que recorrer a medidas desesperadas.) Ignorar um telefone tocando vai contra todos os nossos instintos. E fica mais difícil ainda se o toque do celular é uma música das Pussycat Dolls. Mas instintos não são reflexos. Instintos podem ser informados e reformados. Eles também podem ser treinados. "A natureza humana", como nos lembra Katherine Hepburn em *A rainha africana*, "é o que fomos colocados neste mundo para superar".

Um dos melhores jeitos para fazer isso é testando nossas suposições particulares contra as evidências. Não foram feitas ainda milhares de pesquisas sobre o impacto dos celulares no comportamento interpessoal, mas os estudos existentes deixam bem claro que os celulares não nos fazem ficar mais ligados. Ao contrário, parecem encorajar os usuários a serem *menos* responsáveis socialmente. Um estudo realizado pela Intel revelou que uma em cada cinco pessoas pesquisadas admitiu ser menos cuidadosa com a pontualidade porque sabia que poderia remarcar o encontro por mensagem de texto no último minuto. Uma em cada cinco? Acho que *todos* fazemos isso.

Eu com certeza fazia. E meus filhos — todos eles — faziam isso constantemente. Não só comigo, mas com os amigos e entre si. Eles ficavam perfeitamente confortáveis com um conceito de tempo que era amorfo e ajustável, como nos sonhos, ou como o queijo muçarela. Isso me deixava louca.

"Eu mando uma mensagem para você depois!", Sussy gritava quando eu a deixava no shopping ou na casa de uma amiga.

"Não, você não vai mandar!", eu respondia. "A gente se encontra aqui às 15h30 em ponto!" Normalmente, porém, eu recebia uma mensagem às 15h25, implorando por meia hora a mais ou sugerindo que eu "relaxasse" no café um tempinho. Eu era tão ruim em "ver escolhas" que respondia às mensagens. "Se eu quisesse relaxar, não teria filhos para começo de conversa, mocinha!" Eu me irritava. Ou mais sucintamente: "Nem pensar. Esteja lá." Eu ganhava essas batalhas, mas o fato de termos esses conflitos mostrava que estava definitivamente perdendo a guerra. Cada troca de mensagens como essa nos custava tempo, dinheiro e irritação. Não nos levava a nada e não criava nada — a não ser que contemos a má vontade.

Até que isso tivesse parado, eu não tinha noção do entrave que era toda essa microtortura móvel — e até que ponto *corroía* minha paz de espírito. E provavelmente a deles também. Estar sempre conectado significava manter as opções em aberto. As mensagens faziam tudo ficar negociável: hora a hora, minuto a minuto. Não havia nenhum plano ou cronograma.

Não existia 17h em ponto. Eram só vagas intenções — um turbilhão de possibilidades de onde, de vez em quando, se a gente tivesse sorte, uma ação mutuamente acordada poderia emergir.

Pelo que percebia, Anni, Bill e Sussy ficavam realmente confortáveis com essa situação. Eles nunca souberam de verdade como era *não* improvisar a vida minuto a minuto. É, claro, algo natural para nativos digitais. Para um imigrante digital como eu, no entanto, os custos psicológicos de ficar "relaxada" ultrapassavam em muito os benefícios eventuais. Tomar uma decisão definitiva, mesmo sobre coisas tão banais quanto a hora de ir buscá-los, significa riscar um item da lista de coisas a fazer. Manter as decisões provisórias significa nunca riscar nada. Todos os dias são um "trabalho inacabado". Isso é criativo. E é exaustivo. Eu amava o modo como deixar o celular de lado pendurou um sinal figurativo de "Não perturbe" na maçaneta da minha vida.

Uma pesquisa realizada pelo MIT classifica o celular como "nossa ferramenta moderna mais odiada", então estou obviamente em boa companhia, pelo menos entre meus semelhantes em idade. Porque tenho certeza de que os nativos digitais classificariam seus telefones como a ferramenta moderna mais amada. Um estudo da Universidade de Granada que entrevistou pessoas entre dezoito e 25 anos revelou que 40% admitiam ficar "profundamente chateados e tristes" por perder ligações e sofrer de "ansiedade, irritabilidade, distúrbios de sono ou falta de sono" e mesmo "tremores e problemas digestivos" quando seus telefones ficavam desligados.[16]

Os imigrantes digitais tendem a manter um relacionamento menos intenso com esses aparelhos. Mesmo assim, falamos a nós mesmos — eu certamente falava a mim mesma —, precisamos estar constantemente em *stand-by* "só para garantir". A verdade é que, se, Deus me livre, acontecer uma emergência real, seremos encontrados — exatamente como a recepcionista da escola de Sussy profetizou.

Caso em questão: o sábado em que a Anni precisava falar comigo com urgência sobre seus planos para a noite. Eu estava em casa, mas nossa linha ficou ocupada por mais de uma hora. Supondo, corretamente, que era a Sussy que tinha telefonado para o celular da Maddi, Anni mandou uma mensagem de texto para o Andy, amigo da Sussy, em Londres, perguntando se ele poderia, por favor, mandar um SMS para a Maddi em Melbourne, para que ela dissesse a Sussy, em Fremantle, que Anni esperava uma ligação minha de Claremont. Complicado? Para imigrantes digitais como eu e você, certamente. Para eles? Não me faça rolar de rir. Toda a operação internacional levou menos de três minutos.

Nosso medo coletivo de estar fora de contato, já que meu iPhone tinha sofrido uma eutanásia, foi dessa forma suavizado. Claro, as crianças ficaram frustradas no início — "Onde você estava?", as garotas exigiam saber quando eu voltava às 22h45 depois de uma noite louca no West Australian Ballet —, mas logo elas adquiriram a sabedoria antiga de que "notícia ruim chega rápido" e redirecionaram suas mentes extremamente ágeis para coisas mais produtivas. Dei a elas o tipo de segurança à moda antiga que as pessoas davam a seus filhos nos milênios pré-celular: "Se eu estiver cinco minutos atrasada, estou apenas presa no trânsito. Se eu não atender o telefone de casa, deixe uma mensagem na secretária eletrônica lá do trabalho." Por que isso precisaria ser dito é um grande mistério, mas precisou.

Só houve uma emergência de verdade durante O inverno da nossa desconexão. Recebi uma ligação do Bill no escritório que começou com as palavras que toda mãe teme: "Mãe, sofri um acidente."

Ele estava andando de bicicleta, rápido, em uma rua molhada pela chuva quando a roda da frente se soltou, lançando-o de cabeça sobre o guidão e jogando-o no chão. Ele tinha certeza de que tinha torcido o punho direito — uma semana antes do início da temporada europeia de seu time de polo aquático.

— Fique exatamente onde você está, querido — ordenei —, estou indo neste segundo!

— Sério, não se preocupe — ele respondeu. — Estou em casa agora. — Nas palavras dele: — Uma senhora me pegou e me levou para a casa dela e colocou gelo no meu braço. Depois colocou minha bicicleta em cima da caminhonete dela e me trouxe para casa.

— Uma senhora? — Engoli em seco. — Que *senhora*?

— Não sei. Esqueci de perguntar o nome dela.

Quando a tremedeira passou, pensei que a decisão de não me ligar — ou para *qualquer* outra pessoa — até que estivesse em casa, limpo, calmo e seguro, foi boa. De toda forma, eu não conseguiria chegar aonde ele estava a tempo de fazer alguma coisa que fizesse diferença. (Graças a Deus uma pessoa conseguiu, mesmo que *nunca* saibamos o nome dela. Grrrrr.) Como pais, nós quase pensamos em nossos telefones como amuletos ou talismãs: como se o simples fato de ter um telefone dentro da bolsa fosse suficiente para afastar o perigo ou repelir as forças do mal.

O que complica tudo é que a falácia eu/meu telefone contém um ponto substancial verdadeiro. Criar os filhos na era da comunicação móvel permite mesmo que estejamos disponíveis para nossos filhos de uma maneira nunca antes permitida. Acho que nenhum de nós precisa ser lembrado disso. Essa proximidade ampliada é uma coisa boa, na maioria das vezes. Mas, como grande parte dos aparatos tecnológicos, vem com sérias consequências.

Sabe aquele anúncio que eles fazem no início de peças e concertos, pedindo, por favor, que todos desliguem os celulares durante o evento? Às vezes acho que deveríamos pensar nos primeiros anos de nossos filhos como uma performance ao vivo. Como pais, já é difícil andar sobre a linha tênue que separa concentração de codependência, sem a distração de um duelo de toques de telefone. Telefones não fazem do mundo um lugar mais seguro para nossos filhos. Mas são capazes de criar a ilusão de que podemos estar presentes — sempre — para garantir sua segurança. Esses aparelhos também são capazes de criar a ilusão de que é conveniente tentar. A verdade é que, até um ponto muito significativo, não podemos estar presentes, e não é nada conveniente tentar.

Na Universidade Seton Hall, em Nova Jersey, a responsável pela "orientação familiar" — uma expressão que no meu tempo faria tanto sentido quanto "festa da faculdade sem álcool" — adverte os pais contra encorajar involuntariamente seus filhos a se tornarem "monstros despejadores". "O aluno liga para casa e despeja todos os seus problemas nos pais", ela explica. "Eles dizem: 'Este lugar é horroroso e terrível e eu não aguento essa comida', e os pais ficam acordados a noite inteira preocupados, enquanto os filhos estão em alguma festa."[17]

Na Universidade de Vermont, um programa chamado "Criar os filhos a distância" foi recentemente testado como uma maneira de ajudar os pais nos estágios de ansiedade da separação — a ansiedade dos pais! — quando seus filhos começam a faculdade. A universidade também contrata "seguranças" para manter os pais longe de eventos que dizem respeito aos estudantes, como orientação e matrícula. Os conselheiros das faculdades dizem que pode ser difícil fazer com que os pais não se metam em problemas dos filhos com os colegas de quarto. Aliás, todos os tipos de problemas com limites são desafiadores agora que os alunos chegam carregando no mínimo cinco ou seis aparelhos que emitem algum tipo de barulho.

"A obsessão dos pais com o contato mascara uma comunicação vazia", notou um observador de forma desconcertante. "Isso não é amor", conclui, "é chefia".[18] (Ele ainda assinalou uma consequência evidente entre crianças mais novas, citando um cartum da *New Yorker* que trazia um bebê de mais ou menos dois anos que parecia bravo em um carrinho, gritando em um celular bem pequeno: "Já estou aqui, onde você está?") Afinal de contas, como Sócrates poderia ter nos lembrado, um iPhone não avaliado não vale a pena.

No mundo das redes sociais, o termo "oversharing" descreve a prática de contar muito, com muita frequência, para muitas pessoas. Obviamente, o "oversharing" é uma questão de discernimento — e em um mundo de constante inovação tecnológica, os limites são desenhados e redesenhados a todo o instante. Alguns anos atrás, qualquer pessoa acima dos vinte anos que atualizava seu status no MySpace mais do que uma vez por dia tinha definitivamente exagerado. Desde então, o Twitter subiu esse limite — ou talvez abaixou —, elevando a postagem de minúcias inúteis da vida a uma forma de arte.

Se você está inclinado a discordar, vá ao Twitter.com, tente fazer uma busca usando a palavra-chave "sopa", como acabei de fazer, e descubra notícias fresquinhas como "Estou doente! Mãe fazendo uma sopinha" e "Tomei sopa hoje num café em Malvern chamado The Kettle Sings. A sopa era de pimentão, tomate e laranja. MB — muito boa. ML — muito legal." Cinco minutos depois, não menos que 94 *novos* resultados para "sopa" foram postados. E nem é hora do almoço!

A rainha do "oversharing" é sem dúvidas a autodescrita "lifecaster" Justine Ezarik, mais conhecida como iJustine. O Twitter de Ezarik tem, enquanto eu escrevo, 386 mil seguidores — quase o número da população de Tulsa, Oklahoma. A menina de 27 anos tem seu próprio canal de TV: ijustine.tv. Até pouco tempo, Justine Ezarik transmitia sua vida ao vivo, 24 horas por dia, com uma câmera presa na cabeça. Ela só parou, segundo seu relato a Maria Puente, do *USA Today*, porque estava irritando seus amigos e colegas. Suspeito que você não ficará surpreso em saber que Ezarik também tem alguns problemas com celular. "Tenho que fazer um esforço enorme para manter o telefone na bolsa e checá-lo menos", ela disse a Puente, "mas é difícil fazer isso nesse mundo digital em que vivemos".[19]

Eu e toda a população de Tulsa concordamos com isso.

A psicóloga Hilarie Cash perdeu o filho para a dependência tecnológica. Hoje ela dirige a Internet/Computer Addiction Services, uma clínica que desenvolve programas de tratamento para pessoas que correm o risco de desenvolver sérias disfunções relacionadas às mídias. "Todo vício tem certos padrões", explica Cash. A maioria deles é comportamental. Alguns são químicos — como a liberação de dopamina e outros opiáceos no cérebro. Os sinais de perigo do vício em tecnologia, talvez sem surpresa nenhuma, são muito parecidos àqueles do vício em drogas: uma sensação aumentada de euforia durante o "uso", desejos intensos quando privado do "uso", negligenciar amigos e família e ser desonesto quanto ao hábito, parar de fazer outras atividades que antes eram prazerosas, alterações nos padrões de sono, ser perseguido por sentimentos de culpa, vergonha, ansiedade e depressão.[20] Ficar pelado com o BlackBerry... Ah, desculpa.

Especialistas dizem que uma pessoa se prende a algo como um *smartphone* por meio do processo de autoafirmação: aquele pequeno pingo de satisfação que sentimos quando chega um e-mail ou uma mensagem no celular com a boa notícia de que você existe, de verdade. De que você ainda faz, de fato, parte do grupo.

Os comportamentos específicos associados ao vício incipiente incluem checar seu aparelho quando você sabe que não existem novas mensagens — e justificar isso dizendo a si mesmo que está simplesmente fazendo seu trabalho. Mandar mensagens de texto e falar ao telefone enquanto dirige — uma prática que a colunista do *Chicago Tribune*, Mary Schmich, sugere ser o novo "beber e dirigir".[21] Mandar e receber e-mails ao atravessar a rua. (Obrigada, Deus, pelo "Email 'n Walk", um aplicativo para iPhone que custa 99 centavos e usa a câmera do aparelho como um terceiro olho, mostrando tudo o que você está perdendo, ao vivo, enquanto você bisbilhota seu e-mail.)

Eu fazia essas coisas... e muito mais. Mas o teste verdadeiro para qualquer vício é a resposta à pergunta: você funciona sem ele?

Para minha surpresa, minha resposta foi "perfeitamente".

Talvez eu amasse a iNez demais, com sabedoria de menos, mas também não era uma viciada. Conforme os dias e as semanas de minha desconexão se passaram, ocorreu-me que meus problemas com o iPhone eram tão *hardcore* quanto minha rotina de café pela manhã. Claro, eu ficava muito triste quando era forçada a ficar sem ele. Eu costumava ficar lamuriando pelos cantos, "eu preciso de café pra funcionar", mas estou ciente (na maior parte do tempo) de que isso é só modo de falar. Ficar sem café de vez em quando não me faz ficar nervosa, ansiosa ou sem concentração, nem um pouco. Na verdade, depois da primeira punhalada de decepção, geralmente topo um copo de chá ou de chocolate quente e esqueço o café. Comparo isso ao modo como me sentia quando fumava — quando eu ficava feliz em ficar sem comer, beber, descansar ou respirar em troca de um cigarro —, e as diferenças são claras como uma tela de cristal líquido.

A verdade é que depois que larguei a iNez, raramente olhei para trás. Sim, depois de tudo que havíamos passado juntas!, era estranho e muito, muito inesperado. Foi como terminar um relacionamento longo e perceber, depois que já choramos muito, que na verdade estamos perfeitamente bem. A gente quase se sente culpado por se sentir tão bem.

John Naish, autor de *Chega de desperdício!*, desistiu de seu celular quando percebeu que estava ficando como o velho, do livro *O velho e o mar*, de Hemingway. "De repente você se encontra de um lado da linha com um peixe enorme do outro lado. Parece um prêmio, mas ele arrasta seu barquinho lá para o meio do oceano. E você continua segurando firme. E aí você percebe que o peixão não tem utilidade nenhuma."[22] Eu também me sentia assim. Uma vez desconectada, senti uma leveza inebriante. Não havia mesmo nada a desejar.

A coisa toda me lembrava de como Anni desistiu de sua coleção de chupetas quando tinha dezoito meses. Naquele momento em sua vida — apesar de conseguir falar frases longas, reconhecer a maioria das cores e cantar "Se essa rua fosse minha" de trás para frente —, Anni não conseguia dormir se um punhado de chupetas não fosse jogado em seu berço como confetes. E mesmo assim, frequentemente ela me acordava às três da manhã pedindo uma cor específica. ("A rosa!", ela gritava, ou "A que brilha no escuro!") Quando seus bichinhos de pelúcia também começaram a ter preferências, decidi que era a hora de apelar.

Uma manhã anunciei, com olheiras profundas, que a Fadinha nos faria uma visita naquela noite e que recolheria todas as chupetas de Anni — para reciclar, expliquei —, deixando para ela um brinquedo especial como agradecimento. Anni ficou ouvindo, com os olhos arregalados. Na manhã seguinte, a Fadinha cumpriu sua palavra. E a coisa das chupetas — para minha espantada e agradecida admiração — acabou ali. Anni pegou a boneca nova e ficou "limpa" para sempre. O flagelo que tinha destruído meu sono e minha paz durante tantos longos meses foi liquidado da noite para o dia.

Então, quem sabe? Talvez seja genético.

A revista *The American Journal of Psychiatry* incluiu o "vício em internet" à sua lista de distúrbios mentais em março de 2008, refletindo a evidência internacional de "uso excessivo de internet seguido por abstinência angustiante".[23] Mas outros observadores alegam que "vício" é, na melhor das hipóteses, uma metáfora... e não uma metáfora muito boa. Em seu livro de 2009, *Cyburbia*, o crítico britânico James Harkin argumenta que pessoas extremamente ligadas a seus BlackBerries, iPhones e Sidekicks não são de fato viciadas, mas são "um tipo novo de eu" — que se define primeiramente por meio do ato de navegar ondas sem fim de informação. É uma visão que se inspira na cibernética, "a ciência da comunicação e do controle" cunhada pela primeira vez pelo matemático Norbert Wiener. Wiener foi um dos primeiros a conceber a informação (e os aparelhos que usamos para adquiri-la) como constituinte de um tipo de ecologia. Não uma substância, viciosa ou não. Um ambiente. Então o perigo não está em prender-se, mas em perder-se. "Cyburbia" é o nome que Harkin dá ao estado de limbo. Lendo esse livro, reconheci sua importância. Afinal de contas, eu mesma costumava viver nesse limbo.

É difícil resistir a um livro que começa com a frase: "Na primeira vez que comecei a pensar sobre toda nossa abordagem à compreensão das comunicações digitais, eu estava transando no Second Life." (Tenho uma confissão ainda mais vergonhosa a fazer. Assisti à minha enteada, Naomi, transar no Second Life. Mas só depois de ter implorado a ela.) Mas o que mais ressoou para mim foi a discussão de Harkin sobre "estar por dentro" e como isso pode colocar nossas vidas em uma camisa de força.[24]

Em 2004, o gigante da internet Yahoo! copatrocinou um estudo em que 28 pessoas de treze famílias concordaram em ficar sem acesso à internet durante duas semanas e manter diários de sua experiência. O que é como Thoreau ir para a floresta para um final de semana prolongado, mas tudo bem. Os excertos publicados são uma leitura fascinante de qualquer forma. "Cada dia sem a internet é frustrante", escreveu um dos participantes. (Tente fazer isso durante seis meses com três adolescentes e enquanto passa pela menopausa.) "Sinto falta do espaço privado que a internet cria para mim no trabalho", outro reclamou. Um rapaz chegou a choramingar pela "inconveniência de ter que ficar carregando o jornal, o que é muito desajeitado". Outro declarou: "Estou ansioso para checar até meus *spams*." Mas o refrão mais repetido do pretenso estudo sobre a privação da internet foi o desconforto que as pessoas sentiam por "estar por fora". E essas foram as palavras exatas que eles usaram. "Me sinto tão por fora."[25] ☹

Eu conhecia esse sentimento. De uma maneira bastante infantil e primitiva, meu iPhone fazia com que eu me sentisse parte de um grupo descolado. Mais obviamente, acho, ele me colocava no grupo dos usuários de iPhone: adeptos precoces da consciência do design e do conhecimento técnico. Como dona de um *smartphone*, em oposição a... bem, um telefone normalzinho, eu gozava de seu brilho refletido como se ele fosse uma criança superdotada, e eu, a mãe inteligente que o criou sozinha.

Identificar-se em nível pessoal com o pedaço de plástico que se usa para fazer ligações é completamente idiota — e terrivelmente humano. Somos criadores de significado por natureza, mesmo em situações em que não há nenhum significado para se criar. Razão pela qual "lemos" nossas mídias móveis como folhas de chá, ou borrões de tinta de Rorschach. Secretamente ou não, vemos nossos aparelhos como extensões de nosso ser, assim como vemos nossos carros, nossas mesas do café e nossos filhos. E julgamos os outros assim também, de maneiras pequenas e vergonhosamente insignificantes.

"Pode-se dizer muito sobre uma pessoa pelo tipo de telefone que ela tem", aconselha a consultora de imagem Doris Klietmann.[26] Elementar, minha cara Doris. Personalizamos nossos telefones, dando nomes a eles, oras. Vestimo-os em couro e lhe compramos joias. Pensamos muito em seus outros acessórios, como toques e imagens de fundo. (Meu toque preferido era uma gravação de voz dos meus filhos, quando estavam na pré-escola, gritando "Mamãe! Mamãe! Deixe a gente sair!") Mesmo as pessoas que se recusam a jogar o jogo estão jogando o jogo. Meu amigo John, por exemplo, ainda carrega por aí um celular dos anos 1990 do tamanho de um bolo de carne. John diz que não liga — que é imune à vergonha telefônica — e acredito nele. "Sou assim", ele explica, dando de ombros. O que vem a ser exatamente parte do jogo.

Ficar longe do meu iPhone não exatamente gerou uma crise de identidade, mas de repente eu estava dizendo a outros usuários, de forma um pouco enérgica, "Eu também tinha um!" — só para que não houvesse nenhuma dúvida quanto à minha credencial de filiação. Apesar de meu exílio temporário e autoimposto, queria que o mundo soubesse que eu estava, na verdade, por dentro. É verdade, eu estava.

Sussy diz que o termo técnico para isso é "pegar pesado".

Minha expulsão do iParaíso significava que eu tinha que navegar "por fora" de maneiras mais imponentes também, reforçando — ou talvez simplesmente revelando — quanto eu estava "por dentro" em minha posição global. Encarava meu iPhone como uma espécie de sonda alimentar, que me fornecia um fluxo constante de atualizações do mundo com o qual desejava conectar-me. Os *podcasts*, os e-mails e os aplicativos que devorava ajudavam a me satisfazer. Mas também nutriam a ilusão de que meu lugar — o lugar mesmo, físico — poderia ser considerado irrelevante. Poderia ser revogado pela informação. E pior, que não havia problema nenhum nisso. Que não importava onde eu realmente vivesse, contanto que, na minha cabeça, estivesse em casa. Entre os fones de ouvido da mente.

Sem o iPhone para preencher os espaços, eu me sentia desvelada. Não deprimida. Mas como se tivesse sido esvaziada. Drenada. Ao mesmo tempo, por mais que eu amasse a sensação de carregar o mundo em meu bolso, tinha me esquecido de como isso pode ser pesado. As obrigações trazidas por estar "por dentro" — estar perpetuamente disponível e sempre responder, *acompanhar* tudo, pelo amor de Deus — são opressoras também. E, paradoxalmente, excludentes. As mensagens que não chegam enquanto você está checando os e-mails no banheiro, atendendo a ligações embaixo do guarda-sol na praia ou assistindo a um vídeo de *Anna Karenina* enquanto espera o trem são algo em que nunca pensamos quando estamos "por dentro".

Por volta do terceiro mês do Experimento, Sussy declarou com sua intensidade característica que era "impossível" para ela ir até a padaria comprar uma caixa de leite sem o iPod. "Então vá de bicicleta", sugeri friamente. Mas a verdade é que eu entendia como ela se sentia. Nos primeiros dias, andar sem iPod por qualquer distância maior que a da porta da frente até a garagem era estranho para mim também. Sem nada para escutar, a ideia de dar minha caminhada até a praia com o Rupert — algo que normalmente balançava tanto o rabo dele quanto o meu — parecia mais um teste de resistência que um prazer.

Assim como minha avó costumava dizer que se sentia nua sem brinco, no início eu me sentia nua andando pela rua sem meus fones de ouvido. Mas minhas orelhas se acostumaram rapidamente ao choque. Elas começaram a aceitar outros dispositivos: vento, barulhos do trânsito, pássaros, batidas das patinhas de Rupert na calçada e até — desorientadamente no início — o som de meu cabelo sussurrando. O próprio oceano, audível como um ruído claro a uma distância surpreendente. Outros canais sensitivos também foram se abrindo e começando a receber sinais. Aquelas fibras ópticas em formato de amêndoa no meio de meu rosto, para começar. Descobri que na verdade havia muito para se ver uma vez que elas realmente se abriam.

Andando exatamente pela mesma rota que eu havia feito centenas, talvez milhares de vezes ao longo dos anos, comecei a ver detalhes que nunca tinha percebido antes. Uma horta plantada como um segredo bem-guardado sobre uma rocha calcária. A placa na frente de uma casa antiga enorme que dizia: Hospedaria T. Dire (uma hospedaria? Em minha vizinhança? Em meu *século?*).

O ursinho de pelúcia de alguma criança aventureira olhando para baixo pelos galhos de uma árvore alta. Uma casa, sem graça à primeira vista — uma fachada simples de tijolos —, que exibia um cata-vento com um toureiro e um touro. Uma garagem abandonada assombrada pelos fantasmas enferrujados dos Jaguares passados. Uma fonte onde uma dúzia de íris loooongas, dignas de uma pintura de Van Gogh, ficava oscilando, tão desajeitada quanto uma debutante. Um Jack Russel descansando os cotovelos em uma bola de futebol. Os cachorros conseguem se apoiar nos *cotovelos*, jura?

Não estou dizendo que meus poderes de observação entraram magicamente em ação. Não desenvolvi de repente alguma acuidade poética que me permitiu ver a eternidade em um grão de areia. Não passei horas assistindo a esquilos e mergulhões, ou observando uma luta entre formigas, como fez Thoreau no lago Walden. ("Lutavam com mais pertinácia do que buldogues. Nenhuma delas manifestava a menor intenção de recuar. Era evidente que o grito de batalha era Vencer ou Morrer.") Eu tinha meus filhos para isso.

Mas colocar-me deliberadamente "por fora" foi revelador do mesmo jeito. Em todos os sentidos.

1º de abril de 2009

Dia da mesada por meio de transferência automática. Sussy gastou quase tudo com um telefone novo: noventa dólares deram a ela "o segundo Nokia mais barato" (já que o primeiro estava indisponível em estoque) e dez dólares de crédito (duzentas mensagens de texto ou duzentas células cerebrais, o que vier primeiro).

A primeira mensagem ela mandou para o Andy, no Reino Unido, que respondeu: "Por favor, por favor, me diga que é a Sussy!" Fofo! Ainda lutando para fazer entrar em minha cabeça em preto e branco o conceito de mensagem entre hemisférios. "Não entendo. Como você pode pagar por uma coisa dessas?", quis saber. Sussy olhou para Anni e deu um sorriso complacente que parecia dizer "O que você espera que venha do manicômio?". Esses momentos à la Rip van Winkle estão me matando.

2 de abril

ACABARAM os créditos do telefone da Sussy. Finito. Duzentas mensagens em 24 horas.

5 de abril

A mesa de café da sala, que um dia pareceu tão "adulta" (revistas caras, livros, objetos de arte...), agora é uma miscelânea intergerações de palavras-cruzadas, cifras para saxofone, bloquinhos, canetas, livros didáticos, latas vazias de Coca. Eu gosto assim.

Engraçado como ninguém nunca ficava na sala antes. Mas também, nunca ficávamos juntos em lugar nenhum. Só passávamos por ali.

Sussy e Anni indo agora ao McDonald's para fazer a lição de casa. O QUÊ?! Explodo. Acontece que lá tem wi-fi e de qualquer forma — como todos ficam me lembrando — "ESSA COISA TODA FOI IDEIA SUA!". Agora a lição de casa é um grande evento. Bronzeamento artificial. Roupas. Apliques de cabelo. Imploram por uma carona. ("Nós VAMOS fazer a lição de casa, mãe. E, afinal de contas... ESSA COISA TODA FOI IDEIA SUA!")

8 de abril

Novo recorde no tempo com o sax: quatro horas (entre a aula, a prática e tocar com os amigos). Improvisou "Cantaloupe Island" esta noite. Bill foi de uma criança com talento para um profissional. Não foi aula. Foi... música.

Reunião de pais na escola da Sussy. Odeio. O lugar transborda de mães em tempo integral com as unhas feitas e com filhos no clube de tênis — casais sérios com alto poder aquisitivo e cabeças exibindo penteados à la Partido Liberal e filhas criadas com lençóis de mil fios. Não poderia me sentir mais estrangeira.

Encontrei Sussy na biblioteca, onde a vi escrevendo um ensaio para a aula de Inglês. Ah, meu Deus. (Modo de trabalho habitual: jogada sobre os travesseiros na cama, rodeada de refrigerantes e comidinhas, com as mãos voando sobre o teclado como um virtuose inválido.) Todos os professores falaram de uma "grande melhora" nos hábitos de estudo e nos resultados desde o início do semestre — ou seja, duas semanas antes de sofrer a desconexão.

Coincidência? Acho que não.

9 de abril

Último dia do semestre. Sussy dormiu das 14h (quando chegou em casa) às 18h (quando eu cheguei). Então saímos para comer besteira — uma comemoração para marcar o início das férias — e voltamos para jogar Scrabble (sugestão dela).

"Tudo bem se eu usar esse dicionário antigo?", Sussy perguntou, duvidosa. Ela achou que estaria escrito em élfico ou alguma coisa do tipo? "Não é antigo", avisei. "Ganhei quando estava na escola." Pausa longa. Vi uns olhando para os outros como se dissessem "Logo... dã."

O jogo durou três rodadas. A desconcentração do Bill está me preocupando. "Fem é uma palavra?", ele ficava perguntando. Tentei me lembrar de continuar respirando pelo nariz.

Mais tarde, Sussy pegou um pacote velho de fotos para uma sessão improvisada de Facebook 1.0. Quase todas eram a.C. — primeiro casamento, primeira casa na Austrália, primeiros casais de amigos etc. Assustada e quase perplexa com a ideia de que VIVI MINHA VIDA INTEIRA AQUI. *Eu era* UM BEBÊ *quando cheguei à Austrália. Um bebê grande, claro. Eu achava que era muito velha naquela época. Achava que sabia tudo. E nunca nem tinha ouvido falar em diafragma pélvico.*

10 de abril

Sexta-Feira Santa, ou "Sexta-Feira Chata", como Bill sugeriu. GRANDE *feriado aqui na nação mais secular do mundo, por razões há muito perdidas como o Santo Graal, na névoa do tempo. É o tipo de dia, ai de mim, para o qual as mídias eletrônicas foram feitas.*

Pensar no que fazer com literalmente nada para assistir OU *comprar é um desafio até para mim. Finalmente decidi redefinir-me como "doente" (em oposição a simplesmente "desagradável") e fiquei de cama para ler e cochilar.*

O mau humor de Bill, que está chegando ao nível do Velho Testamento — tão jovem e tão rabugento! —, diminuiu quando ele saiu mais cedo para a casa de Matt, depois que brigamos porque ele exigiu 50 dólares para comprar uma palheta musical. Voltou no início da tarde com energia renovada.

— Preciso de tecnologia — reclamou. Concordei, compreensiva, e acariciei suas costas.

— Você quer uma bolsa de água quente? — perguntei. O olhar que ele me deu não foi bonito.

Finalmente recorri à leitura, já que ele diz estar "entre livros". Lolita *claramente derrotou-o depois de alguns capítulos. "Os pedaços em francês eram irritantes. E eu gosto de livros em que acontece alguma coisa." Rs!!*

No fim, dei a ele meu querido livro do Sedaris. Qualquer coisa por um pouco de paz!

11 de abril

Fiz as compras de Páscoa, pintei ovos e fiz coelhos de chocolate com a Sussy. Ela e Anni, entediadas, cantaram sucessos do karaokê e lavaram os pés uma da outra — "Que que tem? Aprendemos isso na escola" — e convenceram Bill de que elas coescreveram o hino de Sydney Carter, "Lord of the Dance", ao que ele prontamente anunciou: "Que merda!"

12 de abril

Páscoa. Bem-vinda, manhã feliz!
"Só amanhece o dia para o qual estamos despertos" etc. Sussy acordou às 8h, veio para minha cama ler o jornal comigo (falando em justificação pela fé, ela lê o jornal agora) e folhear God Stories — contos inspiradores de intervenção divina, uma leitura excelente. Às 9h ela me lembrou de que era hora de ir para a igreja.
Agora ela está mexendo com a minha cabeça.
Andamos até a igreja de são Paulo — uma manhã quente e linda, um sermão misericordiosamente breve —, depois voltamos e encontramos Anni e Bill mastigando animadamente o que havia na cesta de café da manhã. Bill tinha escrito um bilhete de desculpas para mim pelo mau humor de ontem e completou-o com um adesivo de Jesus. Mais tarde, em honra às festividades do dia, permiti que as garotas se filmassem dançando. Todos sentamos e tentamos jogar "moeda no copo" ("É difícil!", Sussy gritava).
Depois do almoço, quando Mary e as crianças vieram, Sussy e Torrie (de quinze anos) tiraram a aquarela do armário, enquanto Anni e Ches andaram até a praia com Bill, que ligou mais tarde para pedir para dormir na casa de um amigo (e aproveitar uma experiência breve de ressurreição do Nintendo DS, sem dúvida). Com a alma elevada, e um pouco de Semillon Sauvignon Blanc, permiti.

14 de abril

Do Telegraph:

"*A cantora de cinquenta anos, conhecida por sua preocupação com a saúde, passa quatro horas por dia na academia antes de levar os filhos para as reuniões religiosas da Cabala, de acordo com seus amigos. O café da manhã é composto por shakes com baixo teor de gordura, o jantar, por peixe e legumes no vapor, e a televisão é regulada porque Madonna acredita que prejudica o desenvolvimento de seus filhos, dizem.*"

Sussy animada em saber que os filhos da Madonna também não assistem à TV. "Não sabia que você gostava da Madonna", eu disse. "Não gosto", ela respondeu. "Ela é estranha, sem noção." Às vezes eu me sinto exatamente assim, mas sem os músculos da coxa.

16 de abril

Bill e Sussy brigando por Lolita enquanto escrevo. (N.B.: Sussy estuda francês e agora que quer ler o livro, Bill de repente ficou todo pós-moderno).

Banco Imobiliário hoje à noite com Bill, seu amigo Jake, Torrie e eu (Sussy ficou pintando as unhas perto da gente) em um tabuleiro cheio de cicatrizes de guerra: a única peça original é o carro (as substitutas agora consistem de uma peça de Ludo, uma pedra da sorte, um botão e uma arma do Trivial Pursuit); falta também metade das cartas (algumas foram substituídas por cartas escritas à mão lá em 1998, outras simplesmente memorizamos).

Dizem que o Banco Imobiliário revela quem uma pessoa é de verdade. Ah, Deus. Isso não.

Bill se transforma em uma hiena capitalista convicta, com um sotaque de Frangolino ("Duzentos dólares? Ah, por favor. Por favor!"). Só a Anni pode dar uma de Trump no jogo dele — e estou me referindo ao Donald.

Eu compreendo. Também passei por uma fase Banco Imobiliário no verão de 1968 (até que meus pais chamaram a Guarda Nacional). Mas desde então, tenho nutrido um ódio secreto por todos os jogos de tabuleiro. Então, a verdade é que O Experimento não forçou exatamente as crianças a jogar Banco Imobiliário. Forçou A MIM (Mas também "ESSA COISA TODA FOI IDEIA MINHA").

Estou chocada por termos nos divertido tanto. Amei principalmente quando Bill ligou para Torrie às 20h15 perguntando se ela queria vir aqui jogar e ela chegou às 20h16. Depois, Bill e Jake (dezesseis anos) construíram uma torre de blocos de madeira. O quê? Não vai ser uma piscina de encher?!

20 de abril

Amigos em pânico: a falta do meu iPhone. Duas vezes nessa semana encontrei amigos ansiosos para um café. "Achei que você não fosse lembrar, e não tinha como contatar você!" Interessante. Desde quando fiquei tão incapaz de lembrar de um encontro para um café sem aparelhos? "Eu posso anotar as coisas", lembrei-os, um pouco irritada. Para ser sincera, atrasei dez minutos nas duas ocasiões. Mas também, estou sempre dez minutos atrasada. Uma mensagem de texto para avisar seria redundante.

Sussy no telefone com a Maddi durante duas horas e meia.

Anni diz que O Experimento foi um tópico popular de discussão no pub domingo. Um cara da idade dela admitiu que tinha passado dez horas consecutivas jogando um jogo on-line naquele dia. A própria Anni sempre abusou do Tetris. Diz que a gente sabe que chegou ao fundo do poço quando vê os blocos caindo ao fechar os olhos para dormir.

Disse (como se eu não tivesse notado) que seu quarto desconectado está muito mais arrumado agora — está menos como um cesto gigante de roupa suja, "mais como um pedaço de céu", como ela diz.

Bill chegou em casa cedo do Festival de Música de Fairbridge, onde acampou com amigos. É claro que ele se esqueceu de levar roupas, travesseiros, sapatos ou comida. Ops. Pediu, humilde, por lençóis limpos e mergulhou neles, um livro nas mãos e um jazz no som.

24 de abril

Bill tocou Gymnopédie N.°1, de Satie, no piano. Lindo.
Depois, voltou da casa de Pat com algumas partituras. Tinha passado o dia aprendendo a tocá-las. Fiquei chocada. Praticou exercícios de escala no saxofone (maior-menor-harmônica) ao meu lado enquanto eu cozinhava.
Cheia de admiração, entusiasmo e... culpa. Se estivéssemos "experimentando" há mais tempo, onde ele estaria agora??

26 de abril

Bill conseguiu um emprego hoje! E eu que tinha achado que aquela coisa toda de Satie havia sido um milagre. Quinze dólares por tarde depois da escola para passar o aspirador em um café bem pequeno. Ele está rico. Eu estou feliz.
Anni e eu ficamos no sofá esta noite lendo (Por que os homens amam as mulheres manipuladoras e A menina que roubava livros, respectivamente) e fazendo as palavras-cruzadas do New York Times de 1987 (desenterradas de um diário antigo).

27 de abril

Sussy foi ao Angel Café — toda arrumada e penteada — para trabalhar em seu projeto (está criando uma revista para adolescentes...). Ficou lá durante QUATRO HORAS! Quando perguntei quanto desse tempo realmente gastou fazendo a lição de casa, ela respondeu "provavelmente a metade". Lil vai dormir aqui em casa. Ela e Sussy estão na sala jogando Banco Imobiliário, comendo chocolate, tomando chocolate quente e espirrando água na gatinha com um spray para evitar que ela pise nos hotéis.

Sussy disse que todos os seus amigos estão assistindo ao filme ainda não lançado da Hannah Montana no site Sidereel, mas que ela fez um voto de castidade (por assim dizer) e vai "se guardar" para o lançamento no cinema.

No formulário de autorização do futebol, Bill preencheu seu nome assim:

Bill.Christensen

e o meu assim:

Susan.Maushart

— Por que os pontos? — perguntei a ele.

— Como assim? — ele respondeu, confuso. — Não é assim?

Mais notícias sobre pontuação... Sean, amigo da Sussy — completamente MOC (mensageiro obsessivo-compulsivo) — agora diz as palavras "ponto de interrogação" ao final das perguntas. "Você vai à festa ponto de interrogação?" ele pergunta, com entonação ascendente.

5
O SOM DA MÃO FAZENDO A LIÇÃO DE CASA

"A maior ameaça ao progresso não é a ignorância, mas a ilusão do conhecimento."
— Daniel Boorstin, *O nariz de Cleópatra: Ensaios sobre o inesperado*

EM UMA GALÁXIA DISTANTE (há seis meses, mais ou menos), no espaço anteriormente conhecido como a sala da família, três adolescentes faziam a lição de casa — uma tarefa que exige banda larga sem fio com downloads ilimitados, seis mega de RAM, um *terabyte* de espaço de disco rígido, cinco telefones celulares (dois vão só passar a noite), três iPods, duas impressoras/*scanners* e um cartucho colorido.

Todo mundo sabe que a internet é uma ferramenta de pesquisa poderosa. Talvez seja por isso que usá-la para fazer a lição de casa seja como fazer esfoliação com uma lixadeira orbital. Ou seja, às vezes não é bom ir tão fundo. Quando tudo o que se quer saber é por que o Levante dos Boxers fracassou (e não, querido, não tem "nada a ver com a luta") e se obtêm 32.700 resultados, francamente, a mente começa a viajar.

Às vezes parece que fornecer acesso à internet para que os filhos possam fazer a lição de casa é como usar um vibrador para fazer chantilly. Não é só ineficiente. Desperta uma vontade maior de imaginação.

Sussy, por exemplo, minha filha de quatorze anos, que aparentemente está se esforçando para fazer um ensaio sobre e. e. cummings. No momento, ela tem nada menos que nove abas abertas no laptop. Seis delas são conversas on-line que, deixando de lado a falta de pontuação, a sintaxe duvidosa e o egocentrismo de uma adolescente do ensino médio, não tem nada a ver com o assunto. Uma sétima aba é um download ilegal do último episódio de *A vida secreta de uma adolescente americana*, enquanto uma oitava é o acompanhamento de um leilão on-line de um par de catarros? "Caturras, mãe", ela me corrige, arrogante. "São aves."

Ah, aves. Bom, então tudo faz sentido. Na mesa, o celular, no silencioso, se contorce impotente. Assisto com algo que lembra identificação.

Sussy — como praticamente qualquer outro adolescente — insiste que fazer muitas coisas ao mesmo tempo é o máximo. As pesquisas indicam exatamente o contrário. Apesar de os últimos estudos neurocientíficos confirmarem que as mídias estão mudando a própria estrutura de nossos cérebros, a evolução real, como a própria lição de casa, é um processo dolorosamente lento. Se Sussy ainda estiver escrevendo o ensaio sobre e. e. cummings daqui a 500 mil anos (e, no momento, isso não parece nada impossível), ela teria uma boa hipótese. Mas agora? Em nossa época? Não existe a menor dúvida de que se concentrar em apenas uma coisa seja o melhor.

Seus filhos dirão o oposto para você. E eles não estarão mentindo, necessariamente. Eles podem estar completamente convencidos de que podem trabalhar tão bem com meia dúzia de conversas e um casal de cibercaturras grasnando ao fundo quanto trabalhariam no silêncio. Mas essas são as mesmas pessoas que pensam que Micronésia é um desenvolvedor de softwares. Você vai mesmo acreditar neles?

A raiz grega da palavra "tecnologia", *techne*, significa habilidade ou artifício. Sim, bem... Às vezes *é* difícil diferenciar um do outro. Talvez isso explique por que eu ficava tão frequentemente em estado de alerta quando via meus filhos fazendo sua abre aspas-lição de casa-fecha aspas na bolha de mídias que nossa sala tinha se tornado. Não que minha ansiedade algum dia tenha servido para alguma coisa. Preocupar-me demais com o que exatamente eles estavam estudando com tanta intensidade — ou com quem eles estavam estudando — era meu problema. Pelo menos era isso que Anni sempre me lembrava, nas raras ocasiões em que ela interrompia a sucção, visualmente falando, que tinha de seu laptop.

Ela só tirava A, não importava o que acontecesse. Tudo bem, então talvez estivessem acontecendo coisas demais nos últimos dois anos. O período final da escola havia sido passado quase que completamente no intercâmbio. Naquele tempo, era assim que eu preferia pensar no MySpace. Seu absenteísmo teve seu preço nas notas finais, mas ainda assim Anni se saiu bem o bastante para ser aceita em qualquer universidade que escolhesse. Dizer que o 9 não era um 9,7 foi desagradável, mas eu disse mesmo assim.

— Não é a nota que me incomoda — gaguejei na época —, é o... o esforço.

— Que esforço? — ela quis saber.

Exatamente.

— Imagine os resultados que você teria se tentasse mais — pressionei. — Se você pegasse todas as horas que passou no MySpace e no MSN e as jogasse em literatura ou francês.

Ela deu de ombros.

— Teria conseguido notas melhores nos testes, eu acho. Mas ainda assim teria entrado na universidade, e ainda assim estaria fazendo artes.

— Você não consegue pensar em nenhuma outra diferença?

Finalmente, eu conseguia ver uma luz surgindo em seus olhos.

— Ah, entendi o que você quer dizer — ela disse. — É claro. Por que *eu* não pensei nisso? Eu não teria *vivido*.

Nesses momentos eu me lembrava de William Morris, o designer e visionário inglês do século XIX. Morris também gostava de fazer protestos pessoais e completamente ineficazes contra o excesso de tecnologia. Uma vez ele ficou sentado em sua cartola para demonstrar seu desprezo pela bolsa de valores. Tenho certeza de que isso também fez com que ele se sentisse melhor, por um instante.

Morris não foi nenhum ludita; ele fez fortuna produzindo em massa seus designs para tecidos e papéis de parede. Mas, como eu, e provavelmente como você também, ele estava convencido de que "se entregarmos toda a responsabilidade pelos detalhes de nossas vidas diárias a máquinas e a suas extensões", a felicidade nos iludiria. Ele acreditava que as pessoas precisavam aprender a conter-se diante da tecnologia — na verdade, diante de todo material doméstico. "Não tenha nada na sua casa que você não sabe se é útil, ou que não acredita ser útil", diz sua advertência famosa. Isso é algo em que eu gostaria de ter pensado antes de me casar.

De certa forma, todos os *gadgets* que meus filhos empregavam na realização da lição de casa encaixavam-se perfeitamente na teoria de Morris. O MacBook minimalista, com suas linhas esguias e seu teclado suave; os pequenos Nokias tilintantes e brilhosos; o Nintendo DS rosa com uma caneta tão delicada quanto um caule de margarida. Considerados isoladamente, são úteis e bonitos. Era quando a gente colocava todos juntos e andava com eles para cima e para baixo que as coisas começavam a ficar feias e sem sentido. Sem falar em caóticas e cacofônicas.

Era tão diferente da maneira como eu gostava de trabalhar: em reclusão monástica e num silêncio puro em que se poderia ouvir um alfinete caindo. Mesmo a melodia de fundo mais inofensiva incomodava como unhas passadas no quadro-negro extenso da minha atenção. Músicas com letras podem me fazer gritar de frustração. Quando fizemos uma pequena reforma há alguns anos, acabei me acostumando ao barulho das ferramentas. Mas as conversas nos rádios dos operários quase me mataram. No fim, fui levada a usar fones de ouvido conectados ao meu rádio, ouvindo a estática. Quanto à TV, ficar com ela ligada ao fundo enquanto tento escrever — ou até mesmo ler — é quase uma dor física. Nas primeiras notas da música de abertura dos *Simpsons*, juro que consigo ouvir minhas ideias estalando como galhos.

— Você não consegue bloquear o barulho e só fingir que ele não existe? — pediam as crianças.

— Absolutamente — eu respondia, indo até o botão "desligar". Se eu não consigo ouvir o que estou escrevendo, tentava explicar, não é mais prosa criativa. É só uma salada de palavras.

Naturalmente, meus filhos acham meus hábitos de trabalho esquisitos. Mas são costumes muito comuns entre os *baby boomers*. Em nosso tempo, as pessoas ainda sentavam para assistir à televisão. Era algo intencional e geralmente envolvia um guia de programação. Não havia controles remotos. Não havia aparelhos de DVD nos quartos. (Isso, explico a meus filhos, espantados, seria como ter uma churrasqueira a gás perto da cama ou um vaso sanitário no armário. "Legal!", eles respondem em coro.) A televisão ainda não tinha se tornado a trilha sonora da vida em família — o nada bonito, a nada útil decoração no espaço de todas as casas, a ruminação visual que toda a cultura mastigaria.

— Mas, mãe... nós *precisamos* de um barulho de fundo — explicam. Eles falam devagar, como se *eu* é que tivesse a deficiência intelectual. Como, sem dúvida, devo ter.

Sussy confessa que uma das razões pelas quais ela ama sua escola é que os professores permitem o uso de iPods durante as aulas.

— Durante a-as AULAS?! — gaguejo, chocada. (É por esse privilégio educacional que estou refinanciando nossa casa?)

— Bom, sim. Por que não? Quando estamos fazendo projetos e coisas do tipo.

Conto a ela sobre o tempo em que meu pai gritava comigo por cantarolar na mesa da cozinha. Sobre a cantina do meu colégio, onde não era permitido conversar. Sobre a revolução nos exercícios desencadeada pelo surgimento do *walkman* no final dos anos 1970. ("A ideia de que a gente poderia fazer *jogging* e escutar música ao mesmo tempo deixava as pessoas maravilhadas", expliquei. "Louco!", ela diz, confusa. "Mas mãe, não entendo, o que é *jogging*?")

Não é nenhum espanto que minha geração não se dê bem com muito barulho de fundo — não cognitivamente, pelo menos. Como Gerald Ford, que conhecidamente lutava para mascar chicletes e liderar o mundo livre (ou até andar), lutamos para fazer mais de uma coisa ao mesmo tempo.

Os integrantes da geração Y que criamos podem ser completamente funcionais com um aparelho em cada orifício, ou podem não ser. Mas nós, seus pais *baby boomers* e da geração X, sabemos nossos limites. Somos excelentes na monotarefa.

Nossos filhos riem complacentes de nossas limitações. É como se nossa inabilidade de fazer várias coisas ao mesmo tempo fosse algum vestígio evolucionário exótico mas quase repulsivo — como juntas peludas ou monocelhas. Quando explodimos "Mas como você consegue PENSAR com todo esse barulho?" (não sei os seus filhos, mas os meus parecem ter aprendido neurociência antes de estudar a tabuada), eles não se dizem "superiores" ou "mais evoluídos", mas é isso o que eles querem dizer, e tanto eles quanto eu sabemos disso.

A ideia do Bill de se vestir para o jantar é usar camisas de flanela abotoadas até o pescoço. Sapatos? Isso seria forçar a barra. Anni, que se vangloria de um capricho imaculado, perde os apliques de cabelo tão naturalmente quanto uma cobra perde a pele. Ontem achei um em cima do piano, todo emaranhado. Sussy despeja o cereal direto na gaveta, na maior parte das vezes, acertando uma tigela.

Acredite quando eu digo: os cérebros deles *são* diferentes.

No entanto, tenho certeza de que não é aí que eles estão querendo chegar quando dizem que fazem várias coisas ao mesmo tempo com os pés nas costas (quando, para mim, isso parece um contorcionismo exagerado). Eles provavelmente querem dizer mais ou menos o que Don Tapscott diz em seu livro superotimista *A hora da geração digital*. "Pais me dizem: 'Como meu filho pode estar fazendo lição de casa ao mesmo tempo que está ouvindo músicas, mandando mensagens no celular, com três abas abertas no computador — uma delas sendo o Facebook — e fazendo carinho no cachorro? Como isso é possível?'" A resposta de Tapscott é assustadoramente parecida com a de Bill. "Bom", ele diz, "acontece que o cérebro deles é diferente".[1]

Consultor de negócios canadense com formação em psicologia e sem filhos, Tapscott assegura os pais de que se preocupar com o fato de os filhos fazerem várias coisas ao mesmo tempo é como se preocupar com o filho não carregar uma clava. "Essas crianças crescem interagindo e colaborando, pensando e organizando, analisando, tendo que se lembrar das coisas, administrando informações. E isso afeta as ligações, as conexões sinápticas e a estrutura dos cérebros delas. Então elas têm uma habilidade maior em mudar o foco de atenção e uma memória ativa melhor. Se eu estiver fazendo várias coisas ao mesmo tempo, não consigo me ligar em tudo o que está acontecendo, mas elas conseguem. Então isso está criando uma geração que pensa, trabalha e aprende de uma maneira muito diferente."[2]

Com a última frase eu não tenho nenhum problema. Com o resto, não tenho tanta certeza. Habilidade maior em mudar o foco de atenção? Mudando o canal da TV, talvez. Memória melhor? Bom, talvez — desde que não contemos o número de telefones celulares, iPods e carregadores perdidos em ônibus no ano passado. Pode me chamar de subevoluída, mas fico nervosa quando cientistas começam a falar sobre as "ligações" em nossas cabeças.

Antes de começarmos O Experimento, meu (admito que igualmente não científico) palpite estava em desacordo com o de Bill e de Tapscott. A ideia de que redirecionamentos de atenção constantes poderiam conduzir uma sucessão suave de pensamentos para qualquer pessoa, sob quaisquer circunstâncias, parecia um exagero.

Pós-Experimento, eu sei que é. Assisti a meus filhos acordando lentamente do estado de *cognitus interruptus*, que antes caracterizava muitas de suas horas vividas, para se tornarem pensadores mais lógicos e focados. Assisti enquanto seus desvios de atenção foram embora, permitindo que eles lessem por horas — não minutos — de uma vez; que treinassem seus instrumentos intensamente; que melhorassem sua capacidade de pensar além do momento presente, mesmo que isso só se traduzisse em lembrar-se de lavar as meias para a manhã seguinte.

Não estou dizendo que eles foram repentinamente de Hannah Montana a Homero. Eles não desenvolveram uma sede insaciável pelos textos dos deveres de casa e aprenderam a amar os livros de trigonometria. Na verdade, eles provavelmente não fizeram mais lição de casa durante O Experimento do que faziam antes — Sussy jura que fez muito menos e, apesar de suas notas terem melhorado significativamente, isso pode ser verdade. Mas todos eles terminavam as lições com muito mais eficiência, muito mais rapidez e com um foco visivelmente maior.

Não sei dizer o que aconteceu com "as ligações" em suas cabeças depois que foram forçadamente encorajados a se concentrar em apenas uma tarefa. Por sorte, não preciso saber. Um sem-número de pesquisas importantes mostrou que essa coisa toda de "cérebros diferentes" foi um grande exagero, como a morte de Mark Twain ou o poder redentor de dentes mais brancos. Na verdade, aqueles que fazem várias coisas ao mesmo tempo não estão nem um pouco além da curva cognitiva — nem mesmo nas áreas em que se poderia esperar o contrário. É verdade que os cérebros de nossos filhos estão sendo mudados pelas mídias com que eles interagem frequentemente, e que muitas dessas mudanças ainda são pouco compreendidas. Também é verdade que pessoas aficionadas por livros, como eu, que precisam de um isolamento como o de um casulo para trabalhar com seriedade, temos nossos problemas de ligação. Mas a verdade maior é que o cérebro de ninguém é diferente o suficiente para fazer de interrupções constantes, distrações e mudanças de foco um ambiente ideal para seu funcionamento. *De ninguém.*

Como uma mulher de 52 anos com três filhos, meu cérebro é "diferente" também. Bom, dã! Metade do tempo não consigo nem lembrar onde deixei meu último namorado, muito menos meus óculos de leitura. Como todos sabemos, a mitologia cultural predominante para pessoas da minha idade — principalmente mulheres — tem tudo a ver com perda de memória, imprecisão e diminuição da função cerebral. Pelo menos, eu tenho certeza de que é... Espera aí. É?

O engraçado é que as últimas tendências neurocientíficas sugerem que pessoas na minha fase têm uma atividade cerebral particularmente ágil. (Pense em Barack Obama, não em *Menopausa, o musical.*) É verdade, somos um pouco mais lentos para adquirir novas informações. Mas nossa capacidade de processar, organizar e contextualizar essas informações é sem igual — e isso se mostra em nossas "ligações", ou seja, nossas estruturas cerebrais. Cérebros de meia-idade são marcados por uma proliferação de células gliais (isso é "cola", em grego) e experimentam uma convergência ideal entre os hemisférios esquerdo e direito. O efeito cumulativo, observa um neurocientista, é que "nossos cérebros vão de uma velocidade de internet discada à alta velocidade da banda larga". Não é de se admirar que ocasionalmente excedamos nossa cota de downloads!

A função cognitiva superior que experimentamos na meia-idade é uma das razões pelas quais as pessoas tendem a não votar em líderes mundiais que estejam em seus vinte ou trinta anos. Também explica por que controladores de tráfego aéreo mais jovens são substancialmente superados por seus colegas mais experientes. Um estudo recente sobre controladores de tráfego aéreo feito por pesquisadores do MIT na Universidade de Illinois mostrou que o tempo de reação, a memória e a atenção dos trabalhadores de meia-idade eram significativamente piores que de seus colegas mais jovens, quando os dois grupos foram testados isoladamente e sob condições de laboratório. Mas quando foram avaliados em condições reais, as tartarugas idosas acabaram com as lebres arrogantes.[3]

Você e eu podemos chamar a vantagem da meia-idade de "sabedoria". Os neurocientistas a localizam nas próprias estruturas do cérebro. Tudo isso quer dizer a mesma coisa: quando se trata de triagem e classificação dos múltiplos pedacinhos de informação, as cabeças de meia-idade fazem melhor e mais rápido.

E já que estamos dando boas notícias às mães, cérebros coroas também são mais eficientes no que diz respeito ao controle de temperamento. Ao contrário do que dizem os estereótipos predominantes, tanto os homens quanto as mulheres ficam *menos* mal-humorados com a idade. Também tendemos a ficar menos impulsivos, menos instáveis em nossos humores e menos propensos a respostas emocionais extremas. Um estudo feito na Universidade da Califórnia, em Berkeley, avaliou 123 mulheres em seus vinte e poucos anos e novamente nas décadas subsequentes. Os resultados mostraram que "traços de personalidade agradável" — como a capacidade de manter-se objetiva, de tolerar ambiguidades, de lidar com relacionamentos interpessoais com sucesso — alcançavam o ápice em mulheres na casa dos cinquenta e sessenta.[4] ☺

É certo que no dia do ensaio sobre e. e. cummings você seria perdoado se pensasse o contrário. Foi um daqueles dias em que algo definitivamente estalou na minha cabeça. Foi algo entre um momento "Eureca!" e um momento "COMO ASSIM?!".

Naquela noite, depois que dei um beijo de boa-noite em todos e desliguei suas TVs, peguei-me pensando em meus dias de escola. Geralmente eu fazia a lição no quarto, longe do diálogo familiar deprimente da novela da tarde a que minha mãe assistia. Outras crianças arrancavam páginas escritas à mão de seus cadernos em espiral, mas não eu. Aquela borda anelada desordenada sempre me arrepiava até os dentes. Eu preferia fazer meus trabalhos com espaço duplo arrumadinho em papel translúcido em minha máquina de escrever Olympia laranja. (Uma vez uma nerd, sempre uma nerd.) Mas não havia nada particularmente dickensiano em meu quarto. Eu tinha um telefone. Ele era branco e tinha um Magic Duende com cabelo amarelo colado na base.

Eu também tinha um rádio e um toca-discos e, no último ano da escola, até uma TV portátil em cores. Mas usar qualquer um deles enquanto fazia a lição de casa teria sido tão impensável quanto cantar karaokê bem no meio de uma reunião da escola. E *não existia* karaokê naquele tempo.

Eu ficava entediada às vezes. Mas a maior parte de minhas estratégias de distração parecia envolver fogo: acender um incenso ou uma vela perfumada — poxa! Eram os anos 1970, ok?! — ou, em circunstâncias extremas, sair de fininho pela janela do meu quarto e fumar no telhado. Eu também sentia uma satisfação estranha e obscura em derreter giz de cera na lâmpada da minha luminária de mesa. Isso foi o mais perto que já cheguei de fazer várias coisas ao mesmo tempo. Eu ouvia muita música, como qualquer adolescente normal. Mas quando ouvia, ouvia mesmo. De verdade e normalmente estudando as letras na capa do LP.

Outros adolescentes que conheci eram mais ou menos assim. Alguns ouviam rádio enquanto estudavam — algo que nossos pais e professores desaprovavam, divirto-me em lembrar —, mas esse era o mais "estimulante" que nosso ambiente midiático ficava.

Essas são lembranças anedóticas, eu sei. Mas o fato de que não existem dados concretos desse período a respeito das mídias utilizadas pelos adolescentes é prova de que muita coisa mudou. Hoje, revistas inteiras se dedicam ao assunto e novos artigos e livros aparecem tão frequentemente quanto reprises de *Seinfeld*.

Temos muito mais interesse na maneira como nossos filhos interagem com a tecnologia. Isso se deve em parte ao fato de existir muito mais tecnologia. E também ao fato de haver muito mais medo. Há 35 anos, não sabíamos o suficiente para saber o quanto não sabíamos. Hoje estamos começando a ter uma ideia.

Não é preciso ser ph.D. em psicologia social para saber que há alguma coisa errada quando você tem que lutar para estabelecer contato visual com seus filhos adolescentes, fazer com que eles se sentem e participem de uma refeição ou ter uma conversa casual livre de grunhidos. Como pais, nos reconfortamos com a desculpa de que tudo isso é normal, natural e próprio da idade. Mas em algum lugar no fundo de nossos cérebros *baby boomers* e sitiados, lembramos de um tempo — talvez nossos próprios anos de adolescência — em que não era. Para muitos de nós, isso é exatamente o oposto de um pensamento reconfortante. É assustador. E é exatamente esse medo que cria um solo tão fértil para o crescimento de "especialistas" nocivos, sejam eles entusiastas, que insistem que estamos caminhando para uma era de ouro de conteúdos gerados pelo usuário *muuuuuito* maneira para os pais ou outros organismos atrofiados entenderem, ou os pessimistas, que profetizam com igual confiança o colapso da civilização como a conhecemos.

Entre os primeiros estão os escritores Don Tapscott — o cara do "cérebro diferente" antes mencionado — e Steven Johnson, cujo livro de título irresistível *Surpreendente: a televisão e o videogame nos tornam mais inteligentes*, que argumenta que as novas mídias só *parecem* estar nos deixando mais burros; na verdade, elas estão nos deixando mais inteligentes. Esses escritores reconhecem que nossos filhos sabem menos fatos e menos história. Os jovens lutam para construir argumentos e manter o foco. Mas sua capacidade de caçar informação, sua acuidade visual, sua inteligência narrativa e criativa fazem das gerações anteriores um bando de mortos cerebrais. Essa é exatamente a mensagem que nossos filhos querem que ouçamos. É também a mensagem em que eles acreditam piamente. Sendo justa, existem provas convincentes que sustentam os entusiastas — incluindo o fato de que o QI (em oposição às notas dos testes escolares) tem subido há décadas.

Do outro lado estão observadores como Mark Bauerlein, professor de literatura da Universidade Emory e autor de *The Dumbest Generation* — não vale adivinhar o que ele acha de fazer várias coisas ao mesmo tempo; a jornalista Maggie Jackson, cujo livro *Distracted* foi escrito depois de uma meticulosa pesquisa e apresenta argumentos de que, na era da internet, todos nós temos Transtorno do Déficit de Atenção por Hiperatividade (TDAH); e o psicólogo clínico Michael Osit, cujo livro, *Generation Text*, vocifera contra uma geração acostumada a "instantanizar tudo". O argumento que os pessimistas defendem é convincente, cheio de fatos — e muito deprimente. A alfabetização tal como a conhecemos está desaparecendo. A capacidade de concentração é anoréxica. O narcisismo está em alta, o conhecimento está em baixa. A cultura está ficando grosseira e nossa vantagem cognitiva também.

Os entusiastas contam apenas o lado divertido da história. Metem os pés pelas mãos na ânsia de aproveitar o presente. O olhar dos pessimistas, por contraste, é fixado no retrovisor. Eles só veem uma paisagem borrada e dedicam a maior parte de seu poder de retórica ao luto de seu falecimento.

Decidir em qual dos lados acreditar é totalmente pré-Web 2.0. Como o crítico Neil Postman gostava de ressaltar, "explosões de informação explodem as coisas". Isso não significa que elas explodem *tudo*. Mas algumas coisas, sim, inevitavelmente — às vezes algumas coisas bem importantes. Os fogos de artifício são surpreendentes, mas pagamos um preço pelo ingresso. A mídia dá, a mídia tira.

A história mostra que, com a virada de cada maré tecnológica, sempre há alguém que prevê um *tsunami*. Sócrates foi um desses. Ele temia que a palavra escrita — basicamente o Twitter da Atenas do século IV — debilitaria a educação e advertiu que a leitura faria com que as pessoas "parassem de exercitar a memória e se tornassem esquecidas". (Ah, sei, sei. Exatamente o mesmo argumento que *ainda* usamos sobre o uso das calculadoras na escola.) Ter muitos fatos ao alcance das mãos "sem instrução adequada" era perigoso também e levaria as pessoas a ficarem "cheias do conceito de sabedoria em vez da sabedoria real".[5] (Exatamente o mesmo argumento que ainda usamos sobre o Google.)

O homem das letras veneziano do século XV Hieronimo Squarciafico pensava que a *imprensa* era o diabo. "A abundância de livros já está fazendo dos homens menos estudiosos", ele se irritou. "Ela destrói a memória e enfraquece a mente, livrando-a de muito trabalho."[6] Um crítico alemão, escrevendo no alvorecer da revolução de leitura que varreria a Europa e o Novo Mundo no início do século XIX, profetizou uma pandemia de "gripes, dores de cabeça, enfraquecimento dos olhos, erupções cutâneas, gota e artrite".[7]

Em *Surpreendente!*, Steven Johnson intensifica ainda mais o congestionamento de cultura, imaginando o que os críticos conservadores de hoje — os que estão convencidos de que a Wikipédia é o instrumento do diabo — diriam sobre os livros impressos. Que eles são "tragicamente isoladores". Que eles subestimulam os sentidos. Que eles suprimem a interação social e geram passividade intelectual. (Imagine só! Você só senta e a história é ditada para você.) Tudo verdade, claro... e tudo convenientemente ignorado por imigrantes digitais como você e eu.

A maioria de nós não pensa nos livros como "mídias" de maneira nenhuma — o que é ridículo como um lembrete de como eles estão incorporados em nossa ecologia de mídia. É decepcionante perceber que a versão de Sócrates do Experimento seria ficar seis meses sem ler e escrever. Estranho! Ocorre-me que eu deveria tentar de verdade ficar sem por um dia ou dois, para ser justa com os antigos. Sinceramente, a ideia me aterroriza. O que eu faria? Como me manteria a par? (Espera aí. Será que é assim que a Anni, o Bill e a Sussy se sentiram quando tiveram que se desconectar de suas contas do Facebook?) A ideia de ter problemas de dependência com a leitura nunca me ocorreu, não mais que a ideia de ter problemas de dependência com comida ou água.

Marquei um encontro com a conselheira de Bill no colégio quase por impulso. Foi no fim do segundo trimestre (e do Experimento). Ele estava fazendo tudo certo — ignorando os 27% no último exame de pré-cálculo — e estava feliz com os professores. Mas eu ainda estava preocupada. Não estava certa de que suas escolhas de matérias tinham sido certas, expliquei à conselheira.

— No geral, os resultados do Bill são excelentes — ela me tranquilizou. — Suas notas de matemática, de língua inglesa, de biologia, de educação física...

— Sim — interrompi. — Sei de tudo isso. Mas é que... temo que ele se forme no ano que vem sem... bem, sem *saber* nada.

Ela olhou para mim parecendo não compreender.

— Continue.

— Ele não tem feito nenhuma matéria de geografia ou história desde o oitavo ano. Ele não estuda outra língua. Não faz nenhuma matéria de política, direito, literatura, história da arte ou ciências sociais. Em inglês, como costumavam chamar, eles assistem a filmes... e na metade do tempo eles nem escrevem nada. Eles fazem PowerPoints como trabalho de grupo... — descarreguei.

Lembrei de quando a professora da Sussy penalizou-a por ter usado "muita linguagem" em uma apresentação de *slides*. Se muito poder corrompe, pensei na época, muito PowerPoint corrompe totalmente.

Continuei.

— Ele é um menino inteligente e faz suas lições, mas ele não *sabe* nada.

A conselheira do Bill largou a caneta.

— Ah — ela disse —, isso.

Em qualquer discussão sobre o impacto das mídias no pensamento e na aprendizagem, é vital distinguir aptidão (nossa capacidade cognitiva, ou "inteligência") e estilo cognitivo (os jeitos habituais com os quais usamos nossa inteligência). Isso porque, em tempos recentes, ambos têm sofrido mudanças significativas. Entre outras coisas, isso significa que seus filhos são mesmo mais inteligentes que você — assim como você suspeita e como eles não param de lembrar. Ao mesmo tempo, eles são mesmo mais debilitados — como você suspeita.

Espera. É por *isso* que eles conseguem converter arquivos com os olhos fechados e editar vídeos no YouTube com uma mão amarrada, mas não conseguem lembrar onde fica a Antártica? ("Não, eu sei... é no sul, né?")

Bom, pode ser. Porque, por mais que seja difícil acreditar nisto enquanto assistimos a um episódio de *Project Runway*, estudos mostram que a inteligência como um todo está aumentando, pelo menos à medida que se acredita em testes de QI. Um resultado de cem pontos num teste de QI ainda é "mediano". Mas isso só se deve ao fato de que os testes são constantemente recalibrados. Resultados brutos mostram uma média de aumento de três pontos por década desde 1920. E não é só o segmento mais bem-alimentado, mais bem-educado e mais rico da população que está ficando mais inteligente. Aqueles que estão no meio da curva demográfica também estão — incluindo "as pessoas que supostamente vêm sofrendo com um sistema de educação pública decadente e uma dieta constante de programas de TV de baixo nível e música pop vazia", conforme coloca o jornalista Malcolm Gladwell.[8]

Esse crescimento não se dá apesar de nossa dependência crescente de mídias eletrônicas, mas por causa dela, defende Steven Johnson. Ele acredita que a TV, os jogos de computador e as mídias sociais demandam maior capacidade cognitiva dos usuários do que as formas anteriores de lazer. Isso não parece fazer sentido quando comparamos, digamos, assistir ao *American Idol* com ler *Os irmãos Karamazov*. Mas e quanto a sentar-se na escada mascando tabaco? Ou cerzir meias? Ou dormir quando o sol se põe depois de um dia de doze horas na linha de montagem? A maioria das pessoas *nunca* lia romances russos grandes e complexos. A maioria das pessoas ficava observando o tempo passar. E comparados a isso nossos programas televisivos são comida para o cérebro. Ou é, pelo menos, o que o argumento defende. No nível mais baixo, mais tempo assimilando conteúdo — por mais pueril que ele seja — significa menos tempo de inatividade cognitiva, que significa mais neurônios trabalhando, que significa capacidade aumentada. Teoricamente.

Se todo o tempo que Anni passa no Facebook fosse dedicado, digamos, a debater as questões relativas às emissões de carbono ou aprendendo os princípios do Katakana, o benefício cerebral seria mais evidente. Mas se ela estivesse bordando uma toalha para nossa mesa...? Difícil dizer.

Quando Bill redescobriu as alegrias do sax, ele começou tocando talvez vinte minutos por dia. No quarto mês do Experimento, estava praticando quase três horas por dia. Basicamente, ele trocou o GTA por músicas de Charlie Parker — e ele sabia disso. "E se eu pudesse pegar todas aquelas horas que passei com A Besta", ele refletiu, "e usá-las para treinar o sax? Eu seria *incrível* agora". Fingir que o mesmo pensamento não tinha passado pela minha cabeça 12 mil vezes foi um dos testes mais difíceis que já tive como mãe. Engoli em seco e tentei assentir com a cabeça espontaneamente. Mas na verdade aquele era um grande "se". Desistir de uma atividade não garante que você escolha uma substituta mais digna. A chance de parar de fumar e ficar viciado em adesivos de nicotina é bem real.

A experiência de Sussy é um bom exemplo. Sob o novo regime, seu tempo de "conexão" caiu de mais ou menos seis horas por dia para cerca de uma. (Ela ainda usava o laptop na escola, aparentemente para estudar.) Mas o tempo que ela passava no telefone cresceu e preencheu pelo menos três quartos dessa lacuna. Isso teve algumas repercussões interessantes em suas amizades (isso sem mencionar em nossa conta telefônica). Mas a diferença entre mandar mensagens instantâneas para as amigas no laptop e falar com elas ao telefone era quase inexistente, cognitivamente falando.

Anni variou mais sua maneira de aproveitar o tempo livre: ler mais, encontrar mais os amigos, cozinhar mais. Mas ela também passava longos períodos na cama, folheando revistas despreocupadamente — para não dizer preguiçosamente — e ouvindo besteiras comerciais no rádio. Isso por um acaso era "melhor" que suas farras de eBay fazendo compras ao som de uma lista de músicas do iTunes em *shuffle* infinito? Difícil dizer.

Quando *eu* era uma adolescente ouvindo besteiras comerciais no rádio, éramos ensinados que a inteligência era uma entidade fixa. Como a fruteira com frutas de cera na mesa da sala de jantar — ou, para falar a verdade, como a própria matéria —, a inteligência não podia ser criada nem destruída. Crianças inteligentes tinham nascido inteligentes e continuariam assim. Crianças burras sentavam em uma mesa especial, onde era o lugar delas. Hoje sabemos que as questões cognitivas são muito mais complicadas. Para começar, reconhecemos que existem *tipos* de inteligência. Até as crianças no primário aprendem isso hoje em dia. Mas também descobrimos que a capacidade cognitiva pode ser cultivada. Sabemos que o cérebro é "plástico": não no sentido da boneca Barbie, mas no sentido de ser moldável. As estruturas do cérebro — neurônios e caminhos dos neurônios — podem e mudam de maneira significativa com o uso. Como a luva de um jogador de beisebol ou os peitos de uma mãe que amamenta, eles mudam para se adequar ao uso a que são habitualmente empregados.

Em certa medida, de fato nos tornamos o que observamos — e também, ao que parece, nossos cérebros. Não é exatamente o conteúdo que absorvemos que faz a diferença. É a maneira como esse conteúdo é embalado e transmitido via símbolos (como um alfabeto ou um semáforo) e mídia (como a imprensa ou fones de ouvido). Quando Marshall McLuhan fez sua famosa observação, "o meio é a mensagem", era isso que queria dizer. Ler *Harry Potter* pode ser "melhor" do que ver o filme, ou pode ser "pior"... Mas é uma história completamente diferente, no sentido literal, no que diz respeito às funções cerebrais. Da mesma forma, leitores de ideogramas, como os chineses, desenvolvem um circuito neural comprovadamente diferente dos de leitores alfabéticos — e as diferenças são perceptíveis em muitas regiões do cérebro, desde a maneira como a memória é armazenada até a forma como dados visuais e auditivos são processados. O mesmo acontece quando você tenta melhorar suas habilidades no tênis jogando *videogame*, ou cozinhar macarrão usando um tutorial em um dispositivo móvel (como Bill tentou uma vez, reduzindo toda nossa casa — incluindo a tranquilidade da mãe dele — a uma bolha de molho de queijo).

Seria estranho se o povo do livro, o que os imigrantes digitais são por excelência, não desenvolvesse linhas cognitivas diferentes das do povo das telas. A questão é: quão diferente — e diferente como? Vendo meus filhos fazendo malabarismos com e. e. cummings, postando vídeos do último evento social ("Não é uma festa, mãe, é uma 'reuniãozinha'"), conversando por mensagens instantâneas com 47 amigos mais próximos e adentrando as entranhas mais profundas do Google, eu ficava me perguntando o tempo todo como eles conseguiam. A explicação preferida — que o cérebro dos adolescentes que fazem várias coisas ao mesmo tempo simplesmente tem poderes e habilidades muito além dos cérebros de monotarefas mortais — parecia muito lógica. Quero dizer, é sério: *eu* não conseguia fazer o que eles fazem.

Imaginem minha surpresa quando descobri que eles também não conseguiam.

Muitos obesos mórbidos fazem três refeições por dia. Não é a frequência com que comem que cria problemas. É o que eles colocam no prato. Talvez não devêssemos ficar surpresos com o fato de que a epidemia que John Naish chama de "infobesidade" funciona da mesma forma.

Uma pesquisa realizada em 2005 pela Fundação Kaiser Family com adolescentes que fazem várias coisas ao mesmo tempo descobriu que nativos digitais não estavam necessariamente passando mais tempo com mídias do que seus pais nos anos 1970 — eles só as levavam mais a sério. Adolescentes americanos passam uma média de 7,5 horas por dia utilizando as mídias. No entanto, como o novo padrão para o uso adolescente da mídia é fazer várias coisas ao mesmo tempo, a média de exposição atingiu assustadoras 10h45 — digno de um estudo de Thomas Huxley —, um aumento de mais de duas horas com relação aos últimos cinco anos.

Para a geração Z, fazer várias coisas simultaneamente gera algo como um arrepio cognitivo, intensificando a integração, fragmentando a atenção e transformando completamente a experiência que costumava ser chamada de "sintonização".[9] Uma enquete do *Los Angeles Times/Bloomberg* feita em 2006 com 1.650 adolescentes mostrou que, enquanto fazem a lição de casa, 84% ouviam música, 47% assistiam à TV e 21% faziam três outras tarefas ou mais.[10] (E não, não sei quando assistir às façanhas do *Jackass* no YouTube passou a ser considerado uma tarefa.)

A boa notícia é que a pesquisa neurocientífica nessa área está crescendo quase tão rápido quanto a lista de amigos do Facebook de nossos filhos de quatorze anos. A má notícia é que as descobertas ainda estão muito incipientes, e só se tem certeza de algumas coisas. Uma delas é que na verdade não existe isso de fazer várias coisas ao mesmo tempo.

É verdade. Diferente de sua mãe, seu cérebro só consegue mesmo fazer uma coisa de cada vez. Ou, mais precisamente, só consegue processar as informações de uma tarefa por vez. O que pode parecer tarefas simultâneas é na verdade tarefas sequenciais. A mente mistura, em outras palavras, mas o cérebro alterna — às vezes muito rapidamente — de uma tarefa a outra. É uma ação que acontece na região atrás da testa, o córtex pré-frontal anterior, também conhecido como Área 10 de Broadmann — uma região que é uma das últimas a amadurecer (e uma das primeiras a apodrecer) com a idade. Não é surpreendente, então, que as crianças sejam, na verdade, piores nas alternâncias de tarefas do que os adultos.

David E. Meyer, diretor do Laboratório Cérebro, Cognição e Ação da Universidade de Michigan, não mede palavras. Fazer várias coisas ao mesmo tempo, ele diz, "é um mito". E sempre será, graças às limitações de processamento de informação inerentes ao cérebro. "Isso não é possível. Assim como não é possível que o melhor de todos os humanos corra dois quilômetros em um minuto."[11] Cérebros diferentes, talvez. Mas tão diferentes assim? Negativo.

A pesquisa de Meyer mostra que Sussy tem pagado um preço alto pelo privilégio de falar com a melhor amiga no Skype enquanto "simultaneamente" estuda para a prova de ciências do dia seguinte. Nativos digitais testados no laboratório de Meyer levaram o dobro do tempo ou mais para completar tarefas enquanto faziam várias coisas ao mesmo tempo. Ainda mais preocupante, seus erros aumentaram. A "mística" (como Meyer chama) de que essa geração tem procurado se superar é uma ilusão esperançosa, se não completamente arrogante.

Quando paramos para pensar sobre isso, percebemos que é claro que esse é o caso. Bill estava completa e honestamente convencido de que manter um olho colado no vídeo de *anime* que rolava no plano de fundo do computador não fazia diferença para a qualidade do ensaio lento e incerto sobre racismo que ele bicava no primeiro plano. Mas é claro que ele acreditava. Antes do Experimento ele nunca tinha tentado de nenhuma outra maneira. Que base para comparação ele — e qualquer outro adolescente — tinha de verdade? As pesquisas mais recentes mostram isso com ainda mais clareza.

Uma série de experimentos realizados no Laboratório de Comunicações entre Humanos e Mídia Interativa da Universidade de Stanford e publicados na revista *The Proceedings of the National Academy of Science* em agosto de 2009 testou dois grupos de estudantes da faculdade — aqueles que alegavam fazer várias coisas ao mesmo tempo e aqueles que diziam não fazer tantas — em uma série de tarefas de solução de problemas. A principal conclusão?

"Os que faziam várias coisas ao mesmo tempo eram ruins em tudo", disse o pesquisador Clifford Nass. Ele e seus colegas pesquisadores queriam identificar as vantagens cognitivas de executar várias tarefas simultaneamente. Desenvolveram o estudo com esse objetivo em mente. O que descobriram foi tão contrário às expectativas que Nass admitiu: "Tenho dificuldade para dormir."[12]

Estranhamente, aqueles que faziam várias coisas ao mesmo tempo eram particularmente incapazes no que dizia respeito a... bem, fazer várias coisas ao mesmo tempo. Comparados a seus semelhantes, eles eram terríveis em filtrar as distrações. Também eram menos eficientes na alternância de tarefas, pagando rotineiramente um "preço de troca" cognitivo muito mais alto em ritmo e precisão. Os pesquisadores ficaram surpresos ao descobrir que eles tinham problemas com a memória ativa também — basicamente, eram menos seletivos quanto aos dados a que prestariam atenção, e isso os tornou mais vulneráveis a distrações.

"Eu tinha certeza de que eles tinham alguma habilidade secreta", Nass comentou mais tarde. "Mas parece que são ligados em coisas irrelevantes."

"Continuamos procurando por vantagens em se fazer várias coisas ao mesmo tempo nesse estudo", acrescentou o pesquisador Eyal Ophir. "Mas continuamos descobrindo apenas desvantagens. Achávamos que essas pessoas estavam no controle da informação. Mas elas estão apenas confundindo tudo."[13]

Elas não são as únicas. "O núcleo do problema", Nass raciocina, é que elas "acham que são ótimas no que fazem; e convenceram todo o mundo disso".[14]

Quando as crianças voltaram aos estudos em fevereiro de 2009, eu estava mais nervosa com a questão dos deveres de casa do que elas. Naquele momento eu vinha tentando escrever à moda antiga havia um mês, e os resultados não exatamente inspiravam confiança. Escrever minha coluna semanal, uma tarefa que geralmente consumia uma hora ou duas de pesquisa on-line e meio dia de escrita e reescrita, agora levava dois dias inteiros.

Trocar os tópicos relacionados à pesquisa por tópicos mais reflexivos foi fácil. Era divertido ficar menos ligada a dados, usando artigos de jornais e revistas como ponto de partida para minhas ruminações. Emprego esse método intermitentemente durante os dez anos ou mais em que produzo textos semanais e achava que simplificava minha escrita e a deixava mais acessível. Essa vez não foi exceção. Sem recorrer a um ataque ao Google, fui forçada a pensar em meus assuntos com maior rigor. Para conseguir risadas, fiz menos tentativas baratas e contei mais histórias.

O que não estava tão agradável era meu humor. Eu não gostava do fato de que escrever à mão tomava um tempo enorme, e estava completamente horrorizada com minha mania de revisão — uma compulsão que a boa e velha tecla "delete" vinha educadamente escondendo todos esses anos. Uma folha inteira de papel pautado produzia apenas uma única frase útil. Achava isso perturbador. E confuso. Sem a costumeira ordem visual de pedaços de texto perfeitamente justificados, era muito mais difícil do que eu tinha imaginado manter meu ritmo, mais ainda preservar um fluxo lógico de ideias. Uma luta maior ainda era me ater ao limite de palavras — uma restrição rígida mas confortável para qualquer colunista, um tipo de cinto de segurança da mente ajustado com firmeza. Em um documento do Microsoft Word, mesmo sem a ferramenta de contar palavras, eu conseguia perceber com rapidez se faltavam poucos caracteres, como uma senhora que mede a farinha para o bolo aos punhados. Escrevendo à mão, perdi qualquer senso de medição interior. Entre os cortes e as interpolações rabiscadas, nunca sabia onde estava. Como uma criança reclamona no banco de trás, era um caso constante de "A gente já chegou? A gente já chegou?".

Além do mais, doía. A última vez em que eu tinha segurado uma caneta por muito tempo tinha sido provavelmente no ensino fundamental. Naquele tempo, minha professora descreveu minha escrita como "preguiçosa". Logo ficou evidente que os anos que se passaram não fizeram muito para melhorar isso. Minhas palavras pareciam muito provisórias na página, muito vulneráveis e inseguras. Perdi a autoridade visível de minha fonte preferida (Century Schoolbook), as margens caprichadas e o espaçamento perfeito. Porém, mais importante que tudo isso, perdi a velocidade de processamento de palavras.

Fiz digitação como matéria eletiva no 9º ano — era isso ou costura — e foi provavelmente o curso mais útil da minha vida. (E sim, mãe, ainda acredito que mandar as saias das minhas filhas para a costureira fazer bainha é um preço baixo a se pagar.) Quando as máquinas de escrever elétricas chegaram, eu conseguia transcrever meus pensamentos quase tão rápido quanto eles aconteciam — frequentemente me surpreendendo no processo. "Meu Deus! Eu penso *isso* mesmo?", eu me maravilhava, ou me assustava. O teclado não era simplesmente uma coisa que eu usava para escrever. Era quase um aparato sensitivo.

Eu tinha considerado desenterrar uma velha IBM Selectric para usar durante O Experimento, mas logo descartei a ideia. De alguma forma, introduzir um novo *gadget* — mesmo que *vintage* — parecia ir na direção contrária do espírito do empreendimento. Ainda mais aterrorizante, eu previa a família inteira brigando pelo acesso a qualquer coisa que se parecesse com um teclado. Não. Era melhor ficar pura e sofrer a dor nas juntas em silêncio.

Depois de algumas semanas no bom combate, saí de fininho com meu laptop para um café, onde poderia aproveitar minha tecnologia. O sentimento familiar de um teclado sob meus dedos foi quase um deleite sensorial, fico envergonhada em admitir. Eu quase conseguia ouvir a endorfina correndo por minhas vias neurais privadas de tecnologia. McLuhan estava certo. Um lápis é uma extensão de um dedo escrevendo na areia. Mas nossas mídias eletrônicas são extensões de nossos *cérebros*.

Quando a animação inicial e a incredulidade invejosa passavam, todo adulto que ouvia falar no Experimento fazia a mesma pergunta: "Mas e a lição de casa?"

Às vezes o tom era de reprovação, outras, de surpresa. "Eles usarão a biblioteca, é claro", respondia, convencida. Particularmente, no entanto, estava preocupada. É bem verdade que o miasma de fazer várias coisas ao mesmo tempo que as crianças vinham seguindo nos últimos anos não era o que alguém chamaria de condições ideais de trabalho. A frase de T.S. Eliot "distraído da distração pela distração" vem à mente. Por outro lado, na maior parte do tempo, essa possibilidade mantinha-os em suas mesas com uma ou duas abas teoricamente abertas com a lição de casa. Algum tipo de trabalho estava sempre em construção. E de alguma forma, no fim das contas o trabalho era entregue. Eu raramente policiava alguém e certamente nunca tinha sido uma dessas mães que perguntam com ansiedade do "nosso" projeto sobre o peixe-boi em extinção ou o papel das mulheres em Botany Bay.

Eu não achava, e ainda não acho, que a lição de casa dos meus filhos seja da minha conta. Talvez seja uma coisa de mãe solteira, talvez uma coisa de escritora ou talvez seja uma coisa de negligência. Mas o que quer que seja, tem funcionado — mais ou menos — para a gente. (Descobri recentemente que nosso caso não é o único. As provas mostram que, controlando-se as outras variáveis, os adolescentes cujos pais os ajudam com a lição de casa são, na verdade, *menos* bem-sucedidos na escola, de acordo com o estudo "A experiência dos adolescentes com a lição de casa", publicado em 2008.)[15]

Na verdade, não há muitas evidências de que a lição de casa *deva* ser feita... por ninguém. Um estudo recente do pesquisador John Hattie, da Universidade de Auckland, analisou a eficiência de 113 estratégias diferentes de ensino. A lição de casa ficou em 88º! Hattie afirma que não encontrou "nenhuma evidência" de que a tarefa ajudava a melhorar as habilidades de gerenciamento de tempo ou qualquer outra.[16] Também observou que, no caso de projetos de longo prazo, "tudo o que se pede são as habilidades dos pais". Direito de resposta! Mas, de fato, um corpo morbidamente obeso de pesquisa tem mostrado mais ou menos a mesma coisa há tempos. A lição de casa não faz nenhuma diferença para os alunos da escola primária; ajuda mais as crianças mais inteligentes do que as menos capacitadas; e folhas de lição cheias são funcionalmente insignificantes.[17]

Eu lembrava aos inquisidores que não tinha proibido ninguém de usar computadores, só de usá-los em casa. "Sim, bem, em *casa* é onde a gente deve fazer a lição de casa", Sussy resmungou. "Alô? Não é esse o nome?!" Seja como for, conforme as semanas se passavam, cada filho trabalhava no próprio *modus operandi*.

Anni foi a única que encarou o desafio com entusiasmo. Ela estava ansiosa para fazer os trabalhos na biblioteca da universidade. "Espero que isso faça com que eu me torne mais organizada", ela me disse enquanto procurava pelas chaves do carro na gaveta de roupas de baixo. Aluna talentosa, ela adotara o hábito terrível de depender de seu dom de escrita para encobrir uma multidão de pecados da retórica (ela deve ter puxado isso do pai) e terminava seus trabalhos em cima da hora. Como Proust, ela escrevia na cama, e sempre escreveu, desde que ganhou seu primeiro laptop, no sétimo ano. Diferente de Proust, ela também estava propensa a passar noites inteiras personalizando o MySpace na cama.

"Vai ser bom vir para casa e saber que *não posso* fazer nenhum trabalho, nem que eu queira", ela completou. Apesar de a separação do trabalho e do lazer ser uma coisa pela qual eu também estava ansiosa, percebi o uso que Anni fez das palavras "não posso" com mau pressentimento. Enquanto eu me esforçava para reconquistar meu domínio do papel e da caneta — e falhava —, os nativos digitais nem tentaram. Com exceção dos exercícios de matemática do Bill e da Sussy, foi como se eles tivessem concordado que o conceito do estudo sem estar conectado era estranho demais, não querendo nem se atrever a ele. Comecei a entender isso no dia em que fomos à universidade fazer a matrícula da Anni para as matérias do segundo ano e nos disseram para fazer isso de casa, pela internet.

"*Não podemos* fazer isso de casa", comecei, irritada. Eu sentia Anni tensa ao meu lado. "E mesmo que pudéssemos, por que deveríamos? Estamos aqui, pessoalmente e com um talão de cheques. Não precisamos ficar on-line..." Anni me puxou para trás, dando de ombros como se pedisse desculpas à mulher atrás do balcão, como se dissesse: "Trauma de nascença. Não há nada que possamos fazer." Não tínhamos alternativa a não ser ir até a biblioteca, do outro lado do campus, e usar um dos computadores públicos. Que felicidade ao perceber que todos estavam off-line e ao ouvir mais uma vez para voltarmos para casa e tentarmos de lá.

Bill estremeceu com a simples menção da palavra que começa com "B".

— Mas sua escola tem uma biblioteca maravilhosa! — tentei animá-lo. — Cheia de livros e prateleiras e...

— De jeito nenhum! — ele gritou, balançando as mãos à sua frente com medo, como se estivesse espantando um morcego. Ele deu um jeito de fazer o que tinha que fazer na casa de amigos, eficiente e sem confusão, geralmente na noite do domingo anterior à entrega de um trabalho. Nunca pedi para ver seus trabalhos, e ele nunca se ofereceu para mostrá-los. Mas seu boletim escolar no final do segundo semestre — uma semana depois de O Experimento ter terminado — corroborou com minha impressão de que ele tinha estudado também na escola tanto quanto antes, não obstante minhas dúvidas a respeito do que ele estava aprendendo lá (se é que aprendia alguma coisa).

— Um 10 em Inglês? Como assim? — Sussy zombou, lendo por sobre meu ombro.

— Como se eu soubesse... — respondi.

Mas a verdade era que Bill *estava* lendo *O sol é para todos*. Havia indicações. Na verdade, o menino que desde o quinto ano tinha subsistido a uma dieta literária de revistas *Mad* e versos de caixas de cereais — lendo um livro (o último *Harry Potter*) a cada dois anos, quer ele precisasse, quer não — estava lendo mais ou menos de maneira constante. Na metade do mês dois do Experimento, seu período "seco" — quando ele não estava flutuando na piscina de polo aquático — estava dividido entre o saxofone, ouvir jazz e ler romances com voracidade.

Durante as férias de verão, o puro tédio levou nosso herói a uma retrospectiva Rowling completa, com todos os sete livros lidos em sequência. Quando terminou *Harry Potter e as relíquias da morte*, parecia ter perdido o melhor amigo. "Terminei", ele anunciou com indiferença, enquanto abria a porta da geladeira num hábito costumeiro, só para garantir que nenhuma comida tinha se gerado espontaneamente nos últimos 45 minutos. Nos dois dias seguintes, esperei quase sem fôlego para ver o que ia acontecer. Ele começaria tudo de novo com *A pedra filosofal* e continuaria o ciclo durante os próximos seis meses, preso em um tipo de purgatório de *Harry Potter*? Seu amigo veio ao resgate com outra série — algo sobre lobos ou irmãos, talvez os dois. "É bom?", aventurei-me a perguntar quando ele chegou ao final do quarto livro. Ele deu de ombros. "Tenho quase certeza de que já li no sétimo ano, mas é..."

Acabei jogando para ele o livro de Haruki Murakami algumas semanas depois. *Kafka à beira-mar* é estruturalmente complexo, intelectualmente exigente e vagamente espiritual, de um jeito meio Tarantino/*Dança dos mestres Wu Li*. Era uma leitura improvável para um adolescente de quinze anos com atraso literário. Por outro lado, *era* japonês — como Pokémon, Naruto e tantas outras fixações da cultura pop que Bill tinha. E *era*, como logo fui lembrada, é claro, cheio de referências ao jazz. No dia seguinte, perguntei como estava indo a leitura.

— É bom — ele respondeu. — Estranho.

"Promissor", pensei comigo mesma. Isso foi em algum dia no início de março.

Dois meses depois, no aniversário de dezesseis anos dele, na metade de maio, ele tinha passado quase sem esforço pela metade da obra considerável de Murakami. Para comemorar, comprei a obra completa, pelo menos tão completa quanto as livrarias de Perth me permitiram. Mesmo agora, acho difícil acreditar em tudo isso. No aniversário de dezesseis anos do meu filho, dei livros de presente *e ele ficou animadíssimo*.

De acordo com uma pesquisa da Associação dos Consumidores de Eletrônicos de 2009, 83% dos adolescentes estadunidenses acreditam que a tecnologia os ajuda com a lição de casa e com o aprendizado — e só 23% responderam que seus pais restringem seu acesso à tecnologia.¹⁸ Mas as pesquisas mostram que o impacto das mídias nos hábitos de leitura de nossos filhos está entre negativo e apocalíptico. As notícias viajam devagar, eu acho.

Mas existem complicações — e uma delas é que nossos filhos *high-tech* não estão necessariamente lendo menos, não exatamente. Nicholas Carr escreveu para a revista *The Atlantic* em 2008 sobre a questão "O Google está nos deixando burros?", apontando que toda nossa pesquisa na web e nossas frenéticas mensagens de texto provavelmente significam que lemos mais agora do que a geração anterior, quando a televisão era a mídia do momento. Hoje, no entanto, "é uma maneira diferente de ler, e por trás dela está uma maneira diferente de pensar, talvez mesmo um novo entendimento do eu" — como qualquer pai que já deu uma olhadinha nas conversas instantâneas de seus filhos adolescentes concordaria.¹⁹ ("Neh... PQP?!... Mals!... huahuahua!") E uma das maiores diferenças tem a ver com a profundidade, ou a falta dela.

A leitura na era da internet é rasa. Fica na superfície, que justifica ser chamada de "navegar". Eu prefiro o termo mais atualizado: 'WILFing'. Abreviação para "What Was I Looking For?" ["O que eu estava procurando?"]. WILfing refere-se ao hábito da livre associação on-line, que começa com um objetivo específico e termina horas depois... bom, vamos dizer "em outro lugar". Não são só as crianças e os adolescentes que são acometidos pelo WILFing. Adultos também correm o risco, mesmo escritores como Nicholas Carr. "Imergir em um livro ou em um artigo longo costumava ser fácil", ele observa. "Minha mente ficaria presa na narrativa ou nas viradas da argumentação, e eu ficaria horas lendo longos trechos de prosa. Agora, minha concentração geralmente começa a vaguear depois de duas ou três páginas. Fico agitado, perco o fio da meada, começo a procurar outra coisa para fazer... Antes eu era um mergulhador no oceano das palavras. Agora fico só na superfície, como um cara em um jet ski."[20]

Talvez seja um risco ocupacional a que os jornalistas estão especialmente propensos. Certamente notei os mesmos sintomas em mim nos últimos dois anos. O que Harold Bloom chamou de "prazer difícil" de uma leitura longa — e profunda — estava se tornando uma raridade. Literalmente, eu estava esquecendo como fazê-lo.

Sempre tive problemas com relacionamentos longos. Mas, por favor, um romance? Eu não conseguir me comprometer com a leitura de um romance inteiro? Culpei os hormônios — aqueles bodes expiatórios sempre prestativos — e às vezes o déficit de atenção adulto.

E então surgiu O Experimento e me forçou a olhar mais de perto. E o que descobri foi uma semelhança familiar muito desagradável. Basicamente eu tinha desenvolvido os mesmos maus hábitos que sempre criticava nas crianças: um tipo de impaciência cognitiva que tomava a forma de um bombardeio de cem fontes sem que eu nunca parasse para realmente digerir nenhuma delas. Parecia que a menopausa *não* era a mensagem.

Quando voltei a trabalhar no escritório, o que aconteceu em meados de março, eu tinha um computador e acesso à internet pela primeira vez desde que nos desconectamos. Poder tomar notas em um teclado parecia ilícito... e maravilhoso. Para escrever a história de nossa desconexão, eu já havia recolhido centenas de artigos e estudos e dúzias de livros de verdade com capas de verdade — e todos eles teriam que passar pelo funil. Eu estava ansiosa para começar. Apropriadamente, um dos primeiros a entrar no jogo foi *Distracted: the Erosion of Attention and the Coming Dark Age*, de Maggie Jackson.

Embora no início difícil devido ao aspecto sombrio de Jackson — o subtítulo capta a sensação depressiva da coisa —, logo fui cativada. É verdade, não houve muitas risadas, ou mesmo sutileza. (Mas elas são mesmo raras em profecias apocalípticas.)

Mas o livro era tão sublimemente pesquisado, tão absolutamente vivo de estatísticas, exemplos e anedotas que me encontrei envolvida por seu argumento quase contra minha vontade.

E ainda... e ainda assim.

Ao mesmo tempo que estava devorando *Distracted*, vi minha atenção vaguear muito. Comecei fazendo meu trabalho: pesquisando no Google vários dos estudos citados no livro. (Alguns não foram encontrados, então usei o Factiva e o ProQuest 5000. Bingo!) Então voltei ao Google para ver a própria Jackson. ("Ah, então era ela que escrevia aquela coluna para o jornal *Globe*!") Então procurei no Google Imagens. ("Cabelo bonito. Quantos anos será que os filhos dela têm?) Ela mencionou o quadro *A queda de Ícaro*, de Brueghel — de volta ao Google Imagens, chegando a um labirinto de sites fascinantes de museus.

Muitas horas depois, eu estava na Amazon.com, comprando um livro chamado *Why He Didn't Call You Back*. E foi aí que percebi. Saí do computador e peguei uma pilha de fichas — obviamente eu ainda não era confiável perto de um teclado — e me encontrei no livro. "Quase 45% das interrupções no local de trabalho são iniciadas pelo próprio usuário", li. Nem me fale.

Jackson argumenta — e certamente não estou apta a duvidar — que a chuva ácida de informação caindo sobre toda nossa cultura, nossas próprias salas de estar incluídas, está erodindo o que ela chama de "os três pilares da atenção": foco, discernimento e percepção.[21] Somos cativos da informação — nas palavras de Walter Ong, perigosamente à deriva em um caos de informação que não tem significado e nos leva a lugar nenhum. (Viu, eu disse que não era divertido.) Mas o pior disso tudo: achamos que está tudo ótimo. Achamos que somos mais espertos e mais rápidos e mais inteligentes que a geração anterior. Ei, está escrito na Wikipédia!

Nossos filhos são usuários extremamente confiantes das novas mídias. (A geração deles parece pensar que inventou a internet, o que é risível, se você parar para pensar.) Meus filhos são absolutamente soberbos sobre sua cibersuperioridade, virando os olhos para minha técnica "dedos de chumbo" no mouse, pegando o teclado com impaciência para me mostrar atalhos. O pior é que eles estão certos. Algumas vezes. No que diz respeito ao domínio da Web 2.0 — mídias sociais, compartilhamento de arquivos, conteúdo gerado pelo usuário e coisas do tipo —, eles estão anos-luz à minha frente. Mas quando se trata da boa, velha e chata mastigação da informação, ninguém é melhor que um imigrante digital. Apesar de toda a lição de casa "conectada" que eles fazem, todo aquele "eu preciso da internet para *pesquisar*, mãe!", quando se trata de realmente aprender alguma coisa on-line, parece que os nativos são mesmo revoltantes.

Vários estudos mostram que os estudantes hoje "apresentam um campo de visão especialmente estreito" quando estão fazendo pesquisas na internet. Eles usam jeitos "rápidos e sujos" de pesquisar, "frequentemente optando pela conveniência em detrimento da qualidade" e desistindo com facilidade.[22] Mais ou menos como limpam seus quartos, em outras palavras. Pesquisas mostram que a geração Z é mais confiante ao processar informações do que as gerações anteriores. Já sua competência é outro assunto. Um estudo de 2008 sobre "instrução dos adolescentes na internet" publicado pela Association of School Librarianship observou crianças usando a internet enquanto faziam a lição de casa e concluiu que a maioria delas precisava de um curso intensivo de Google.

"Apesar do largo uso da internet", os pesquisadores descobriram que "os estudantes não têm habilidades em muitas áreas, especialmente quando se trata de localizar informações e da avaliação crítica de fontes virtuais".[23] Os adolescentes que participaram do estudo geralmente começavam suas pesquisas no Google "colocando pouquíssimas palavras-chave e sem marcadores de pesquisa". E, claro, a Wikipédia era normalmente o primeiro site a aparecer. Os estudantes sabiam que alguns sites eram menos confiáveis que outros, mas eram incapazes de fazer algo a respeito. A maioria deles também acreditava que sabia mais sobre a internet que seus professores e, por isso, era resistente às instruções oferecidas, o que muitas vezes não se justificava, porque os próprios professores tinham habilidades variáveis. Os pesquisadores descobriram que os pais só aumentavam essa confusão. Muitos ficavam focados no (altamente exagerado) risco de predadores da internet. Outros, obscuramente, viam conteúdo on-line como exército adversário. Eles pareciam convencidos de que na educação os livros "tinham que vencer".

No geral — e isso é divertido e preocupante —, os pesquisadores concluíram que nenhuma das partes — nem pais, nem professores, nem filhos — era particularmente esclarecida quanto à tecnologia. *Todos* eles apresentavam equívocos, lacunas de conhecimento e séria falta de habilidade que faziam o senador Ted Stevens** parecer um oráculo. (Stevens ficou ridiculamente famoso por seu comentário em 2006 de que "a internet é uma série de tubos".)

Outras pesquisas descobriram que os adolescentes gostam mais de sua lição de casa quando ela é uma "atividade secundária" e a socialização é a "atividade primária". Surpreendente, não? Igualmente óbvia é a descoberta de que as crianças fazem um trabalho melhor quando o dever é a única coisa a que estão dando atenção. Os "efeitos" podem ser mais negativos — elas podem ficar irritadas, em outras palavras —, mas seu sucesso é muito, muito mais positivo.[24] No que diz respeito à lição de casa, em outras palavras, estar feliz e fazer um bom trabalho são totalmente independentes.

Uma pesquisa recente mostrou que 80% dos adolescentes disseram ficar "entediados", "mal-humorados", "tristes" e "desinformados" ao passar um dia sem internet. Uma semana sem tecnologia foi considerada "castigo severo".[25] (Não é necessário

---

** "O imigrante digital republicano".

dizer que escolhi não compartilhar essa pesquisa com meus filhos.) Eles ficam mais felizes — ou é o que eles dizem — quando estão conectados. Também ficam mais preguiçosos, menos focados e menos produtivos. Isso mexe com nossa cabeça porque, como pais modernos e psicologicamente ligados, dedicados a microgerenciar os estados da mente de nossos filhos, de alguma forma pensamos que a felicidade é um pré-requisito para realizar qualquer coisa que tenha valor.

Como Sussy diria: "Até parece."

Psicólogo e pai de três filhos, Michael Osit acredita que tecnologias "agradáveis" prejudicam ativamente o desenvolvimento de ética básica de trabalho e criam "uma geração que está acostumada a conseguir o que quer com esforço mínimo".[26]

"Ele diz isso como se fosse uma coisa ruim", Anni contesta. É um ponto válido. Osit também vocifera contra a influência corruptiva da cozinha japonesa — "se as crianças estão comendo sushi aos dez anos", repreende, "o que estarão pedindo aos quinze e aos 25?" — e sugere que músicos roubam quando usam aplicativos como o software de composição Sibelius.[27]

Mas sob o discurso conservador, Osit toca em algo crítico. Nossos filhos têm mesmo problemas de distinguir a hora de trabalhar e a hora de brincar. Para eles, como para nós, a internet é tanto o parquinho quanto o escritório, tanto o bar quanto a cozinha. "Imagine tentar se ater à sua dieta, quando pedem para você passar o dia inteiro em sua padaria preferida, ou tentar parar de beber se você trabalha como bartender", escreve Osit.[28] Manter os limites no lugar — caramba, até mesmo lembrar que *existem* limites — já é bem difícil quando se é adulto. Para nossos filhos, pode ser impossível. Osit acredita piamente que é papel dos pais controlar o ambiente midiático. Esperar que os filhos o façam sozinhos é como deixar a criação deles com o Google.

Quando trabalhamos em nosso auge, pode parecer um jogo. E quando jogamos em nosso auge, pode parecer trabalho duro.

Para as crianças, aprender e brincar são quase sempre indistinguíveis — e devem ser. Não existe nenhuma conexão *necessária* entre divertimento e aprendizado, mas dizer que se divertir de alguma forma impede o aprendizado é simplesmente ignorância. Pesquisas mostram que as crianças adquirem, *sim*, habilidades em todas aquelas horas que passam socializando em suas mídias. Quais habilidades, ninguém sabe com certeza.

Um estudo de 50 milhões de dólares da Fundação MacArthur sobre aprendizado digital e midiático consultou mais de oitocentos adolescentes durante um período de três anos. "Pode parecer que as crianças estão perdendo muito tempo com as novas mídias", disse o diretor da pesquisa Mizuko Ito ao *New York Times*, "mas a participação está dando a eles habilidades tecnológicas e instruções de que necessitam para serem bem-sucedidos no mundo contemporâneo".[29] Lendo isso, tento não pensar na obsessão da Anni com o Farmville — um jogo de simulação do Facebook que suga todo o seu tempo e envolve plantar alimentos falsos e criar gado falso em parceria com vizinhos falsos. ("Viu o que você pode fazer?!", minha filha inteligentíssima disse com orgulho enquanto me mostrava sua "fazenda" bidimensional. Foi difícil saber se eu ria, chorava ou relinchava.)

"Eles estão aprendendo a se relacionar bem com outros", Ito insiste, "a gerenciar uma identidade pública, a criar uma *homepage*".[30] Não nos esqueçamos de cultivar soja falsa.

O neurocientista Gary Small concorda que estar on-line aguça algumas habilidades cognitivas. Nativos digitais respondem mais rapidamente a estímulos visuais e são melhores em algumas formas de atenção — por exemplo, perceber imagens pela visão periférica. Eles também filtram melhor, são capazes de "vasculhar grandes quantidades de informação com rapidez e decidir o que é importante e o que não é", e podem ter uma autoestima mais alta como resultado de uma sensação maior de autonomia pessoal e de controle. Finalmente, como outros cientistas que estudam o cérebro, Small especula a respeito da evolução dos circuitos neurais "que são personalizados para jorros rápidos e incisivos de concentração conduzida".[31]

As mídias podem ser distrações quando nossos filhos estão fazendo a lição de casa, mas também podem gerar dividendos inesperados. Em 2008, a pesquisadora da Universidade de Phoenix Selene Finch conduziu uma análise profunda, qualitativa e fenomenológica — ou seja, assistiu a um monte de crianças fazendo a lição de casa — e descobriu que as mensagens instantâneas às vezes eram uma ferramenta de aprendizado muito útil, principalmente para pedir ajuda com os exercícios para os colegas. É verdade que essa "prestatividade" também poderia ultrapassar o limite e se tornar cola, como provado pela participante que admitiu que ela e os amigos dividiam as lições de casa e depois mandavam mensagens uns aos outros com as respostas completas. A garota disse a Finch que sabia que isso "soava antiético".

"Provavelmente conversamos sobre a lição de casa on-line algumas vezes", disse um dos participantes.[32] "Minhas habilidades de digitação melhoraram muito", outro comentou, animado. No geral, os benefícios pareciam bem fracos.

Um estudo britânico recente citado na revista *The Futurist* no início de 2009 descobriu que *smartphones* usados na sala de aula podem ser uma "ferramenta de aprendizado poderosa", permitindo que os alunos configurem lembretes de trabalhos, gravem aulas, acessem sites relevantes e transfiram arquivos escolares para seus computadores domésticos.[33] Uma pesquisa de 2008 da Associação Harris Interactive/Telecommunications Trade descobriu que 18% dos adolescentes acreditavam que seus celulares tinham "uma influência positiva em sua educação", enquanto 39% dos usuários de *smartphone* disseram que acessavam a internet em seus telefones "para ver notícias nacionais e mundiais"[34] (rs!).

Há também um mercado em crescimento de softwares de "soluções de gerenciamento da lição de casa", como o Schoolwires

Centricity, que se apresenta como um facilitador da "colaboração professor-aluno jamais visto". De acordo com seu *website*, entre outras qualidades, Schoolwires "permite aos estudantes acompanhar os próximos trabalhos" enquanto possibilita aos professores "implantar e gerenciar múltiplos sites interativos; implementar capacidades avançadas em Web 2.0/multimídia, como blogs, *podcasts* e galerias de fotos; e permite a todos os usuários — desde os menos até os mais capacitados — a usar a funcionalidade que atenda a suas necessidades e a seu conforto". Nossa! Há também utilidades da internet como o Parent Portal, que dá acesso aos pais das notas e da frequência dos filhos, além de acompanhar as lições de casa e planos de aula.

As escolas na pequena cidade de Howe, no Arkansas — onde 75% dos alunos recebem merendas subsidiadas e o diretor dirige o ônibus escolar —, têm tido sucesso usando iPods carregados com conteúdos das aulas, incluindo "músicas sobre multiplicação" e anotações dos professores transmitidas diretamente das lousas interativas nas salas de aula.[35] O professor de ciências Jim Askew tem orgulho do fato de que o programa federal — que custou 1,5 milhões de dólares — faz com que não existam livros em sua sala de aula. "Aposto que existe agora um monte de salas de ciências por aí que ainda têm livros que ensinam os nove planetas, só que isso mudou, já que Plutão foi rebaixado", ele observa, orgulhoso. Mas Askew também está certo de que usar novas mídias para enriquecer o aprendizado dos alunos não é um processo rápido. "Se tem alguém que pensa que a tecnologia poupa o tempo dos professores, se engana."[36]

Essa é uma lição que muitas outras escolas tiveram que aprender à moda antiga. Northfield Mount Hermon, por exemplo, um internato particular no oeste de Massachusetts, desligou seus computadores quando os funcionários da escola perceberam que mais esforço era utilizado para consertá-los do que para ensinar ou aprender com eles. Na Liverpool High School, no norte do estado de Nova York, milhões de dólares em subsídios do governo foram concedidos para fornecer laptops para todos os alunos em uma tentativa de eliminar a chamada divisão digital entre aqueles que tinham acesso a computadores em casa e aqueles que não tinham. Sete anos depois, o presidente do conselho escolar admitiu: "Realmente, não havia prova nenhuma" de que o programa dos laptops "tivesse qualquer impacto no desempenho dos alunos... nenhuma". Escolas no condado de Broward, na Flórida, alugaram 6 mil laptops a um custo de 7,2 milhões de dólares. Aqui, pelo menos, os alunos relataram dois benefícios educacionais claros: sua digitação melhorou e eles se tornaram experts em Super Mario Bros. O distrito manteve o programa mesmo assim.

Estudos mais sistemáticos sobre o aprendizado com o laptop apresentaram resultados semelhantes. Um deles, que comparou 21 escolas com programas de laptops e 21 sem, não encontrou nenhuma diferença nos resultados dos testes dos alunos. Talvez essa seja a boa notícia. Porque muitos professores reclamam que "a caixa" — pense em Pandora e na ruína no homem — na verdade dificulta o aprendizado dos alunos. Escutando Sussy e suas amigas, fica fácil entender o porquê.

A escola dela, que ainda tem um programa de uso de laptops, faz o que pode para bloquear as mídias sociais, os programas de mensagens instantâneas e os jogos nos MacBooks supermodernos dos alunos. Mas para poder é só querer. E onde existe wi-fi, é ainda mais fácil. Quando o MySpace foi bloqueado, todos migraram para o Facebook. Quando o Facebook foi bloqueado, passaram para o Twitter. Não é permitido mandar e-mails durante a aula? Tudo bem, usamos o Skype. Celulares banidos? Nada com que se preocupar. Podemos mandar mensagens de texto mais baratas usando o site da própria operadora.

O problema não se limita às alunas do ensino médio aguardando atualizações hormonais. "As pessoas estão indo a aulas ministradas por algumas das maiores mentes e ficam checando seus e-mails", revelou à revista *Time* Sherry Turkle, professora do MIT de Estudos Sociais da Ciência e da Tecnologia. "Eu digo a elas que esse não é o lugar para mandar e-mails, não é o lugar para fazer pesquisas on-line. Não vai ajudar em nada ter conversas paralelas sobre como a aula está chata", acrescentou. "Você tem que fazer as pessoas participarem do mundo como ele é."[37] A Universidade da Califórnia e a Universidade da Virgínia desistiram de apelar à boa vontade dos alunos. Simplesmente bloquearam o acesso à internet durante as aulas.

As crianças nunca foram mais ágeis mentalmente — ou mais desajeitadas culturalmente — do que os nativos digitais que estamos criando e, vez ou outra, temendo. De qualquer forma, essa é a opinião de Mark Bauerline, autor de *The Dumbest Generation*, que acredita convictamente que a tecnologia, em vez de ter aberto as mentes jovens para o conhecimento, "encolheu seus horizontes a si mesmos, à cena social à sua volta".[38]

Bauerline argumenta que a exposição implacável de nossos filhos à tecnologia os tem preparado belamente para mais exposição à tecnologia. E um pouco além disso. Ao contrário, "condiciona as mentes contra um estudo calmo e concentrado, contra a imaginação desprovida do visual, contra uma análise de texto linear, sequencial, contra uma tarde ociosa com um romance policial".[39] As taxas de leitura quando se trata dos jovens sugere que isso é mais que falatório conservador padrão. Em 1982, dois em cada três jovens de dezoito a 24 anos liam por prazer. Em 2002, foi para menos de 43%. O número de adolescentes de dezessete anos que "nunca ou quase nunca" liam como diversão dobrou entre 1984 e 2004. Bauerline nota de maneira perspicaz que, "se jovens adultos abandonassem um produto de outro campo consumidor a essa mesma taxa, digamos, celulares, os departamentos de marketing da Samsung e da Nokia estremeceriam" — e corrigiriam o problema o quanto antes.[40]

Falando do som de uma mão fazendo lição de casa, você já ouviu aquela história em que o lutador marcial encontra o mestre Zen? "Minha espada é lendária em toda a terra", o lutador vangloria-se. "E seus poderes especiais? O que você pode fazer em relação a eles?"

O mestre Zen pensa e responde: "Quando eu ando, eu só ando. Quando eu como, eu só como. Quando eu falo, eu só falo."

E quando ele escreve um ensaio sobre e. e. cummings, aposto que ele só escreve um ensaio sobre e. e. cummings.

ENTREVISTA DA METADE DO SEMESTRE

4 de abril de 2009

Entrevistador: Bom, pessoal, estamos na metade do caminho. Três meses! Vocês conseguem acreditar?
Bill: Parece que faz mais tempo.
Anni: Para ser sincera, eu não havia notado que já tinha tanto tempo. Estou surpresa com a pouca falta que senti. Achava que ia quase morrer. Mas está indo tudo bem.
Sussy: A pior parte é que nunca tem nada para fazer. Não posso fazer os trabalhos da escola quando quero. E não posso sair para caminhar porque estou sem meu iPod.
Entrevistador: Porque é impossível caminhar sem um iPod.
Sussy: É.
Entrevistador: Você fez a lição de casa hoje, não fez?
Sussy: Sim, tivemos que ir ao McDonald's para usar o wi-fi, mas eles não tinham computadores disponíveis, então fomos ao X-Wray Café, mas os mochileiros roubaram a internet...
Entrevistador: Como é que se rouba a internet?
Sussy: Bom, eles baixaram um monte de coisas e aí não funciona mais direito, então fomos ao Angel Café... que é... é um lugar bem legal. Ficamos lá durante três horas.
Entrevistador: Vocês fizeram a lição de casa o tempo todo?
Sussy: Ficamos um pouco no MySpace, mas na maior parte do tempo, sim.

Entrevistador: O Experimento afetou a qualidade de seus trabalhos escolares?

Bill: Nada!

Anni: Na verdade, não. Não tem sido um problema ir até a universidade para fazer meus trabalhos.

Entrevistador: Então aquela coisa de "eu preciso da internet para fazer minha lição de casa" é...

Anni: Disfarce total!

Entrevistador: Vocês se sentem pessoas diferentes de certa forma?

Bill: Não sou uma pessoa diferente, mas alguns aspectos da minha vida de fato mudaram. Basicamente, estou tocando mais sax e lendo mais. Mas acho que a coisa da tecnologia foi como um gatilho. Se tudo voltasse a ser como era antes agora, eu não mudaria. Para quê? É mais divertido que jogar no computador.

Entrevistador: Vocês acham que estão ouvindo mais rádio?

Bill: Não, rádio é muito ruim. Escuto meus CDs e isso geralmente faz com que eu queira tocar saxofone, então... ok. Também acho que brinco um pouco mais com o Rupert e a Hazel. Mas só isso.

Entrevistador: Vocês diriam que passam mais tempo pensando agora?

Anni: Sim. Antes eu passava um tempo enorme sem fazer nada, investigando a vida de alguém no Facebook ou algo assim. Agora, bom, você acha outros jeitos de se divertir. Saio mais. Passei por uma fase de cozinhar bastante por um tempo, mas já passou. Ouço muito mais rádio.

Entrevistador: Como é isso?

Anni: Bom, a gente sente falta da personalização que tem no iPod. Tipo, a gente não pode ouvir ou ver sempre o que quer e quando quer — uma música, um programa de TV ou qualquer coisa do tipo. Mas a gente se acostuma.

Sussy: Estou lendo muuuuuuito mais, e mais rápido. Eu me sinto mais inteligente. Na seção de livros do MySpace a maioria das pessoas escreve "Livros? Até parece!".

Entrevistador: É, mas você sempre leu.

Sussy: Sim, mas estou lendo livros mais profundos agora, maiores. Não só coisas como O diário da princesa, haha! Bom, ainda leio esses livros também, mas... tipo Preliminar. Comecei a ler um milhão de vezes, mas nunca tinha terminado. Agora terminei. E Bright Shiny Morning, que é muito, muito, muito bom, mas algumas partes são, tipo, muito chatas... E agora estou lendo Looking for Alaska, que comecei hoje, sobre um cara em um internato. Ah, e aquele do David Sedaris — posso emprestar para o Sean, por falar nisso? Acho que ele ia gostar muito. Ah, e importante, neste final de semana a Fia vai dar uma festa...

Entrevistador: Mais alguma coisa?

Sussy: Estou comendo mais, com certeza... Mas é, fico muito entediada o tempo todo. Quero um iPod!

Entrevistador: Como seus amigos reagiram?

Sussy: Primeiro eles ficaram "PQP!". Depois, "Legal! Sua mãe é escritora?". Haha. Georgie ficou todo "Nem ligo. Podemos jogar o jogo da Hannah Montana", e Ali falou "Sem computadores? Legal, assim é melhor ainda". A Lil sempre quer jogar um jogo de tabuleiro.

Bill: Quando eu conto, todos eles dizem que deve ser uma droga. Tipo, "Isso parece muito inconveniente", e "Sua mãe é muito fresca" e coisas assim. "Por que ela fez uma coisa dessas?"

Anni: Alguns dizem "Ah, meu Deus, não acredito que sua mãe está fazendo isso com você", mas a maioria fala "Ah, sério? Muito justo" Na verdade, os adultos têm uma reação mais exagerada que meus amigos.

Entrevistador: Sério?

Anni: É verdade. Todos os amigos da minha mãe ficam "Por que eu não consigo falar com ela?" Aí eu conto e eles ficam "Aaaaaaah, meeeeeu Deeeeeeeus!!! Não acredito nisso!!!".

Entrevistador: Interessante!

Anni: É, eles me perguntam "Como você faz a lição de casa?!".

6
A PERDA DO FACEBOOK: FAZENDO AMIGOS À MODA ANTIGA

"Qualquer pessoa que acredita ter duzentos amigos não tem nenhum."
— Ray Pahl, professor de sociologia, Universidade de Essex[1]

OITAVA SEMANA DO EXPERIMENTO. É o auge do verão no oeste da Austrália — quente, seco e chato como um vice-diretor no primeiro encontro. Amamos nossa cidade (na maior parte do tempo). É tão limpa. Tão segura. Tão bonita. Mas também faz jus a seu sobrenome: Chatolândia. Perth é um lugar onde as lojas ainda fecham às 17h30 nos dias de semana e não abrem aos domingos. Onde os restaurantes que servem refeições depois das 21h são tão raros quanto caninos em um passarinho, e a vida noturna, como era de se esperar — a não ser que sejamos marsupiais —, é inexistente.

Para criancinhas e pensionistas idosos, Perth está provavelmente tão próxima do paraíso quanto é possível estar sem uma receita médica. Mas para o restante de nós, a vida pode ficar só um pouquinho devagar. Adolescentes — com sua necessidade de estimulação social — são os que mais sofrem com toda essa serenidade. Então acho que não é de se surpreender que o abuso das bebidas alcoólicas comece cedo por esses lados e que o vandalismo e pequenos atos de violência pública sejam mais frequentes que em muitas cidades bem maiores. Um adolescente comum faz sexo pela primeira vez aos quinze anos por aqui. ("Graças a Deus que meus filhos estão acima da média", eu penso sempre que leio essa estatística.)

De certa forma, pode-se argumentar, as crianças de Perth precisam das mídias mais do que a maioria das outras crianças, com a tirania da distância que vivenciam todos os dias apenas porque moram tão literalmente à margem das coisas. Isso foi algo com que me preocupei muito nos primeiros dias do Experimento. Estava me preocupando com isso inclusive naquela noite de verão, dirigindo para casa ao voltar de um show no silêncio misterioso de um sábado à noite na cidade mais isolada do mundo.

Então, entrando na garagem, ouvi sons estranhos vindo da sala. E vozes. Vozes altas. Vozes altas *masculinas*. Meu coração pulou em meu peito. Eu não tinha mais celular, então não havia como ninguém fazer contato comigo se não estivesse em casa. Até então, não tinha me preocupado com isso. Na verdade, nem ligava para isso. Mas naquele momento... Corri até a porta da frente, que estava aberta, e vi. Fiquei ali em choque, minha boca redonda como um CD.

Um grupo de adolescentes, cinco deles, em volta do piano.
Eles.
Estavam.
Cantando.
Totó? Tenho a impressão de que não estamos mais no Kansas.
"Qual é a próxima, rapazes? Bala puxa-puxa de caramelo?" foi o que me veio à mente, mas não ousei dizer. Se eles estavam sonâmbulos em outra década, longe de mim atrapalhar. Eu me dei conta, enquanto caminhava nas pontas dos pés até o quarto, fingindo indiferença, que aquele era o momento pelo qual eu estava esperando. Fazer a lição de casa? Claro. Ler e ouvir música? Com certeza. Praticar saxofone, cozinhar, dormir e comer melhor, tudo isso estava sendo extremamente gratificante. Às vezes mesmo beirando o mágico. Mas era isso acima de tudo — isso, como chamaríamos isso? Conectar-se? Um ao outro, em tempo e espaço reais, em três dimensões e com todos os cinco sentidos envolvidos...

Sei que eles estão longe de assar uma marmota em chama aberta, mas mesmo assim estou passando por um momento thoreauniano. Vou para a cama e folheio *Walden*. Daria tudo para apertar Ctrl+U agora — o atalho de "localizar e substituir". A ironia disso não se perde em mim. Nem, ao que parece, a passagem que eu estava procurando.

"Queria viver profundamente e sugar a vida até a medula, viver com tanto vigor e de forma tão espartana que eliminasse tudo o que não fosse vida, recortar-lhe um largo talho e passar-lhe rente um alfanje, acuá-la num canto e reduzi-la a seus termos mais simples e, se ela se revelasse mesquinha, ora, aí então eu pegaria sua total e genuína mesquinharia e divulgaria ao mundo essa mesquinharia; ou, se fosse sublime, iria saber por experiência própria..."

Sublinhei o trecho com caneta verde, ao som de "Pokerface", da Lady Gaga. É terrível. Nunca ouvi nada tão adorável.

Na manhã seguinte, li a passagem para Sussy.

— Você entende aonde Thoreau quer chegar, querida? — pergunto.

— Acho que sim — ela responde. — É, tipo... a VR, né?

ENTREVISTA DA METADE DO SEMESTRE — CONTINUAÇÃO

Entrevistador: Teve alguma coisa de positivo no Experimento para você até agora?

Anni: Acho que estamos mais próximos como família, com certeza.

Entrevistador: Por que você acha isso?

Anni: Porque conversamos mais. Um coisa meio "Tem pessoas nessa casa... Vamos conversar com elas!". Sussy e Bill vêm ao meu quarto agora. Fazia anos que eles não faziam isso — só ficar junto e conversar. Só conversar, sabe?

Entrevistador: O Experimento mudou o relacionamento entre vocês de alguma forma?

Sussy: Anni e eu estamos como éramos antes. Próximas novamente.

Entrevistador: Isso se deu por desespero, ou...

Sussy: Problemas! (risos)

Entrevistador: Sério, qual é a diferença?

Sussy: Sei lá, relaxamos. Contamos as coisas uma para a outra agora, como fazíamos antes. Ela me ajuda. Eu a ajudo. Jogamos dados. Jogamos nosso jogo estranho do anel...

Entrevistador: E o Bill? Como seu relacionamento com ele mudou?

Sussy: Hmm, quero matar o Bill mais vezes, por causa do sax. É que... é tããão ALTO!

Não temos nada contra a internet, mas quando as pessoas estão navegando na web, estão perdendo a melhor parte da vida — ficar juntas! Foi por isso que criamos o primeiro site desenvolvido para ajudar as pessoas a passar menos tempo on-line e mais tempo umas com as outras. Para começar, alocamos o tempo suficiente para ver todos os links, nem um segundo a mais. Então aproveite seus três minutos, depois saia por aí e encontre as pessoas. Vamos, vamos! O tempo começa agora.

— "Make Facetime", Dentyne.com

Um site desenvolvido para ajudar as pessoas a passar menos tempo on-line? Bom, acho que já ouvi coisas mais estranhas. Como aquele programa infantil em que os apresentadores ficam incitando as crianças a sair para andar de bicicleta. Sério, faz o *Admirável mundo novo* de Huxley parecer um comunicado de imprensa da Pfizer.

Eu também queria ajudar as pessoas a passarem menos tempo on-line, exatamente como o pessoal que lhe proporciona hálito fresco de menta.*** Se em vez disso eu tivesse pensado em criar um site... Mas, fazer o quê? Agora é tarde!

Quando a McCann Erickson criou a campanha "Make Facetime" para a Cadbury, dona da marca Dentyne, em setembro de 2008, pensava especificamente no beijoqueiro. A ideia de que

---

*** Dentyne é a goma de mascar sem açúcar de sabor artificial mais famosa dos Estados Unidos.

os anúncios poderiam induzir as pessoas com menos de vinte anos a trocar a tecnologia por um pedaço de goma de mascar e uma boa e velha conversa ia ser difícil de engolir... Para não dizer impossível de digerir. ("Acho que a maioria dos jovens em época de faculdade reviraria os olhos", comentou um sociólogo.) Mas o fato de terem tentado uma coisa dessas já era interessante. Assim como o próprio site, que inclui alguns aplicativos de redes sociais não muito fáceis de usar — bom, eles derrubaram esta imigrante digital que lhes fala — e algo chamado Câmara de Destruição dos Smileys, que mostra *emoticons* animados sendo mutilados e torturados. (Adorei isso. ☺) Ah! E ele realmente desconecta depois de três minutos. O que é maravilhoso e também um pouco irritante — principalmente se você estiver anotando alguma coisa.

Mais perto de casa, a Dôme Coffee — a rede de cafés australiana — está com uma série de anúncios em revistas de uma campanha parecida de antitecnologia e pró-conversa. "Um amigo frente a frente é melhor que cem no Facebook", diz a manchete confuciana em um anúncio recente de página inteira. Ele traz a foto de uma mesa de almoço bagunçada e duas amigas de uns trinta anos com um sorriso largo... *olhando para a tela de seus celulares*. (Mostrei o anúncio para Sussy. "Você percebe algo de errado nessa foto?". "Tem alguma coisa a ver com feminismo?", ela perguntou, cautelosa.)

O paradoxo da informação — que quanto mais dados temos mais burros ficamos — tem uma consequência social também: quanto mais freneticamente nos conectamos uns aos outros, mais desconectados nossos relacionamentos se tornam. Vivemos em uma era de "rede social" frenética, onde quase um quarto das pessoas diz que não tem um amigo próximo, onde é *menos* provável do que nunca socializar com amigos e família, onde nossas capacidades de relacionamento e mesmo nossa capacidade de vivenciar a empatia estão sofrendo erosões notáveis.

Nossas abre aspas-salas-fecha aspas são pontos de passagem. Temos quinhentos ou seiscentos "amigos" e não fazemos ideia de quem são nossos vizinhos de porta. Entramos em "comunidades" baseados no trivial — uma apreciação mútua por bacon, um desgosto compartilhado por pessoas que andam devagar. E fazer tudo isso com um espírito de ironia radical não enobrece a coisa toda. Trocamos a profundidade social pela amplitude social e qualidade interativa por quantidade interativa para nos tornarmos o que o crítico americano Richard Foreman chama de "pessoas panquecas": "espalhadas e rasas enquanto nos conectamos àquela vasta rede de informação acessada com o simples toque de um botão."[2]

Ou pelo menos esse é um lado da discussão. Existem outros que argumentam que nossa conectividade social não está se desgastando, mas simplesmente passando por uma troca de fios muito necessária. Eles apontam para o crescimento de comunidades on-line — de utilidades das redes sociais como o fascinante telegráfico Twitter aos mundos completamente virtuais do Second Life e World of Warcraft. Eles mostram como as novas mídias estão aproximando as famílias com contato digital instantâneo via texto, som, imagem — ou os três ao mesmo tempo. ("Você já ligou para a vovó e o vovô pelo Skype para agradecer o dinheiro que eles mandaram no seu aniversário?") Eles nos lembram que para os nativos digitais, o tempo gasto se dedicando aos relacionamentos on-line só no Facebook ou no MySpace é quase um emprego de meio período. A confluência feliz da internet sem fio e da mídia significa que eles *nunca* estão sozinhos, nunca estão fora de alcance. "Conectar" é o que essas pessoas fazem.

Então, estamos mesmo mais conectados e menos sozinhos do que nunca? Talvez a verdade esteja em algum lugar no meio do caminho. Mas eu não acho — e talvez seja por isso que é tudo tão confuso. Minhas observações sugerem que a verdade está nos dois extremos. "Explosões de informação explodem as coisas", lembra? Nesse caso, a minha parece ter tomado a Via Media (literalmente, o caminho do meio) de uma vez.

Estamos todos muito, muito melhor conectados e em perigo claro e real de esquecer como nos relacionamos. Bom, acho que é por isso que eles chamam de paradoxo.

Ver como meus filhos se adaptavam aos choques da vida sem mídias sociais provou isso repetidamente. Talvez uma noite no Facebook tenha realmente se tornado o equivalente moral de ficar ao redor do piano cantando músicas bobas. Mas, enquanto a qualidade de cada uma dessas experiências e as habilidades e hábitos que elas despertam são certamente "sociais", também são certamente antiéticas. Mandar mensagens, cutucar, postar, fazer uploads e presentear seus amigos com gado de mentira pode ser envolvente, divertido e até desafiador. Mas não é "ficar junto". Eu sabia disso antes, é claro. Mas O Experimento só confirmou isso — não só para mim, mas para todos nós.

O impacto em nossos relacionamentos como família foi ainda mais dramático: nos vimos "sintonizando" uns aos outros de maneira inesperada. Ficávamos mais em volta da mesa do jantar... e conversávamos. Ficávamos vendo o fogo da lareira juntos... e conversávamos. Pegávamos velhos álbuns de fotos... e conversávamos. Brincávamos com jogos de tabuleiro... e conversávamos. Está entendendo o que quero dizer? Perceber isso, como disse Anni — "Tem pessoas aqui. Vamos conversar com elas!" —, veio como uma epifania para todos nós, eu acho. Para mim, isso provocou culpa e prazer quase na mesma medida. Mas, ei... não é exatamente isso que é ser mãe?

Conversar, os estudos mostram, faz bem para o cérebro. "Ah, sério?!", diria Sussy. Mas nos dias de hoje, parece, alguns de nós precisam ser convencidos disso. De acordo com o neurocientista da Universidade da Califórnia Gary Small, falar com as pessoas frente a frente — em oposição a falar em frente ao Facebook — proporciona "uma estimulação maior de nossos circuitos neurais do que estimular mentalmente atividades mais passivas", incluindo ler.[3] Um estudo de 2008 descobriu que os participantes que passavam dez minutos conversando com amigos se saíram melhor em testes de memória do que aqueles que passavam a mesma quantidade de tempo assistindo à TV ou lendo um livro, e o mesmo aconteceu com aqueles que se envolviam em "atividades intelectuais", nesse caso, resolvendo quebra-cabeças.[4] Pense nisso. Mais tempo gasto em conversas frente a frente *poderia* significar que seu filho iria lembrar onde deixou o carregador do laptop.

Conversar pela internet, por outro lado, foi relacionado a sintomas de solidão, confusão, ansiedade, depressão, fadiga e vício. Small diz: "A natureza anônima e isolada da comunicação on-line não proporciona o *feedback* que reforça a interação direta humana."[5] Um estudo publicado na revista *CyberPsychology and Behavior* descobriu que pessoas tímidas passavam mais tempo no Facebook que indivíduos mais extrovertidos — apesar de elas terem menos "amigos" — e gostavam mais do Facebook também. A possibilidade de "uma dependência dos indivíduos tímidos de ferramentas de comunicação on-line" preocupou os pesquisadores, psicólogos na Universidade de Windsor, em Ontário, Canadá.[6]

A meio mundo de distância, o psicólogo Tamaki Saito cunhou o termo *hikikomori* para descrever uma nova geração de jovens isolados sociais. O Ministério da Saúde do Japão define *hikikomori* como "indivíduos [estima-se que 80% sejam do sexo masculino] que se recusam a sair da casa dos pais e se isolam da sociedade e da família em um quarto por um período maior que seis meses". Mas a definição deixa de fora um fato importante: *hikikomori* são frequentemente, e paradoxalmente, os indivíduos mais "conectados" da sociedade japonesa.

Muitos *hikikomori* dormem de dia e passam as noites assistindo a mangás, jogando e navegando na internet, saindo apenas escondidos até a cozinha para pegar comida enquanto a família dorme. Toda uma indústria surgiu para abordar o fenômeno — desde grupos de apoio para pais até serviços de aconselhamento on-line —, mas a epidemia continua a crescer. Em julho de 2009, a polícia de Osaka atribuiu ao *hikikomori* uma onda de ataques feitos "aparentemente por pessoas perturbadas descontando suas frustrações em estranhos".[7] Um jovem admitiu que não se importava com quem ele matasse. "Cansei da vida" foi sua única defesa. Especialistas acreditam que os *hikikomori* podem se tornar violentos devido à sua falta de manejos sociais. "Uma vez que passam a ser considerados estranhos, preferem ficar sozinhos a sentirem-se esquisitos perto das outras pessoas", explica o acadêmico da Universidade de Toyama. "Então cometem um crime extremo depois de exacerbar seus pensamentos estressantes e de não ter ninguém com quem conversar."[8] E acrescenta que muitos *hikikomori* não conseguem ter um relacionamento adequado com seus pais. Jura?!

Pré-Experimento, mencionei o termo *hikikomori* casualmente para Bill. Ele tirou os olhos de seu jogo por um instante — onde um jovem robusto estava cibersurrando demais um avatar enorme com um cabelo estranhamente feminino — e voltou a olhar para a tela.

— Você está pronunciando errado, mãe — resmungou.

A verdade era que Bill sabia tudo sobre os *hikikomori*. Na verdade, ele tinha assistido a um desenho animado sobre eles.

— Sério? Onde você conseguiu isso? — perguntei.

— Hum, *Japão* — veio a resposta, o "dã" não dito, mas implícito. Ele tinha baixado o programa de um site de compartilhamento de arquivos.

— Então, o que você acha deles? — perguntei, daquele jeito falsamente ingênuo que os terapeutas, agentes de condicional e mães adoram.

— Acho que eles são legais — respondeu. (Como a maioria dos meninos de quinze anos, ele sentia cheiro de advertência a quilômetros.)

— Você está brincando? Eles têm *problemas mentais*! Eles não têm *vida*!

Ele olhou para mim mais uma vez, respirando fundo. Talvez ele não tenha dito "Tem que ser um para reconhecer um", mas estava escrito em seus olhos.

Eu ainda tinha contato visual intermitente com meus filhos (apesar de Sussy, também conhecida como Dedos de Trovão, estar desenvolvendo uma facilidade alarmante de escrever mensagens no celular enquanto fazia qualquer coisa: conversava, comia, andava e mais de uma vez, eu juro, até durante o sono REM), mas não era preciso ser um detetive da polícia de Osaka para perceber que nossas oportunidades de trocas prolongadas vinham se tornando cada vez mais desagradáveis, brutas e curtas. Seu mundo on-line tinha se tornado "o objetivo" — da existência, quero dizer — e qualquer outro tipo de interação constituía uma tangente. Uma interrupção. Eu tinha consciência da frequência com que os abordava com frases como "Você pode dar um *pause* nisso um pouquinho...", ou "Depois que desconectar, você pode...", ou "Não preciso que você saia da página, mas...". Era como se a vida, a vida real, fosse um jogo em que eles tinham perdido o interesse depois das primeiras fases.

Olhando em volta de nossa sala da família, vendo as crianças congeladas em suas telas, eu lembrava a definição de tecnologia do arquiteto suíço Max Frisch: "O jeito de organizar o mundo de forma que não precisemos vivenciá-lo."

Relacionar-se socialmente, seja um a um ou em grupos, parece fundamental à natureza humana. A noção de que podemos precisar praticar essas habilidades — praticar ser humano, na verdade — parece estranha para mim, talvez para você também. Mas... somos imigrantes digitais. Falamos a linguagem do download com hesitação. Evidências neurocientíficas nos lembram que os caminhos no cérebro que facilitam as habilidades interpessoais, empatia e instintos sociais são criados, não são simplesmente inatos. No caso de indivíduos "que foram criados na tecnologia, esses caminhos neurais interpessoais são frequentemente desestimulados e subdesenvolvidos", diz um especialista.[9] Apesar de seus QIs altos e músculos dos dedões salientes, em outras palavras, os jovens e os indiferentes mostram déficit em habilidades sociais básicas como escuta, interpretação e resposta empática a sinais não verbais da conversa.

Alguns observadores chegaram a sugerir que a tecnologia pode estar nos levando rumo a um tipo de autismo social — envoltos com segurança, mas sufocantes em nossos casulos digitais, desinteressados e/ou ameaçados pelo mundo lá fora e muitíssimo mal-equipados para lidar com isso. Por mais alarmista que possa parecer, não é completamente absurdo. Na verdade, pesquisas recentes sugerem que pode mesmo existir uma ligação entre uso crônico de tecnologia e autismo *clínico*.

Qualquer que seja a causa, as taxas de autismo têm subido muito durante a era digital. Hoje, de acordo com números da European Union Disabilities Comission, o autismo atinge uma a cada 58 crianças — um aumento de mais de 500% sobre a incidência histórica. Muitas teorias surgiram para explicar a epidemia; quase todas foram refutadas. Uma que não foi é a teoria que começou com o palpite de um pai.

Michael Waldman, economista da Universidade Cornell, ficou arrasado quando seu filho de dois anos foi diagnosticado com transtorno do espectro autista. Mas também foi cético. Ele notou que desde o nascimento de seu segundo filho, alguns meses antes, o irmão vinha passando cada vez mais tempo assistindo à televisão. Pensando consigo mesmo, achou que o comportamento social fóbico do garoto poderia não ser um "transtorno" de fato, mas simplesmente um caso agravado de sintonizar-se e... bem, dessintonizar.

Waldman colocou restrições nos hábitos midiáticos do garoto e levou-o para fazer o teste novamente. Quando sua "condição" melhorou e depois desapareceu por completo, foi como um milagre. Mas economistas, felizmente, não acreditam em milagres. Waldman procurou um jeito de estudar sua suposição de que existia ligação entre autismo e televisão. Acompanhe-me nesse raciocínio.

Waldman pensou que crianças que moram em lugares de clima chuvoso assistem mais à TV — o que é verdade, aliás — e que, por isso, regiões onde chove mais que o normal poderiam também ter taxas de transtorno do espectro autista mais altas que o normal. Ele comparou Califórnia, Oregon e Washington — os estados em que mais chove nos EUA — com o resto da nação e encontrou sua resposta. *Existia* mais autismo nesses estados. Então ele pesquisou só as famílias que tinham TV a cabo nessas regiões chuvosas, e a correlação era ainda maior.[10]

Quando a pesquisa de Waldman foi publicada na edição de novembro de 2008 da prestigiosa revista *Archives of Pediatrics & Adolescent Medicine*, provocou uma tempestade de insultos e críticas. Mas os dados continuam firmes. Um artigo de 2009 da revista *Journal of Environmental Health* admite a visão de Waldman sobre a conexão entre a chuva e as taxas de autismo, mas é mais desconfiada quanto às causas. Será que o verdadeiro culpado não foi a TV, mas a deficiência de vitamina D, ou o aumento da exposição a produtos de limpeza?[11]

Ninguém, certamente não Waldman, defenderia que a televisão e outras mídias "causam" autismo, um distúrbio complexo que envolve dificuldades sensoriais, motoras e cognitivas, assim como sociais. Mas a possibilidade de que o uso crônico das mídias aja como um gatilho do ambiente para crianças com vulnerabilidade genética subjacente está começando a ser levada a sério.

Mas não precisamos insistir no autismo, forçando por chutes e gritos para explicar aos nossos filhos o déficit de empatia.

Não podemos esquecer: o narcisismo é natural dos adolescentes. Existe até uma região específica do cérebro adolescente que controla suas tendências ao egoísmo. Imigrantes digitais usam o córtex pré-frontal ao considerar como suas decisões afetarão os outros. Nativos usam os lobos temporais, que são mais lentos e menos eficientes. Seus lobos frontais subdesenvolvidos fazem os adolescentes se sentirem invencíveis ("Grávida? Eu? Até parece!"). Ao mesmo tempo, apresentam julgamento debilitado em relação a quase qualquer coisa: desde como escolher um plano de celular até um namorado. Nossos filhos não serão sempre assim, com tanta falta de senso, prometem os neurocientistas. Em teoria, pelo menos, o desenvolvimento do cérebro fará com que sejam capazes de adiar a gratificação pessoal, de considerar os riscos apropriadamente e — um dia — de considerar os sentimentos dos outros.

Em outras palavras, não podemos culpar as distrações digitais de nossos filhos por *todo* seu descuido. Nem é necessariamente verdade que *ou* eles gastam quantidades enormes de tempo com as mídias *ou* eles se envolvem em muitas atividades não midiáticas. Um estudo da Fundação Kaiser Family sobre a geração Z descobriu exatamente o contrário, na verdade. Indo de encontro com as expectativas dos pesquisadores, descobriu-se que "a maioria dos usuários pesados de mídia também tende a passar mais tempo envolvida em várias atividades não midiáticas do que usuários leves ou médios". Especificamente, os 20% dos participantes de oito a dezoito anos que eram os maiores doidos por tecnologia declarados também eram os que passavam mais tempo "conversando com os pais, se exercitando e participando de outras atividades como clubes, música, arte ou *hobbies*".[12] Interessante. Principalmente se pensarmos que o tempo *médio* que as crianças passam conectados naquele estudo era 8,5 horas. Temos que nos perguntar: quando os usuários pesados faziam todas essas coisas de arte e música e coleção de selos? Enquanto dormiam?

Aos quatorze anos, Joana d'Arc liderou o exército francês na vitória da Guerra dos Cem Anos. Sussy, que também tem quatorze anos, se esforça para trocar um lençol com elástico. Anni, de dezoito anos, pode ser ouvida choramingando quando descobre que a lata de feijão que ela queria levar para a escola não tem anel para ser aberta. E meu filho, o gênio da eletrônica, que monta robôs desde os onze anos, diz que ainda não entendeu como se usa a lavadora de louça. Sério. Quem essas pessoas pensam que são — o marido de alguém? E, mais exatamente, como elas ficaram assim? Pessoalmente, culpo o cara que inventou aqueles calçados com tiras de velcro.

É só em nossa casa que os adolescentes lutam contra habilidades e competências que um dia eram brincadeira de criança? Evidente que não. Alguns observadores sugeriram que os nativos digitais — também conhecidos como a geração dos preguiçosos — podem estar sofrendo de um tipo de passividade global que vai muito além da "falta de noção" variada. Enquanto reconhecemos a verdade universal de que gerações mais velhas inevitavelmente veem as mais jovens como degeneradas, sem modos e incompetentes — o termo técnico para isso é "inveja" —, parece haver algo novo e assustador acontecendo aqui. Nos Estados Unidos, universidades têm introduzido cursos de tarefas vitais básicas como ir ao banco, lavar roupa e fazer o pedido em um restaurante. (E como abrir latas, não?)

Vinte e cinco anos atrás, o crítico Neil Postman afirmou que o aumento da aldeia global significaria o desaparecimento da infância. No caso da iGeração de hoje, ela indiscutivelmente estendeu a primeira infância. Depois do equivalente de um dia inteiro de trabalho na frente de suas telas, há algum estranhamento no fato de nossos filhos terem pouca paciência para praticar a vida em todos os sentidos?

Quando duas garotinhas ficaram presas em um bueiro perto de Adelaide em setembro de 2009, houve o risco de nunca terem saído de lá vivas. Felizmente as meninas de dez e doze anos de idade tinham celulares e, como todos os nativos digitais, sabiam exatamente como utilizá-los.

Elas atualizaram o *status* no Facebook, é claro.

Por um milagre — ou talvez não — uma amiga da escola estava on-line e entrou em contato com a emergência.[13]

Há cinco anos, contatos sociais eram uma coisa que você fazia enquanto tomava uns drinques em uma sexta à noite — e as únicas pessoas que tinham quinhentos amigos eram aqueles que ganhavam na loteria.

Hoje, graças às utilidades de mídia social do Facebook, do MySpace e do Twitter, só aberrações, perdedores e as mães das pessoas (se isso não for uma redundância) ficam satisfeitos em ter alguns amigos próximos. Para o restante do mundo, aparentemente, a amizade — ou, mais precisamente, "fazer amigos" — é a nova Versace, uma forma de consumo distinto feito à mão para um mundo preso à internet.

Nos "dias em preto e branco", pensávamos que o objetivo da tecnologia de comunicações era... bem, comunicar. Tão rápido e eficiente quanto possível. Você está preso em um bueiro. Você liga para a emergência. Você quer sair com alguém. Você liga e convida. Você gosta da música de alguém. Você compra seu álbum. Hoje, esse tipo de abordagem sem firulas parece tão ingênuo, tão sem estilo, profundidade e suspense. Ligar para alguém porque você tem uma pergunta para fazer — ou uma vida a salvar — é como estar com fome e comer bolo de carne. Não há arte nenhuma nisso.

No restaurante inglês The Fat Duck (recentemente julgado o segundo melhor restaurante do mundo), você pode pedir sorvete de bacon e ovos ou suspiro de limão e chá verde escalfado em nitrogênio líquido. Eles podem não saciar sua fome, mas com esse nível de jantar requintado, a fome em si não é a questão. Na verdade, é até um pouco banal. A chave para uma refeição verdadeiramente sofisticada está na desconexão entre a comida e a fome. A necessidade, em outras palavras, não vem ao caso.

Bom, o Facebook é assim também. Tanto é uma mídia de performance quanto de comunicação — um palco em que se atua, aperfeiçoa e divulga "você" — (seja lá o que isso quer dizer). Fazer e responder perguntas, pedir ou trocar informações, essas coisas acontecem. Mas no Facebook e em outras mídias sociais, incluindo as mensagens de texto, elas acontecem indiretamente, desdobrando-se para os lados como uma flor de origami ou um filme de arte.

— Vai sair hoje à noite? — pergunto a Anni sexta à tarde.

— Talvez — ela responde. — Acabei de mandar uma mensagem para o Alex dizendo que mando uma mensagem mais tarde.

Algumas horas depois — e tenha em mente que estou só tentando decidir o que fazer para o jantar — tento de novo.

— Já mandou mensagem para o Alex?

— Não, ele me mandou uma mensagem antes dizendo que mandaria uma mensagem mais tarde.

Decido fazer uma refeição para a família, mas, na hora de servir, Anni diz que não consegue comer nem um pouquinho. Ela tinha beliscado salgadinhos de soja pelas duas últimas horas e, aliás, ela me lembra, provavelmente vai sair para jantar.

— Mas são 19h30! Com certeza você já sabe se vai sair para jantar a uma hora *dessas*!

Ela olha para mim com um misto de pena e desgosto.

— Por que eu saberia? Nem estou com fome. — Volta a olhar para a tela, onde um barulho agradável avisa que uma nova mensagem chegou, e fala alegremente: — Além do mais, acabei de mandar uma mensagem para a Holly dizendo que vou encontrar com ela mais tarde.

— Ah, está bem. Bom, a que horas você vai encontrá-la?

— Não sei. Eu disse que mando uma mensagem quando estiver no trem.

Respiro fundo. Prometo a mim mesma que não vou falar nada. Quebro minha promessa.

— Você pode me dizer por que é necessário deixar tudo para o último minuto? — Eu quero mesmo saber.

— Você pode me dizer por que é necessário ser tão maluca por controle? — ela retruca. Suspeito que ela queira mesmo saber também.

"Difusa" é um bom adjetivo para esse tipo de comunicação. Outras opções incluem "confusa", "desorganizada" e "totalmente sem foco". As atualizações de *status* no Facebook ("Ainda no bueiro! Lol!") ou os tuítes são ainda menos diretos. Não existe nenhum receptor-alvo. Como um sinal de fumaça, ou um *outdoor*, essas mensagens são transmitidas indiscriminadamente. Não é o caso de eu falando com você, mas de eu falando com quem estiver on-line em minha comunidade e prestando atenção. Você não coloca destinatário no envelope. Você só "coloca para fora", como Sussy diria. ("Mãe, sabia que eu nunca, nunquinha, fui a Paris?", ela anunciou na mesa do jantar ontem à noite, sem absolutamente nenhum propósito. "Só estou colocando para fora.") As pessoas não respondem exatamente. Elas "comentam". Elas podem dizer "curti" com um pequeno ícone de um polegar para cima — presumivelmente não se você estiver em um bueiro — ou jogam um morango em você, ou postam qualquer outro dito espirituoso.

A informação não é a única mercadoria que fica mais difusa no Facebook. Alguns observadores insistem que a própria amizade também fica.

A média de "amigos" em um perfil no Facebook é 120, de acordo com Cameron Marlow, sociólogo do próprio Facebook.[14] Nada surpreendente, as mulheres tendem a ter mais amigos que os homens. No grupo de idade da Anni e da Sussy, ter menos que duzentos ou trezentos amigos é um sinal de atraso social, mas "não para os meninos", diz Anni. Ter quinhentos amigos ou mais não é nada de especial. Em um artigo intitulado "You

Were Cuter on Facebook", até a revista adolescente *Cleo* avisa: "Não vamos escolher quantidade em detrimento da qualidade." Para ilustrar a questão, a escritora Bessie Recep conta a história de uma amiga que estava documentando uma viagem de oito semanas na Europa com 350 imagens digitais por dia. Certamente até a amizade mais forte cambalearia sob o peso de ver 20 mil fotos de viagem, Recep pensa. "Nem quero pensar sobre quanto tempo isso vai levar (tempo que poderia ser gasto criando minhas próprias experiências de vida, e não só revivendo as de outra pessoa)."[15]

Amigos e fotos têm muito em comum na era digital. Não tem limite para o número que você pode ter, mas tente encontrar os bons quando você precisa deles...

O antropólogo da Universidade de Oxford Robin Dunbar, um especialista na socialização de humanos e outros primatas, concorda comigo — a lista de contatos de alguém, que em teoria é infinita, está, na prática, sujeita a restrições bem rígidas. Nossa capacidade de "fazer amizade" não é só finita, é previsivelmente finita. Na verdade, é reduzível a um número. Dunbar vê o Facebook como uma forma de *grooming* social, exatamente como fazem na natureza nossos primos macacos. O alcance da rede de qualquer indivíduo — seja das pessoas que "comentamos" ou de quem catamos os piolhos — é estritamente limitado pelo poder cognitivo de sua espécie. Para primatas humanos, Dunbar calculou o número de mais ou menos 150. Pesquisadores agora se referem a esse número como o Número de Dunbar, e descobriu-se que ele é relevante em uma ampla gama de grupos humanos, de divisões corporativas a aldeias neolíticas e a redes do Facebook.

As descobertas de Cameron Marlow sobre o Facebook sugerem que nossa capacidade interna de rede — as pessoas com quem interagimos específica e reciprocamente — é ainda menor. Um usuário médio que tem 120 amigos — eu, por exemplo — geralmente se comunica (no sentido antigo da palavra) somente com sete deles. Isso é mais ou menos 6%. Os outros

94% estão lá só para constar. Mas o usuário do Facebook que tem quinhentos amigos — Sussy, por exemplo — interage diretamente com mais ou menos dezesseis, ou meros 3%. "Comunicar" é quase certamente um nome equivocado para tudo isso. O que os usuários dessa rede social estão realmente fazendo é "transmitir suas vidas a uma camada externa de conhecidos que não estão necessariamente no círculo de Dunbar", comenta Lee Rainie, diretor do Projeto Pew Internet & American Life. "Os humanos podem estar fazendo propaganda de si mesmos com mais eficiência", outro especialista conclui, "mas ainda têm os mesmos pequenos círculos de intimidade que sempre tiveram".[16]

Em uma paisagem social dominada pelo "adicionar" — termo que ainda causa arrepios nos imigrantes digitais —, a palavra "amigo" certamente perdeu mais valor que o dong vietnamita (moeda avaliada em mais ou menos 1/1800 de dólar americano). "Quando apresento um amigo de verdade a um conhecido, geralmente sinto a necessidade de chamá-lo de 'um amigo querido' ou 'amigo íntimo'", escreveu Neil Seeman, da Universidade de Toronto. "'Amigo' exige um adjetivo nos dias de hoje, já que sem um adjetivo parece vazio. Emburrecemos as amizades adultas."[17] Só crianças de quatro anos de idade chamam quem quer que diga "oi" para eles de "amigo". No entanto, adultos, que deveriam ser mais espertos, estão fazendo exatamente isso, andando por aí como se fossem o Gasparzinho, o fantasminha camarada ou o ratinho Sniffles (que, se não me engana a memória, uma vez tentou fazer amizade com uma noz). Recentemente reorganizei minha conta do Facebook para criar duas listas: "amigos de verdade" e "no máximo conhecidos". O último me pareceu mais diplomático que "completos estranhos".

Em junho de 2010, o Facebook tinha 400 milhões de usuários ativos por mês no mundo. Entre 2008 e 2009, a adesão duplicou só nos Estados Unidos — onde, só para deixar registrado, 38%

têm uma conta no site. E 70% dos usuários estão fora dos Estados Unidos. No mundo todo, gastamos atualmente 500 bilhões de minutos por mês no Facebook.[18] Isso é, em linhas gerais, uma hora e quinze minutos para cada homem, mulher e criança no planeta.

O Facebook foi fundado — se é que essa é a palavra certa — por Mark Zuckerberg em um dormitório da Harvard em 2004. Dois anos depois, Bill Gates pagou 249 milhões de dólares por uma cota de 1,6%. Como Clive Thompson observou em 2008 na revista do *New York Times*, a maior inovação do site — e o que faz dele único entre os outros utilitários — é o *feed* de notícias: a ferramenta muito útil que anuncia mudanças na página de um usuário para todos que estão em sua lista de amigos. Como muitos outros usuários, fiquei horrorizada quando descobri como funcionava, justamente quando a notícia humilhante "Susan Maushart atualizou sua data de nascimento" foi mandada mundo afora. (Eu estava apenas corrigindo um erro de digitação, juro!)

O efeito do *feed* de notícias é como o de uma gazeta social do século XVIII, ou, nas palavras de Thompson, "como uma festa gigante e aberta com todas as pessoas que você conhece", mas em que é possível ouvir perfeitamente todas as conversas, o tempo todo. Quando Zuckerberg incluiu a função, os primeiros membros se apavoraram. Mas depois de alguns dias, a onda de protestos diminuiu. Em algumas semanas, tinha dado lugar a muito apoio e a muitos novos membros. Por meio da mágica do *feed* de notícias, os usuários do Facebook agora podiam aproveitar atualizações minuto a minuto que detalhavam os mais triviais pormenores das vidas profundamente monótonas de seus amigos — uma coluna de fofoca, se preferir, para ninguéns.

O microblog Twitter, de que quase todo imigrante já ouviu falar, funciona mais ou menos do mesmo jeito, só que na forma de *posts* — ou seja, mensagens — de não mais de 140 caracteres que respondem à pergunta "O que está acontecendo?".

Poderosos do Twitter — celebridades, políticos e jornalistas, em geral — que têm vidas propensas a serem tuitadas usam o site para transmitir tudo, da fofoca de famosos a reflexões divertidas sobre a política externa. Os twitters mais lidos do mundo têm milhões de seguidores, e a tuitosfera — como a chamam — está se expandindo. Imigrantes digitais que querem saber para que serve — e muitos de nós queremos — estão simplesmente mostrando sua idade-barra-falta de senso... de novo. *Não* serve para nada, no sentido gutenberguiano de que a comunicação é a troca útil de informações. (A esse respeito, o termo "utilidade social" é quase ironicamente impreciso.) Uma festa serve para alguma coisa específica? Desculpe, uma reuniãozinha serve para alguma coisa específica?

Thompson e outros observadores argumentam que o que as mídias sociais como o Facebook e o Twitter fornecem é simplesmente contato — "intimidade ambiente" ou "percepção do ambiente". Thompson explica: "Cada mísera atualização — cada pedacinho individual de informação social — é insignificante por si só, completamente mundana até. Mas tomadas em conjunto, ao longo do tempo, os pequenos fragmentos fundem-se em um retrato surpreendentemente sofisticado... como milhares de pontos formando uma pintura pontilhista."[19] Não é exatamente amizade, Thompson admite. É mais uma obra de arte. Lendo minha própria página do Facebook tristemente negligenciada, parece mais uma atividade artesanal de péssima categoria. Menos pintura pontilhista, mais escovilhões em uma caixa de ovos vazia.

O marcador de "solicitações de amizade" sugere que ainda existem várias nuances a ser exploradas. Pais solicitando amizades aos filhos, por exemplo — uma prática que Bill descreve como "problemática e bárbara". Bárbara? "No mesmo sentido em que o comércio de animais vivos é bárbaro", ele explica. "Porque causa sofrimento inútil."

Sussy concorda, e Anni também, em grande parte. Antes do Experimento, ela e eu nos tornamos "amigas", mas tive o cuidado de respeitar os limites. (Nada de comentários gratuitos nas fotos, nada de intimidação no mural dela, nada de comentários sarcásticos sobre o Farmville.) Mas o estigma parece pular uma geração. Quando criei uma conta no Facebook para minha mãe e mandei solicitações de amizade aos netos dela, todos aceitaram imediatamente.

— Incomoda que a vovó veja seus álbuns de fotos? — perguntei a Sussy.

— Estou quase em pânico — ela admitiu.

Mas acho que é assim que as famílias funcionam, né?

Quando Bill "adicionou" sua professora preferida ano passado, foi minha vez de quase entrar em pânico. Mas um estudo publicado na *Psychology Today* sobre usuários de Facebook em universidades descobriu que acadêmicos que divulgam informações sobre a vida pessoal em seus perfis criam um clima mais confortável na sala de aula e aumentam a motivação dos alunos.[20] É, mas motivação para quê? Por outro lado, um terço dos estudantes pesquisados acreditava que não deveria ser permitido que seus professores tivessem acesso ao Facebook, citando preocupações com a privacidade e o "gerenciamento da identidade".

Um artigo que encontrei em uma revista de advocacia examina a conveniência, ou falta dela, de profissionais jurídicos "ficando amigos" de testemunhas.[21] O *Wall Street Journal* relata que os agentes fiscais dos Estados Unidos também entraram na diversão, usando as redes sociais para adicionar e apreender suspeitos de fraude fiscal.[22] A tendência das mídias sociais de redesenhar os limites sociais tradicionais — seja entre gerações, grupinhos de escola ou figuras de autoridade e subordinados — é parte dos atrativos. Estamos em pé de igualdade aos olhos do Facebook, ou entre aqueles com quem tuitamos. Ou, pelo menos, é o que diz a mitologia.

— O Twitter serve para seguir as celebridades — Sussy confidenciou-me durante o quarto mês do Experimento. — Você adiciona os famosos e aí sabe tudo o que eles fazem.

Ela ainda não tem uma conta, é claro. Estranhamente, fui eu quem explicou para ela o que era o Twitter. Mas nas semanas posteriores ao Experimento, o site explodiu na nova cena social como um ovo podre jogado de um andar alto, e ela começou a reunir informações com as amigas. Quando digo a ela que muitos tuítes de celebridades são feitos por funcionários, ela revira os olhos. "É a sua cara dizer uma coisa dessas, mãe", me diz. Nem contesto. Ela vira a cabeça irritada, como se minhas palavras fossem moscas. Mas consigo notar por sua expressão que está pensando no que falei.

As mídias sociais custam aos empregadores 2.700 dólares por ano por trabalhador em perda de produtividade, de acordo com uma pesquisa recente.[23] Se pudessem colocar um preço na perda de sono dos pais, teríamos que declarar falência nacional.

Pais se apavoram com o uso que seus filhos fazem das mídias em geral. Mas estudos mostram que as mídias sociais são as que mais nos preocupam. Isso é compreensível, dada a natureza interativa do monstro. Estamos todos muito conscientes dos riscos — principalmente os que dizem respeito ao ciberbullying e aos predadores on-line. Mas na maior parte do tempo nos sentimos impotentes para fazer algo quanto a isso.

Um estudo recente descobriu que 71% dos pais falam com seus filhos sobre segurança on-line, mas só metade deles impõe controle. (N.B.: falando em controle, a pesquisa foi patrocinada por um fabricante de filtros de internet!) Deus sabe que cibermerdas acontecem. No caso do bullying on-line, quase constantemente, na verdade. No Canadá, nos Estados Unidos e na Grã-Bretanha, de um terço a metade dos adolescentes relatam terem sido vítimas de abuso on-line por seus semelhantes. Um estudo com 4 mil crianças de doze a dezoito anos publicado no Cyberbullying Research Center em 2010 revelou que 20% desses jovens admitiram já terem sido por diversas vezes atacados, maltratados ou ridicularizados on-line ou por meio de celular por outra pessoa. "Comentários maldosos ou grosseiros" e boatos estavam entre as formas mais comuns de abuso.[24] A Austrália supostamente tem uma incidência muito menor. Um relatório encomendado pelo governo e publicado em setembro de 2009 descobriu que menos de 10% das crianças de dez a quatorze anos tinham sofrido bullying on-line ou via celular, taxa que vai a 20% dos adolescentes de dezesseis e dezessete anos.

Não surpreendentemente, vítimas de ciberperseguição são ainda mais raras, com estimativas de cerca de 7% dos jovens australianos, de acordo com o relatório. A respeito de outras formas de uso inapropriado das mídias sociais, especialistas estimam que 84% dos garotos e 60% das garotas na Austrália foram "acidentalmente expostos" à pornografia on-line — é curioso que o número de "acidentes" entre os garotos seja tão maior! — enquanto 38% e 2%, respectivamente, foram expostos de forma deliberada.[25]

Sem menosprezar esses riscos, a verdade é que esse abuso é talvez o menor de nossos problemas como pais de nativos digitais. É um pouco como nosso medo exagerado de estranhos, quando as estatísticas mostram claramente que os amigos da família e os parentes são de longe o maior risco de abuso sexual, emocional e físico de nossos filhos. Ou, falando nisso, como nosso medo de voar *versus* nossa falta de medo de dirigir para casa depois de uma festa. Tendemos a não entender onde o perigo real reside: nos ambientes comuns e familiares que nos rodeiam. Sua familiaridade significa que vemos através deles, e não eles, propriamente. E é aí que está o risco.

Considere por um momento o elemento visual das mídias sociais, que, como o nome "Facebook" sugere, é o significado de todo o empreendimento, principalmente no que diz respeito aos adolescentes. Ter quinhentas, setecentas, até mil fotos em uma única conta não é uma coisa incomum. No Flickr, também conhecido como "o álbum de fotos do mundo", mais de 35 milhões de usuários postaram mais de 3 bilhões de fotos digitais, e mais fotos são adicionadas a uma taxa de 3 milhões por dia.[26]

É impossível não se perguntar: se uma foto vale mil palavras, como começamos a fazer uma auditoria em 3 bilhões?

Na minha opinião, o que é realmente assustador em toda essa coisa de fotos em mídias sociais não é a possibilidade remota de alguns pedófilos ou predadores poderem perseguir nossos filhos. É a certeza absoluta de que nossos filhos vão perseguir uns aos outros — por horas e horas e horas sem fim, em um labirinto infinito de bronzeamento artificial, abdomes definidos e lábios preenchidos. É tudo bastante inocente. O narcisismo, como sabemos, é o que os adolescentes *fazem*. Mas esse é exatamente o ponto. É a interseção entre o que vem naturalmente (a obsessão com a imagem) e o que a tecnologia produz de melhor (produzir e divulgar essas imagens ao mundo) que faz disso um negócio arriscado. Pessoalmente, tenho mais medo da garota do oitavo ano que *photoshopa* suas fotos digitais para criar "características perfeitas" do que de quase qualquer coisa.

Como o grande filósofo moral Pogo uma vez observou: "Nós vimos o inimigo. E somos nós mesmos." Mas também, em um mundo onde 44% dos usuários da internet têm uma identidade on-line diferente de sua identidade na vida real, isso é certamente mais complicado do que parece.

Na Universidade de Maryland, os atletas estão cansados de serem flagrados por seus técnicos, que aprenderam a buscar no Facebook evidências fotográficas incriminatórias de farras pré-jogo. A situação está ficando tão ruim que os alunos estão tentando banir celulares com câmeras de seus próprios eventos. Zeynep Tufekci, professora de sociologia desses alunos, está convencida de que as mídias sociais estão fazendo com que sejamos mais, e não menos, responsáveis por nossas ações. "Estamos voltando a um lugar mais normal, historicamente", observa — um lugar como uma cidade pequena, onde todos sabem de tudo o que você faz, quer você queira quer não. Roubo de identidade já não é mais o problema, Tufekci defende, mas preservar o anonimato pode ser. "Aquele velho cartum: Na internet, ninguém sabe que você é um cachorro, não é? Na internet, hoje, todos *sabem* que você é um cachorro. Se você não quer que as pessoas saibam, é melhor ficar bem longe do teclado."[27]

Outros observadores preocupam-se com o fato de os relacionamentos que importam estarem sendo deixados de lado por conexões "parassociais" unilaterais, como o relacionamento da Sussy com a Taylor Swift ou a Zooey Deschanel: "pessoas periféricas em nossas redes cujos detalhes íntimos seguimos atentamente on-line, mesmo se elas... basicamente nem saibam que existimos", nas palavras de Danah Boyd, pesquisadora do Harvard's Berman Center for Internet and Society.[28] As mídias sociais permitiram uma explosão do que os antropólogos chamam de "laços frágeis". Mas enfraquecer os fortes? Os profundos?

E por falar em cair na real, a cofundadora do Flickr, Caterina Fake — não, não estou inventando isso —, admitiu recentemente que a facilidade do compartilhamento on-line fez com que ela ficasse negligente quanto a encontrar-se com os amigos à moda antiga, em realidade de alta resolução. "Essas tecnologias permitem que você seja muito mais amigável no geral, mas você só acaba se espalhando muito mais superficialmente por sobre muito mais pessoas", explicou.[29]

E quem quer levantar uma torre de pessoas-panqueca? Meu maior medo como mãe era que meus filhos perdessem uma referência alternativa — que, crescendo como nativos digitais, engolissem o paradigma da panqueca e esquecessem que existem jeitos mais substanciais para amigos e família se conectarem.

A noite em que Sussy e eu ficamos sentadas em frente à lareira com as caixas de fotos da família ("Uau! Olha todas essas cópias impressas!"), num verdadeiro festival de convivência face a face, foi um bom exemplo disso. Devoramos milhares de imagens, rindo, vaiando ou arregalando os olhos assustadas, como teríamos feito on-line. Mas termos feito isso sentadas lado a lado, passando fotos de mão em mão, criou uma energia diferente. Não consumimos simplesmente as imagens, ou permitimos que elas nos consumissem. Melhor, elas se tornaram catapultas, gatilhos para nossas histórias e lembranças, para a troca familiar e cultural muito maior que a soma das partes individuais. "Sim, querida, a vovó era linda em 1969", concordei, meus olhos brilhando com lágrimas não derramadas. "Não, tenho quase certeza de que esse era o cabelo dela mesmo."

O coro que encontrei naquele verão em volta do piano evocou anseios semelhantes: mais do que uma nostalgia do real, foi um *déjà-vu* do real, como se a *playlist* pulasse estranhamente da trilha sonora de *Mogli, o menino lobo*, a Death Cab for Cutie e voltasse.

— Eu não sabia que Mason Reeves tocava piano! — eu disse a Anni depois que o grupo se dispersou naquela noite.

— Para falar a verdade, nem eu — ela admitiu.

— E foi legal? Quer dizer, parece que vocês estavam se divertindo... — comentei.

— Divertindo? — ela respondeu, animada. — Você deve estar brincando! Foi demais!

Como já pudemos perceber, o exílio de Bill do MSN, do Facebook e de sua pilha de animes fez com que ele saísse correndo porta afora, mais rápido que uma bala dos seus amados jogos de tiro. Meu medo era que ele simplesmente fizesse o caminho mais curto até a besta, que estava na casa de Vinny, a algumas quadras da nossa. E ele fez isso — no início. Em uma ou duas semanas, sua ansiedade pela separação pareceu se dissipar. Ele começou a passar mais tempo na praia e na piscina, voltando a falar com amigos com quem não mantinha contato desde os primeiros anos da escola. Matt, por exemplo, que agora era um trompetista sério, e Tom, o irmão mais velho de Pat, o amigo de jogos, que recentemente tinha começado a tocar jazz piano. Bill contou que eles estavam estudando com o mesmo professor, o saxofonista Paul Andrews. E assim começou o prelúdio do interesse renovado de Bill pelo saxofone. Ele podia voltar a ter aulas? Foi o que Bill me perguntou logo depois disso.

Fingi pensar no assunto — não fazia sentido estragar tudo mostrando minha aprovação — e concordei com uma "aula experimental". Entrei no final, a tempo de ver Andrews balançando a cabeça energicamente.

— Então, me diga. O que você quer ser?

— Músico — Bill respondeu sem hesitar.

("Como é que é?" Eu estava gritando internamente.)

— Aham — Andrews assentiu com a cabeça novamente. — Bom, treine, tenha foco, ouça, aprenda... e você pode ser um.

Até aquele momento, Bill mal tinha encostado no instrumento nos últimos dois anos. Daquele momento em diante, ele quase não o largou mais.

Nas semanas e nos meses que se seguiram a essa primeira aula fundamental, vi meu filho evoluir como um Pokémon humano de um jogador mal-humorado petulante a um músico mal-humorado petulante. (Rs.) Até hoje, Bill insiste que não foi O Experimento que o fez mudar. Foram os amigos e o professor a quem esses amigos o levaram. "Ah, entendo", respondi.

— A proibição da tecnologia não foi nada mais que um gatilho — ele completou, um pouco menos certo do que dizia.

— Ah, um gatilho — ecoei. (Bang, bang!, penso comigo mesma. Acertei em cheio!)

Sussy acabou mudando de grupo de amizade também. Mas ela não tinha ilusões a respeito do papel do Experimento nessa mudança — nem a coordenadora da sua turma. "Sussy tem mostrado uma melhora clara não só quanto ao comportamento, mas também à organização", ela me escreveu em abril de 2009. "Ela parece estar se adaptando a ter que terminar qualquer trabalho eletrônico na escola ou na casa de amigos e seu uniforme tem estado constantemente correto." (Uma grande limpeza em seu quarto revelou não um, não dois, mas três crachás "perdidos", que ela passou a usar todos de uma vez no bolso do casaco, como medalhas de guerra.) "Sussy parece ser uma aluna mais feliz e está se tornando mais independente, assumindo maiores responsabilidades sobre seu aprendizado."

A perda do Facebook (sem falar na perda do MSN e do MySpace) parecia ter melhorado sua concentração geral; ao mesmo tempo, fez com que ela perdesse o compasso de suas amigas anteriores. "Com a Jen e a Cat e esse tipo de grupo, a gente decidia as coisas no computador, como festas do pijama e coisas do tipo", ela me explicou em nossa entrevista da metade do semestre. Esses convites aconteciam espontaneamente, geralmente no calor do momento, na verdade, com pouco ou sem aviso. Se você piscasse — ou, mais exatamente, ficasse off-line —, você os perdia. As garotas do grupo novo da Sussy na escola não funcionavam assim. "Planejamos uma festa do pijama com uma semana de antecedência!", ela me contou orgulhosa e quase incrédula.

Os mecanismos de Sussy para enfrentar O Experimento eram muito diferentes dos de Anni e Bill. Os mais velhos aproveitaram a oportunidade para sair mais — fazer compras, visitar amigos ou ir a boates, no caso da Anni; ficar na piscina ou tocando na garagem de alguém, no caso do Bill. Sussy tinha menos amigos que moravam na vizinhança, então sofreu mais com a tirania da distância. Sua melhor amiga, minha afilhada Maddi, morava em Melbourne. Seu amigo mais próximo, Andy, tinha acabado de se mudar com a família para a Inglaterra. Em parte por esses motivos, o tempo total que ela passava com as mídias provavelmente ficou inalterado.

Ela agarrou-se ao telefone fixo como um adolescente que se afogou se agarra a um bote salva-vidas. Depois da escola, ela ficava na sala, ecoando e ressoando como um avião — agora que tinha sido desligada de sua mídia e suas ferramentas volumosas —, diante de uma plateia invisível durante duas ou três horas ininterruptas. Ela me garantiu que tanto Maddi quanto Andy tinham a permissão de seus pais para ligar para ela sempre que quisessem; parecia que eles tinham linhas fixas mágicas que faziam as ligações de longa distância de graça.

— Mais ou menos isso.

— E se você precisar ligar para eles? — eu quis saber.

— Fácil. Eu mando um sinal: ligo e deixo tocar uma ou duas vezes e então desligo. Sério, mãe, a gente já combinou tudo.

Muitas pessoas perguntaram se existiu um momento durante O Experimento em que fui tentada a desistir. Sem levar em conta o dia 25 de abril, quando recebi uma conta telefônica no valor de 1.123,26 dólares, posso dizer sinceramente que não. Nem um pouco.

Imigrantes digitais usam a tecnologia para atingir objetivos específicos. Nativos digitais respiram tecnologia para... bem, respirar. Para existir. Antes do Experimento, Sussy praticamente vivia on-line. Agora ela estava praticamente vivendo no telefone. Inteligente, ela também o usou para ter acesso às mídias banidas. "Coloque 'Nick Jonas' no Google!", ela gritava ao telefone quando a necessidade de saber os detalhes da vida amorosa de Miley Cyrus ficava insuportavelmente urgente, ou "Dá uma olhada no meu Facebook!" (eles hackeavam as contas uns dos outros regular e amigavelmente de qualquer forma), ou "Mande uma mensagem para o Andy e diga para ele me ligar às oito no horário da Austrália". Maddi agora era mais que uma melhor amiga. Ela era a secretária remota particular da Sussy, executando suas ordens digitais com uma prontidão assustadora.

O relacionamento delas mudou de maneiras menos óbvias também durante as maratonas de conversas, além da ligação delas com o Andy.

— No MSN você meio que está quase acenando para as pessoas. A gente se apresenta e é tipo oi, rs, amo vc e coisas do tipo... mas você nunca realmente chega a *conhecê-las* — ela explicou para mim. — Pelo telefone, é completamente diferente. É profundo e relevante. A gente se aproxima.

Anni concorda.

— Acho que é definitivamente uma coisa mais intimista. Falar ao telefone não é a mesma coisa do que pessoalmente, mas é um passo à frente, porque você tem o tom da voz e tudo mais, e é possível deduzir mais do que se estivesse apenas digitando. Textos são como mensagens codificadas... tão difíceis de interpretar! É sempre: O que você quis dizer com isso? Estão falando sério? Estão só sendo legais? Ou condescendentes?

Pergunto a Sussy se ela acha que as pessoas são mais honestas em conversas por telefone.

— Acho, e você explica as coisas e faz perguntas... Sei lá. Como eu poderia saber?

"Apenas conecte-se."
"Apenas conecte-se."
"Apenas conecte-se."

Sem novas mensagens de texto para me distrair, acabo voltando para o mantra de Forster... Ou é um apelo?

O que está por trás de nossa mania por mídia, afinal? Eu costumava achar que tinha algo a ver com nosso apetite insaciável por entretenimento, por informação, por distração. Agora que estamos no estágio de purificação de nosso ciclo bulímico — digitalmente, é isso — não estou tão certa disso. Talvez nosso desejo mais implacável, nosso anseio mais profundo, seja apenas fazer contato... Conectar-se.

James Harkin, autor de *Lost in Cyburbia*, observa corretamente que nossa nova mídia oferece a "conexão" de uma forma sem precedentes. As velhas mídias oferecem histórias. Nossas novas mídias — e-mail, MSN, redes sociais, microblogs — oferecem *pessoas*. Interação social. Contato. O equivalente tecnológico a andar de mãos dadas, ou até fazer contato visual.

Esta droga que desejamos... seria simplesmente uns aos outros?

Para os jovens, a evidência de que o Facebook é literalmente melhor que sexo é clara. E eu quero, sim, dizer literalmente. De acordo com a Hitwise, empresa do ramo de inteligência competitiva, as visitas a sites pornôs caíram um terço entre 2005 e 2007. Em 2009, a perspectiva da indústria era tão cruel que Larry

Flynt, editor da revista *Hustler*, ficou de joelhos diante do governo federal por um "pacote de estímulo" (eca!) de 5 bilhões de dólares. Evidentemente, a maior perda precipitada de libido deu-se entre os usuários de dezoito a 24 anos — o mesmo grupo que, nada coincidentemente, inventou a alegria do "adicionar".

As mídias sociais não são apenas melhores que sexo, elas se reproduzem com mais eficiência também. A teoria da rede preconiza que o número de conexões possíveis entre pontos de uma rede aumenta muito mais rápido que o próprio número de pontos. (Duas pessoas com aparelhos de fax só conseguem falar uma com a outra. Mas cinco pessoas com cinco aparelhos de fax criam vinte canais possíveis; e vinte pessoas com vinte aparelhos de fax, 380.) A explosão de conectividade resultante, Harkin nos diz, faz com que redes sejam exponencialmente poderosas. Como os filhos, na verdade. Você dá a eles um centímetro e eles pegam um *gigabyte*. Quando anunciantes exploram esse princípio, chamam de "marketing viral". Quando os usuários do Facebook e do LinkedIn fazem o mesmo, chamamos de rede social ou profissional. Quando nossos filhos fazem isso no MSN ou no MySpace, chamamos de perda de tempo.

Sério, é exatamente esse efeito de rede que transforma uma festa de aniversário de um adolescente para um grupo de vinte amigos próximos em uma horda embriagada e destruidora. Ou que faz do *sexting* — a transmissão em massa de fotos sexualmente explícitas por meio de celulares — uma forma tão insidiosa e eficaz de ciberbullying. O efeito rede permite possíveis empreendimentos colaborativos como a Wikipédia e o YouTube (o último tão grande que é responsável por 10% de toda a banda da internet) e impulsiona as carreiras de iniciantes inovadores como Susan Boyle, do programa *Britain's Got Talent*, ou até mesmo Barack Obama, um viciado em BlackBerry convicto, não nos esqueçamos.

James Harkin conta a história do Shoreditch Digital Bridge, um projeto que proporcionou acesso grátis à internet às pessoas que moravam em um conjunto habitacional público no oeste de

Londres. Em seguida, os gerentes do projeto também decidiram oferecer aos moradores acesso às imagens de vigilância CCTV. Essas câmeras de segurança já forneciam monitoramento 24h das áreas comuns, então por que não transmitir como se fosse um canal como qualquer outro? Nove meses depois, o vazamento de um relatório mostrou que os moradores assistiam ao canal de segurança do circuito fechado tanto quanto assistiam à televisão no horário nobre. Mais pessoas ligavam a TV para assistir umas às outras do que para assistir ao Big Brother.

O meio tornou-se o mensageiro. Presos nos tentáculos pegajosos da Web 2.0, estamos paralisados, não pelos "dados" nem pelo "entretenimento", mas por nós mesmos. O que nos deslumbra mais do que tudo não é o choque do novo, mas o choque do reconhecimento. Ou da afirmação.

"Conecte-se", de fato. Forster poderia ter imaginado como esse comando seria relevante na era da Apple? Ou então, ele teria imaginado uma conta telefônica de 1.123,26 dólares?

Ficar por dentro é muito bom e faz bem, mas onde isso vai acabar? Bem, esse é exatamente o ponto. Não há fim. O futurista Raymond Kurzweil prevê um salto quântico tecnoevolucionário que chama de "a singularidade". Seres dessa nova era, metade humanos e metade máquinas, serão dotados de cérebros avançados, mas alienígenas, e terão tempos de vida quase imortais.[30] Meu Deus! Talvez possamos chamá-los de "adolescentes".

3 de maio de 2009

Aluguei CDs e fitas — fitas! — da biblioteca e Bill está amando seu novo toca-discos. ("Do que você mais gosta nele?" "Do estalo!") Também confessou que gosta da parte "de virar" do toca-discos — ficar só olhando os discos virarem. Uma novidade, eu acho, em um mundo de CDs e arquivos de áudio. Atacou os armários dos pais de vários amigos atrás de LPs e já acumulou uma coleção enorme: Doors, Bob Marley, Rolling Stones, Beatles.

Entro escondida no quarto dele às vezes só para vê-lo deitado na cama lendo e ouvindo músicas dos anos 1970 — "Como algo que tocaria em De volta para o futuro", disse Sussy.

As garotas e eu ficamos lendo revistas, Wish, The New Yorker (ótimo perfil da Lilly Allen. Essa, sim, é uma garota que sabe tudo sobre excesso de compartilhamento...), Sunday Times Magazine — a coluna de fofocas local é superengraçada — e Girlfriend ("Seu namorado é muito metrossexual?"). Isso é que é entretenimento.

4 de maio

Escutar música e ficar sem fazer nada ao mesmo tempo? Isso não é muito estranho?

Mas, de qualquer forma, é o que estou fazendo: praticando a atenção thoreauniana ao ouvir meu CD novo do Leonard Cohen.

Durante o jantar:
Bill: A escola é uma intromissão no meu treino do saxofone.
Sussy: Seu saxofone é uma intromissão na minha vida.

Depois do jantar:
Sussy (ao telefone — onde mais seria?): Aaaah, desculpa! Bem, boa sorte! Amo você!!
Anni: O que aconteceu? A Maddi está no meio de um encontro ou algo do tipo?
Sussy: Não. Ela só está entrando em cena na peça da escola.
Anni: COM O CELULAR LIGADO??
Sussy (com dignidade): É claro que não. Ela colocou para vibrar.

9 de maio

A biblioteca pública de Freemantle é demais. Não entrava lá desde o tempo em que costumava levar as crianças para a hora da historinha e pintura na mão, nos anos 1990. Vou aos sábados à tarde agora, *depois dos meus afazeres, e hoje peguei seis itens* só para mim! *Um livro estranho do Norman Mailer sobre Jesus;* On Kindness; *um livro de ioga para os decrépitos (ou seja, eu); O xará,* The Death of the Grown-up *(algo como "A morte do adulto", apropriado devido às circunstâncias) e um CD do Thelonious Monk. Mergulhada na emoção da antecipação, apressei-me em fazer um chá e acender a lareira como algum personagem da Jane Austen amante do jazz.*

11 de maio

Sussy voltou da escola animada com um poema da Emily Dickinson que leu na aula de inglês. Ficou maravilhada e um pouco assustada quando eu trouxe a obra completa e mostrei a ela o índice remissivo na parte de trás do livro.
— *É como se fosse o Ctrl+L dos fósseis — expliquei. Mas não consegui encontrar o poema que ela queria.* — *Você poderia pedir a Maddi para pesquisar no Google — sugeri maliciosamente.*
— *Não!* — *ela gritou (embora até hoje eu ainda não saiba o porquê).*
Frances ligou para saber a possibilidade de vir aqui para trabalhar nos subtítulos de seu livro. Lembrei a ela que não tenho laptop.
— *Não tem problema — ela disse. — Eu levo o meu!*
Expliquei, gentilmente, que ela também não poderia fazer isso.
— *Mas a gente também pode fazer isso à mão.*
— *Diga que você está brincando — ela implorou.*
As crianças rolaram de rir quando contei a elas.
Ver os adultos receberem uma punição: tem coisa melhor que isso?

13 de maio

Aniversário do Bill amanhã: Dezesseis aninhos!!!!
Presentes comprados: dois discos e songbook do Coltrane; dez livros do Murakami (incluindo uma coleção chamada Birthday Stories*) e duas camisetas meio hipster escolhidas por Anni e Sussy, que estão comprando LPs para ele no sebo.*

Ano passado ele ganhou um Nintendo DS.
Gritei com a Anni por jogar Snake no celular dentro do carro. "Não estou em casa!", ela gritou. Mas parou de jogar.

14 de maio

Perguntei, animada, a Bill se alguma vez ele tinha imaginado que ficaria feliz em ganhar dez livros de aniversário. Acho que todos sabemos a resposta dessa pergunta.
Jantar adorável de aniversário no Fuji seguido de chá de bolhas — uma bebida adocicada feita a partir de chá, frutas e leite — no Utopia (um restaurante de fast-food asiático e a "casa espiritual" do Bill). Ele pediu um chá de bolhas com chocolate grande e Sussy, uma batida de negresco. Estranho! Anni e eu rimos muito examinando as amostras plásticas. Rimos sem parar e nos divertimos muito só de passar um tempo juntos.
Não consegui deixar de comparar com o jantar do aniversário de dezoito anos da Anni no último mês de outubro e de lembrar como Bill e Sussy imploraram para que eu deixasse que eles ficassem no carro — ou seja, com acesso ao iPod e ao DS — assim que terminamos de comer.

16 de maio

Passei a maior parte do dia comendo o hambúrguer da depressão, como Sussy diria. Não pode ser TPM, pois não tenho mais o M. Posso ter exagerado com essa coisa de renúncia. Percebi hoje, voltando da minha caminhada matinal — novo hábito —, que, além de desistir das mídias, renunciei aos cigarros (vinha me permitindo um por dia, como uma vitamina) e, graças à Dieta de Atkins, ao álcool, aos doces, aos pães, ao macarrão e ao arroz. Eita. Por culpa do destino, estou também celibatária, então, literalmente, não há mais nada de que abrir mão.
Sussy enfurnada no quarto da Anni gravando sua primeira fita. Vamos escutá-la no carro. Sussy também passou QUATRO HORAS *fazendo*

uma limpeza profunda — praticamente como passar pente fino — em seu quarto. Quase fiquei assustada ao vê-la em ação. Mais tarde me mostrou várias páginas caprichadas de revisão de matemática para a prova de amanhã. Que p*%#a é essa?

17 de maio

Bill me perguntou no carro: "Quem é esse tal de Kafka, afinal?". Comemorações da morte de Atkins hoje com a Mary, Grant e a família: espaguete à carbonara, risoto de linguiça, cookies e os cupcakes de chocolate maravilhosos da Sussy.

Depois do jantar, as crianças reunidas (dezesseis, quinze e quatorze anos) brincaram de esconde-esconde. Bill se dobrou como uma estante desmontável e se escondeu em uma prateleira do armário.

20 de maio

Sussy, enigmática:
— Acho que O Experimento está finalmente começando a funcionar para mim. — Então o telefone toca, ai de mim, e ela sai correndo.
Quando perguntei mais tarde, ela completou:
— Estou fazendo várias coisas agora... assando cupcakes, escrevendo em meu diário [ela tem um diário?????], pensando em escrever um romance [ela está pensando em escrever um ROMANCE?????]. Você sabe... várias coisas.

7
Comer, jogar, dormir

"É difícil obter e cozinhar uma dieta simples e pura que não ofenda a imaginação; mas quando alimentamos o corpo, penso eu, devemos alimentar também a ela; ambos deveriam se sentar à mesma mesa."
— *Walden*, Capítulo 11

Minha primeira filha, Anni, exigia mamar no peito e exigia seu alimento. Em graus variados, todos os meus filhos exigiam. O leite materno nunca chegou rápido o suficiente para o Bill, apesar de ele ter ficado me paparicando por seis ou sete meses (se é que ficar agitado, cuspir e parecer sempre ofendido é sua maneira de paparicar alguém). Sussy também não era exatamente uma criança-modelo. Ela criou um vínculo com a babá rapidinho e, dadas as duas crianças que eu tinha em casa, não me incomodei com isso. Mas todos os três foram beneficiários da alimentação por demanda que reinava absoluta nos livros para pais.

A ideia da alimentação por demanda — basicamente, satisfazer as necessidades nutritivas de seu filho conforme elas aparecem no decorrer do dia (e até altas horas da noite, como pode acontecer) — faz tanto sentido que muitos novos pais nunca pensaram em questioná-la. Eu certamente nunca pensei. Fazer uma programação para o bebê era algo que se fazia nos velhos e horrorosos tempos da década de 1950. Assim como fumar na gravidez ou "arejar" os bebês em todos os tipos de clima, como se fossem uma colcha de penas. Alimentar de quatro em quatro horas era rígido e ridículo, eu teria dito na época. Um bebê era um organismo vivo e em mutação, não um tipo de autômato. (Excluindo-se o fato de que fui criada assim e não houve nenhum dano mecânico óbvio.)

Não estou dizendo que a alimentação por demanda não é uma boa prática. O que estou dizendo é que ninguém nunca diz quando ela deve parar.

Anni tinha quase doze anos quando perguntei, como fazia na maioria das noites, se ela já estava com fome para jantar. "Não muita", ela admitiu. "Na verdade, nunca estive realmente com fome." Foi a coisa mais assustadora que um filho tinha me dito desde a primeira tentativa de usar o banheiro.

Dezoito anos após o início da lactação, fui forçada a admitir que meus filhos ainda eram alimentados por demanda — o que agora eles chamavam de "pastagem", já que eram tão grandes quanto ruminantes chifrudos. Era um padrão de que eu estava ciente já havia algum tempo. Mas O Experimento revelou algo sobre esse padrão que eu nunca havia considerado: não era apenas meu fracasso direto em adotar a linha dura da alimentação de quatro em quatro horas (ou seja, café da manhã, almoço e jantar) que era o culpado. Mas também o modo como estruturávamos nossa ecologia de mídias… ou, mais precisamente, o modo como fracassamos em fazê-lo.

Como os girassóis viram-se para a luz, a atenção fundamental de nossa família acostumou-se a virar para as telas nos anos recentes. Durante mais ou menos o mesmo período de tempo, a função social das refeições em família tinha praticamente se desintegrado. Coincidência? Quanto mais eu pensava sobre isso, mais achava que não. É verdade, nós sempre fomos uma família que se alimentava por demanda. Mas houve uma vez em que também fomos uma família que realizava as refeições junta, em volta de uma mesa, em um espaço livre de tecnologia — também conhecido como cozinha —, que era o coração pulsante e funcional da casa. Nos últimos tempos, tínhamos sido submetidos a um marca-passo, dos grandes. As pessoas começaram a comer onde podiam, em suas abre aspas-estações de trabalho-fecha aspas (onde 95% do tempo eram passados sem fazer nada), ou no caminho para a escola, dos treinos e dos eventos sociais.

Minha amiga Susan, que cresceu em uma fazenda em New South Wales, costumava se perguntar por que as pessoas simplesmente não comiam ração, como o gado. Vendo meus filhos pastarem, eu também às vezes me perguntava isso. Nós não "jantávamos" mais: éramos abastecidos.

Vejo agora que eu era parte do problema — uma parte bem grande, dói admitir. Claro, suas vidas tinham ficado mais ocupadas (ou era o que eles me diziam). Mas a minha também tinha (ou era o que eu dizia a mim mesma). Sentar para fazer as refeições era um luxo que famílias trabalhadoras como a nossa não podiam se dar. Todos sabiam disso. Simplesmente não havia tempo para desperdiçar em refeições feitas em casa em que todos sentavam-se juntos, como um quadro em tons de sépia da era de ouro da televisão. Eu não ficava completamente feliz em ver a coleção de tigelas de cereal e xícaras de chá que bagunçavam o banco de trás do carro na maioria das manhãs — ou em ouvir as louças e as colheres batendo toda vez que passávamos por um quebra-molas, mas eu aceitava isso como parte do acordo de ter adolescentes.

Quando estavam na escolinha, meus filhos me tiravam da cama de manhã. Hoje em dia acho isso extraordinário. (Algum dia num futuro não muito distante, quando eles estiverem trocando minha fralda, talvez eu veja as coisas de um jeito diferente.) Naquele tempo, fazer o café da manhã — ovos e torradas, mingau, rabanada e frutas — e sentarmos todos juntos para comer era a parte fácil do dia. Agora o simples fato de tirá-los de suas tocas parecia demandar toda a minha força maternal. Eu tinha me tornado um botão de soneca humano, disparando (em todos os sentidos da palavra) em intervalos regulares. Na hora em que eu começava a gritar — mais ou menos cinco minutos antes de sair de casa — uma abordagem "pega logo e embrulha" da Mais Importante Refeição do Dia era o melhor que todos podiam esperar.

Eu ajudava, irritada, jogando sanduíches de pasta de amendoim feitos às pressas nas mochilas deles enquanto eles passavam, ou jogando três garrafas térmicas de chá na direção do carro.

Na hora do jantar, ainda tentava trazer todos para a mesa. Às vezes, contra tudo e contra todos, eu conseguia. Mas entre os horários do polo aquático do Bill, a programação social da Anni e os pedidos repetitivos de todos por um "tempo para si" — um eufemismo velado para sentar, em transe, diante de suas respectivas telas — conseguir um quórum tinha se tornado uma raridade. E mesmo quando eu conseguia encurralá-los na mesa, minha melhor diplomacia não conseguia mantê-los lá. Na maioria das noites, Bill engolia o último pedaço de seu jantar tomando o terceiro copo de leite no momento em que eu pegava o garfo. "Obrigado, mãe!", ele gritava alegremente enquanto despejava seu prato na pia e voltava-se mais uma vez com fervor à Meca (como eu tinha começado a chamar o MSN). Ele sentava novamente à mesa se eu insistisse, é claro. Mas forçar um garoto a ser sociável é um pouco como ensinar um pug a dançar *break*. A qualidade do resultado apenas não vale o esforço.

— Então, como vai a escola? — eu perguntava.
— Bem — ele dizia.
— O que você está lendo na aula de inglês? — eu perguntava.
— Livros — ele dizia.
— Algum livro em especial? — eu perguntava.
— Na verdade, não — ele dizia. — Posso ir agora?

As garotas não comiam tão rápido, mas também tendiam a reagir roboticamente às minhas tentativas brutas de conversa. Era quase como se tivéssemos nos tornado um daqueles casais tristes que a gente vê nos restaurantes, comendo resignados e em silêncio completo. Juntos na carne, mas em hemisférios completamente separados em espírito. "Outras famílias jantam na frente da TV", Sussy às vezes me lembrava com melancolia.

Eles não eram os únicos sem apetite para tudo isso. Particularmente, eu preferiria ler meu romance na maioria das noites também, ainda que admitir isso até mesmo para mim me fazia sentir culpada e errada. Você sabe, normal. Eu tinha proibido as garotas de mandar mensagens de texto quando estávamos à mesa — na verdade, nunca tinha permitido —, mas na maioria das noites eu sentia sua atenção voltando-se às mídias ausentes, como uma aranha sente uma mosca no canto extremo de sua teia. Eles estavam, todos os três, claramente só tolerando nosso tempo juntos. Era como se nossa cozinha tivesse se tornado um *lounge* transitório, um lugar hostil de prisão temporária; um *pit stop* que os separava dos lugares virtuais em que preferiam estar.

A questão da alimentação por demanda era a cereja de um bolo já todo desandado. E as evidências estavam espalhadas ao redor de cada monitor: pacotes, embalagens, latas amassadas e copos, cascas de frutas, restos petrificados de macarrão instantâneo, migalhas de biscoitos, garrafas de água meio vazias (nunca meio cheias) e a ocasional goma de mascar. A baixa gratificação do vício alimentício era sem dúvida o acompanhamento perfeito à baixa gratificação do vício da conectividade. Mas "vício" não é de fato a metáfora certa, já que implica um período de abstinência ou purificação. Mais precisamente, as crianças estavam em um tipo de injeção intravenosa dupla: dados em um tubo, Doritos no outro.

Todo mundo sabe que a comida é o combustível da atividade. Mas, como as novas mães aprendem do jeito difícil, a conexão entre comida e descanso é igualmente direta e tão dinâmica quanto. Um bebê com fome não dorme, e um bebê com sono não come. Um bebê que toma alguns goles durante o dia e dá uns cochilos durante a noite pode ser saudável o suficiente, mas raramente é feliz por completo. Não é só seu humor que muda. Sua atenção também diminui. É por isso que uma criança cujos ciclos de alimentação e sono são bagunçados, ou que nunca tiveram a chance de se estabelecer, terá dificuldades para se concentrar em fazer coisas maiores, seja brincar de esconde-esconde ou aprender a fazer baliza.

A conexão entre comer com voracidade, dormir profundamente e concentrar-se de forma orientada e assistida — seja estudando ou brincando — é muito óbvia quando nossos filhos são bebês. Passamos metade de nossas vidas como pais estabelecendo esses limites, mantendo as rotinas que sabemos que ajudarão nossos filhos a serem bem-sucedidos. Ficamos felizes em deixar nossas vidas completamente bagunçadas por um tempo, perdendo o sono, as refeições, o sexo e a qualidade vigorosa de um trabalho ininterrupto para assegurar que a vida deles tenha limites certos e demarcações respeitadas. Mas não são só os bebês que funcionam melhor em condições de clareza. Todos nós funcionamos. Os adolescentes, sem dúvida, mais que a maioria.

Vendo meus filhos serem engolidos pela bagunça de fazer várias coisas ao mesmo tempo, percebi o aparecimento de uma condição que vim a considerar como "inexatidão", mas que nada tinha a ver com prontidão.

Fiz uma boa pesquisa sobre a inexatidão nos últimos dois ou três anos, e parecia que seus sintomas — falta de asseio pessoal, hábitos alimentares ruins, padrões de sono desordenados, gerenciamento ineficaz de tempo, gerenciamento ineficaz das próprias coisas (perder itens pessoais, esquecer de almoçar, perder dinheiro) e alterações de humor — tinha tudo a ver com limites, ou, mais precisamente, com não tê-los. Se eu fosse médica, usaria o termo "entropia" em vez de inexatidão: a tendência de um sistema de mover-se em direção à aleatoriedade, à perda de calor e à diminuição na diferenciação de suas partes. Pais de adolescentes tendem a empregar uma outra palavra a tudo isso: normal. É assim que a adolescência é, dizemos a nós mesmos, e uns aos outros. A mídia popular nos apoia nessa visão, lembrando-nos constantemente que o cérebro dos adolescentes é diferente, que não devíamos esperar comportamentos "adultos" (leia-se responsáveis) deles antes dos 28 ou 32 anos, que os adolescentes sempre foram preguiçosos, bagunceiros e vadios.

Na verdade, a maioria dos sintomas da adolescência — e nós a tratamos, sim, como um distúrbio — não é encontrada em muitas outras culturas e em muitos outros períodos históricos. A tendência dos jovens de seguirem a paixão ou a luxúria e de se comportarem de tempos em tempos com certa impetuosidade (ou seja, como idiotas), essa, sim, é universal, parece. Mas o resto é comportamento adquirido, consequência de maior tempo livre, mais opções, mais tempo na escola do que o normal — e de nossas expectativas correspondentemente menores de que eles contribuirão de maneira produtiva para a família ou para a comunidade. Quanto mais aceitamos o comportamento infantil e irresponsável de nossos adolescentes — porque é assim que eles "são" —, mais infantis e irresponsáveis eles se tornam. Eles estão apenas seguindo ordens.

E é importante entender que essas ordens estão vindo de nossa cultura como um todo. Elas são o que os sociólogos chamam de "script social" ou "construção social". Sua abre aspas-filosofia parental-fecha aspas, ou a minha, não é fundamentalmente obra de sua imaginação, desejo ou sabedoria, apesar de, espero, tudo isso aparecer em algum ponto. Não é como um projeto de artesanato que você elabora e finaliza no tempo livre, apesar de — de novo — sermos encorajados a pensar na criação dos filhos dessa forma. De maneiras terrivelmente importantes, nós recebemos, sim, um conjunto de instruções de uso (embora codificado em um nível muito alto de abstração) no nascimento dos filhos. As instruções não nos dizem o que fazer passo a passo, mas qual é o plano de jogo fundamental e qual é o objetivo que estamos buscando. Elas fundamentam nossas expectativas de alcançar — ou fazer durar — o que aprendemos a chamar de "marcos do desenvolvimento".

As mudanças climáticas que temos presenciado na ecologia midiática global nos últimos quinze anos não criaram a inexatidão que percebemos em nossos filhos. Mas certamente intensificaram-na e, de certa forma, nós a legitimamos, levando nossos filhos ao nível seguinte. A explosão na conectividade (ainda que nem sempre na comunicação) que possibilitou a tendência ao estilo de vida "24 horas por dia" de nossos nativos digitais detonou um novo conjunto de minas, reduzindo a farrapos um já sitiado conjunto de limites pessoais e sociais. A inexatidão não é mais um estágio — uma fase difícil de ser tolerada até que "passe", como uma tempestade, ou uma pedra no rim. Na ecologia midiática atual, a inexatidão não é excepcional. Ao contrário, ela é a regra.

Os problemas de apetite de Anni eram personificados pela inexatidão. Comer salgadinhos de soja era um estilo de vida para ela. Ela nunca sentia fome de fato, nem ficava realmente satisfeita. Nenhuma refeição era completa e nenhum jejum totalmente quebrado — só um pouco aliviado. Lanches não eram a estação entre as refeições, mas o próprio destino, mordiscado em um punhado aqui e ali ao longo do dia, como se ela fosse um gato de estimação. O conceito de Anni de alimentação não era de todo prejudicial. Ela costumava se encher de salgadinhos, biscoitos e doces — é verdade, sua total falta de controle no que dizia respeito à *junk food* estava mais para canina do que felina —, mas também comia bastante iogurte, queijo, frutas e saladas. No geral, sua dieta não era desequilibrada, era só... bem, inexata.

E também não havia qualquer discriminação quanto ao lugar onde ela comia. Qualquer cômodo da casa servia: a cozinha, a sala de TV, o quarto, é claro (que muitas vezes tinha a aparência e o cheiro de uma cantina de escola em final de recreio), e até o banheiro, onde era comum encontrar metade de uma torrada com geleia bem ao lado de uma escova de cabelo, ou um copo de suco vazio perto de um dos potes de creme antienvelhecimento da Sussy (aos quatorze anos, acho que você precisa de todo o antienvelhecimento que conseguir).

Uma maior inexatidão era evidente na maneira como eles relacionavam comida com a hora do dia, com pratos de cereal consumidos na hora do jantar e pizza fria e dura alegremente consumida a caminho da escola. Há alguns meses, Bill tentou resolver esse problema comprando uma caixa fechada de macarrão instantâneo da loja de produtos asiáticos de Perth. Ele pensou que assim seu lanche preferido poderia ser promovido de quinto grupo alimentar a único grupo alimentar.

— Um homem não vive só de macarrão instantâneo — aconselhei, firme. (Excetuando-se a total falta de nutrição, a quantidade de sal fazia o biscoitinho parecer medicamento para pressão baixa.)

— Do que você está falando? — ele respondeu. — Você tem que adicionar água fervente.

Eu me perguntei algumas vezes se isso era *mesmo* da minha conta, como as crianças insistiam. "Comer de pouquinho em pouquinho faz bem! Todos os especialistas dizem isso", Anni assegurou enquanto beliscava um salgadinho de frango. "Nos tempos pré-históricos, era assim que os grupos humanos se alimentavam." O quê? Quando frangos fritos ainda vagavam pelo planeta? Eu tinha certeza de que o argumento da adaptação evolutiva tinha pouca relevância para uma cadeia alimentar dominada por bebidas esportivas azuis e sachês com sabor [sic]. Mas também, eu cresci em uma Idade da Pedra culinária, em que a gente sentava com a família para jantar todas as noites e comia o que era colocado em nossa frente, fosse animal, vegetal ou (no caso da temida Caçarola Homem de Ferro da minha mãe) mineral. Os alimentos processados eram raros e a ideia dos lanches embalados individualmente ainda era um monstro esperando para nascer.

Meus filhos não conseguem imaginar um mundo sem barrinhas de cereal, palitos de queijo, iogurte em tubinho ou frutas enroladas em uma fonte de cáries do tamanho de um cigarro. No meu tempo, a probabilidade de que minha mãe colocasse uma barra de chocolate em minha lancheira era a mesma de que ela servisse lasanha congelada no clube de bridge. Nós comíamos frutas no lanche, mesmo!, eu tentava explicar para meus filhos quando eles eram pequenos — não porque gostávamos muito de frutas, mas porque não havia alternativa. "Coitadinha da mamãe! Ninguém podia amassar as frutas para você?", eles perguntavam melancolicamente.

Claro, se comêssemos biscoitinhos industrializados em formato de ursinho, o mundo talvez fosse um lugar diferente. Mas a questão é que não tínhamos. Tivemos que seguir em frente mesmo assim.

As regras a que obedecíamos para as refeições estavam para a inexatidão como a água para o óleo. Isso era especialmente verdade no que dizia respeito ao jantar, que nas casas das famílias brancas, de classe média e anglo-saxãs consistia previsivelmente de carne, carboidrato e dois tipos de legumes. No prato, como em nossos quartos, havia um lugar para cada coisa e tudo ficava onde deveria estar. (Apenas estrangeiros misturavam sua comida em pilhas bagunçadas.) Quando éramos crianças, eu e minha irmã até preferíamos comer de uma forma preestabelecida: primeiro a carne, depois as cenouras, depois as batatas, deixando aquilo de que menos gostávamos para o final, pois era melhor para enfiar em um bolso de casaco ou espalhar artisticamente sob um osso cortado.

Comer na frente da TV não era novidade, principalmente nas noites de sábado, quando passava o programa do Ed Sullivan. Mas era um vício que minha mãe não aprovava. "Muita confusão", ela decretou (como se comer nossos hambúrgueres de atum com uma bandeja nos tornasse selvagens, rasgando as coberturas de plástico do sofá com os próprios dentes).

Se eu tinha saudades disso tudo? Não. Como mãe, nunca quis trazer de volta os dias gloriosos de caçarolas com sopa de cogumelos e refeições em família tão rígidas e ritualizadas que a gente praticamente conseguia ouvir nossas artérias endurecendo. Sinceramente, eu não tinha apetite nenhum para aquela carne-e-três-vegetais toda. Já tinha sido ruim o bastante ter tido que comer. Fazer aquilo noite após noite seria uma tortura. Ao mesmo tempo, eu estava determinada a usar O Experimento como uma oportunidade para combater a epidemia de inexatidão que tinha tomado conta de nossos hábitos alimentares. Eu queria tentar trazer mais estrutura a nossas refeições, enfatizar o prazer provocado pelo que tínhamos no prato. Ou, pelo menos, notar o prato.

Quatro de cada dez mães australianas descrevem o jantar como uma "experiência desagradável", em que a refeição geralmente termina com uma discussão. Ao mesmo tempo, 76% concordam que refeições em que todos sentam juntos fortalecem a comunicação em suas famílias (e possivelmente suas cordas vocais), de acordo com uma pesquisa recente com mais de 16 mil mães em todo o país.[1] Contradição? Não necessariamente. Talvez a experiência de passar um tempo em família seja um pouco como comer espinafre. Como Popeye teria observado, o que não mata fortalece. Gostando ou não — e claramente quatro em cada dez de nós não gostam —, as refeições em família são relacionadas de maneira consistente a resultados positivos para as crianças. E não só "um pouco" positivos. Impressionantemente positivos. Crianças que participam de refeições em família de cinco a sete vezes por semana têm notas melhores, uma perspectiva de vida mais alegre, menos problemas com drogas, álcool ou cigarro e parecem quase magicamente protegidas de desenvolver transtornos alimentares. Elas também — surpresa! — têm dietas mais saudáveis. Uma pesquisa recente do Department for Children, Schools and Family, do Reino Unido, descobriu uma ligação direta entre a frequência das refeições em família e os índices de evasão escolar; já um estudo publicado na revista *Journal of Adolescent Health* em 2008 revelou uma clara relação inversa entre "comer em família" e o comportamento sexual de risco. Por mais que isso pareça estranho, o simples ato de "jantar juntos" era uma proteção contra sexo inseguro, bem como "fazer algo religioso juntos".² Pensando bem, talvez não seja tão estranho.

Também não se trata do "efeito CEP" (em que uma classe socioeconômica é a base determinante da diferença). Estudo após estudo, os pesquisadores têm controlado os aspectos demográficos e os resultados são estáveis. Ricas ou pobres, de classe média ou classe baixa, com muita ou pouquíssima escolaridade, famílias que fazem as refeições juntas têm no prato uma miscelânea de benefícios para seus filhos.

Isso tudo não é novidade — apesar de a mídia amar dar aos pais uma palhinha sobre o tema. Ou às mães, mais precisamente. Na maioria das narrativas, a morte da refeição em família é atribuída ao suspeito comum: o feminismo — ou, como descrito com maior decoro, "a participação das mulheres na força de trabalho", "a família de dois provedores" ou "mães inseridas no mercado de trabalho remunerado". A implicação é que quando as mães trabalham, as famílias, como galinhas, ficam soltas e quase selvagens. Mas na Austrália — onde a participação em tempo integral das mulheres que têm filhos na força de trabalho é bem menor que nos Estados Unidos e no Reino Unido — meros 11,42% das mães relatam que seus filhos normalmente comem na mesa com a família. Lembre-se também de que estamos falando sobre onde e como os membros da família comem, não sobre quem (ou o que) está cozinhando. O efeito é exatamente o mesmo, seja com um assado com todas as guarnições, um prato com quatorze legumes impronunciáveis cortados em cubos ou hambúrguer e batatas fritas comidos direto da embalagem.

Em vez de culpar as mães que trabalham fora, talvez devêssemos olhar com maior cuidado as mídias que estão dentro de casa. Pesquisadores do Projeto Pew Internet & American Life descobriram que famílias com "múltiplos aparelhos de comunicação" eram menos propensas a fazer uma refeição com os outros membros da família e também relataram menos satisfação com os parentes e o tempo de lazer.³

A velocidade com que os equipamentos digitais invadiram nossas vidas domésticas deixou sociólogos e outros pesquisadores desconcertados, esforçando-se para acompanhar as mudanças. Ler pesquisas de mais de dois ou três anos atrás é como viajar em uma cápsula do tempo. (O perigo das "salas de chat"? "BBS?" Quem é que, hoje em dia, sabe o que esses termos significam?) E agora, estudos sobre o impacto da tecnologia nos padrões de consumo das famílias estão focados quase que exclusivamente na televisão — isso excetuando-se o fato de que o mercado das TVs está em claro declínio entre as crianças mais velhas e os adolescentes. Ainda vale a pena examinar essas descobertas não só pelo que elas nos dizem sobre o aparelho em si, mas pelo que sugerem que pode ser verdade sobre a exposição à tecnologia de modo geral.

Fazer a última refeição em frente à TV, de acordo com uma pesquisa realizada pela Nestlé em 2009, é quase duas vezes mais comum do que comer na mesa de jantar.[4] A grande questão é: isso importa?

Nutricionalmente falando, a resposta é sim — mas não por uma margem muito grande. Em uma pesquisa da Universidade de Minnesota com 5 mil alunos de ensino médio, pesquisadores descobriram que garotas adolescentes que comiam sozinhas consumiam menos frutas, vegetais e alimentos ricos em cálcio e mais refrigerantes e lanches do que garotas que comiam com os pais. Elas também consumiam 14% mais calorias. (Conforme dito anteriormente, muitas outras pesquisas confirmam que refeições em família protegem as garotas de transtornos alimentares.) Os efeitos foram similares, porém menos marcantes, para os meninos. No entanto, os pesquisadores notaram que, comparado a não fazer nenhuma refeição em família, fazê-las diante da TV estava definitivamente relacionado com uma alimentação melhor, em que crianças, meninos e meninas, demonstravam "maior consumo de vegetais, alimentos ricos em cálcio e maior consumo calórico".[5] A classe socioeconômica teve alguma coisa a ver com isso? Pode apostar que sim. Como se poderia prever, famílias com mais condições apresentaram menos refeições feitas diante da TV. Mas os padrões gerais se mantiveram mesmo quando os aspectos demográficos foram considerados.

No geral, os pesquisadores concluíram que "assistir à televisão durante as refeições em família estava associado a uma qualidade mais pobre de dieta entre os adolescentes. Profissionais da saúde devem trabalhar com as famílias e os adolescentes para promover refeições conjuntas, enfatizando o desligamento da TV nesses momentos." Uma pesquisa com famílias de crianças em idade pré-escolar intitulada "Efeitos positivos do jantar em família são anulados pela televisão" descobriu... bem, acho que é bem óbvio o que eles descobriram.[6]

E as vantagens psicológicas das refeições em família? A TV reduz a resolução a esse respeito também? Uma pesquisa publicada na revista *Young Consumers* em 2008 argumentou que os pais praticamente têm a obrigação de render-se aos pedidos dos filhos de fazer as refeições diante da TV. Mães e pais que se recusavam, os autores alegaram, arriscavam-se a criar uma "distância social" no seio da família.[7] "Ao assistir à televisão com seus filhos" uma mãe tem a oportunidade de relacionar-se com eles enquanto desenvolvem um "interesse em comum", escreveram, acrescentando que "essa comunicação pode ser vista como uma forma de manter o amor e o relacionamento na família".[7] Espero não estar sendo cínica ao fazer a observação de que a *Young Consumers* é uma revista dedicada ao "marketing infantil responsável".

Por outro lado, se a televisão ajudar a trazer os adolescentes para a mesa, pode valer a pena verificar. Até mesmo os pesquisadores da Universidade de Minnesota concordaram que "adolescentes infelizes com as relações familiares" — ou seja, adolescentes que certamente precisam de maior contato com os pais — "podem ser mais propensos a participar de refeições familiares se a TV estiver ligada e a conversa não for o foco principal". Uma participante, Christina, de dezessete anos, reclamou que a experiência de jantar sem nenhuma mídia por perto era muito chata. "No começo, quando meu pai pergunta o que a gente fez na escola, não tem problema", mas logo "fica chato sem nenhuma música ou coisa do tipo. Se a gente comer na frente da TV, tem alguma coisa com que ocupar a cabeça."[8]

Mas se a conversa não é o ingrediente mágico que dá à refeição em família seu poder de transformação, fica difícil saber qual seria. Se jantar em silêncio diante da TV entra na categoria "refeição em família", o que são todos aqueles cafés da manhã que costumávamos comer às pressas no carro a caminho da escola? Eles também contam? Afinal, estávamos todos reunidos no mesmo lugar. Só calhava de esse lugar estar se movendo a 55 km/h. Alguns especialistas sugeriram que o verdadeiro segredo da refeição em família é simplesmente dar aos pais a oportunidade de "avaliar visualmente" possíveis problemas com os filhos. Outros concordam que seu poder, apesar de inegável, permanece misterioso — talvez até incognoscível.

Em 2008, a pediatra Katherine E. Murray descobriu que tanto as refeições quanto a nutrição da família diminuíam significativamente em casas onde os adolescentes tinham uma televisão no quarto — e quase dois terços de sua amostra tinham. Eles também faziam menos atividades físicas, consumiam mais refrigerantes e *fast-food* e liam e estudavam menos. Garotas com televisão no quarto, segundo a pesquisadora em saúde pública Daheia Barr-Anderson, passavam uma hora a menos por semana em "atividades vigorosas" — excetuada a troca frenética de canais — e participavam de uma média de três refeições em família por semana ou menos, comparadas a quatro refeições para as demais garotas.[9] Para os garotos, as atividades físicas não foram afetadas, mas o desempenho escolar, sim. As notas dos que tinham TV no quarto era 10% menor do que as dos que não tinham. E o que é interessante é que há mais garotos com a própria TV.

Entre a imensidão de coisas que os estudos sobre as refeições em família não nos dizem, uma delas é se os benefícios aumentam aritmeticamente com o tempo — se vinte minutos em volta da mesa do jantar são benéficos, quarenta minutos são quase milagrosos? —, mas, avançando com O Experimento, parecia seguro admitir que uma quantidade maior de coisa boa provavelmente seria... bem, uma coisa boa. Como sempre fomos uma família que fazia as refeições junta, e sem a assistência benevolente da televisão, eu esperava que O Experimento fosse uma maneira de estender a experiência tanto em quantidade (tempo gasto) quanto em qualidade.

Admito que estávamos partindo de uma base bem baixa. Eu provavelmente levantaria a mão com os 40% das mães australianas que acham as refeições desagradáveis E com os 67% que acreditam que mesmo assim elas nos fazem bem. Na maioria das noites, eu me esforçava muito para preparar uma refeição. Nada muito requintado — como a maioria dos adolescentes, meus filhos são alérgicos ao requinte —, mas principalmente uma refeição nutritiva, balanceada e quase saborosa. Quando eles eram pequenos, eu corria alvoroçada preparando jantares especiais. Na verdade, nossa última refeição do dia lembrava bastante o menu infantil de um restaurante familiar: ou seja, muitas tortas, nuggets de frango, cenouras cortadas e quase nada de truta e rillettes com cogumelos. Nos dias de hoje, os especialistas dizem que isso é exatamente o que não se deve fazer. Deve-se oferecer às crianças a mesma comida dos adultos desde o início, e se elas não gostarem, que comam pão integral.

Mas tenho que dizer, apesar de o paladar de meus filhos ter sido de fato atrofiado, não ter que me envolver em uma alimentação forçada significava que na maior parte do tempo eu apreciava nossas refeições juntos. Ainda assim, conforme as crianças iam crescendo, comecei a me preocupar. Eles chegariam à idade adulta esmagando os frascos de ketchup como grafiteiros loucos e tirando a casca do peixe à milanesa porque estaria muito "picante"? Eu seria forçada a contratar um buffet infantil para uma festa de casamento? De um jeito ou de outro, um dia eles mudaram. Hoje são capazes de apreciar a maioria dos alimentos, com uma ou duas limitações. Anni não gosta de carne. Bill não gosta de vegetais. E Sussy não gosta muito de cortar as coisas nem, na verdade, de mastigar. Mas, ei! Não se pode ter tudo nessa vida.

Ao começar O Experimento, minhas maiores preocupações com nossas refeições em família eram: primeiro, falta de apetite devido à quantidade absurda de petiscos depois da escola, a maior parte deles diante de alguma tela e, segundo, eles comiam muito rápido. O segundo foi algo sobre o qual aprendi muito depois, pesquisando para este livro. Fiquei aliviada em descobrir que havia algo de concreto na prática que vinha envenenando a atmosfera de nossas refeições em família, como uma cabeça supercozida de repolho, durante anos.

"Definimos a alimentação acelerada como um movimento ou ação rápida quando os jovens colocam a comida na boca, mastigam e engolem para terminar a refeição o mais depressa possível. Isso pode ser interpretado como uma tentativa de fugir do controle dos pais e dos professores na hora da refeição", li em um artigo que explorava "o domínio das práticas de consumo dos alimentos como uma arena política".[10] Meus filhos eram demônios da alimentação acelerada, mas eu interpretava isso mais como uma forma de voltar correndo para o MSN, o Facebook e o Twitter.

O Experimento provou que essa era uma hipótese muito poderosa.

Sem mais prospectos atraentes para tirá-los da mesa do jantar, as crianças não aprenderam exatamente a relaxar com charutos e conhaque. Mas pelo menos pararam de inalar a comida e sair em busca da toca digital mais próxima. Diminuímos o ritmo, todos nós, e, com o tempo, desenvolvemos um diálogo mais significativo na hora do jantar. Mas também, dados nossos padrões anteriores — "Então, como foi a escola?" "O quê?"; "Por que você não está comendo as ervilhas?" "O quê?"; "O que está acontecendo com as emissões da União Europeia?" "Quem?"... isso não era difícil. No geral, eu estimaria que nós provavelmente aumentamos nosso tempo de conversa à mesa do jantar em 15% a 20% em quantidade e qualidade. Isso foi muito bom, eu acho — mas ainda foi menos do que esperava. Eu imaginava nossa família como algo saído de um quadro de Norman Rockwell, participando de debates animados, mas civilizados, nossos rostos brilhando com o sentimento familiar e um excesso de molho de carne. A verdade era que ainda era muito provável que brigássemos sobre quem pegou o copo da Hannah Montana.

Houve ganhos inesperados em outras partes com o projeto. Privado de seus downloads matinais, Bill começou a passar mais tempo na mesa do café da manhã. Ele não começava muitas conversas, mas comia mais ovos e passava uma quantidade de tempo impressionante lendo o caderno de esportes do jornal. Não tenho certeza de que isso melhorou a comunicação da família, mas vê-lo sério atrás das páginas do *Australian*, como se fosse um pai de família, me fez sorrir. Sussy também uma hora começou a fazer aparições não programadas à mesa de manhã.

— Você quer mingau? — eu perguntava. — Ovos? Torrada? Suco? Uma vitamina?

— Não, obrigada — ela resmungava rispidamente, tomando seu chá.

Então eu servia para ela o que quer que eu estivesse fazendo para o Bill e ela comia cada pedaço. Era meio que o oposto da alimentação por demanda — mais por oferta, na verdade — e eu queria ter começado tudo isso quatorze anos antes.

No nível mais básico, O Experimento nos forçou a notar mais a comida — assim como começamos a notar mais a música, o sono e uns aos outros. Antes, comer era um acompanhamento. Agora, era o prato principal ou, pelo menos, um deles.

Nossa abordagem do preparo dos alimentos também mudou, principalmente para as garotas. Elas começaram como cozinheiras razoavelmente competentes, mas, ao fim do Experimento, eram capazes de preparar refeições inteiras com facilidade. Mais importante, elas queriam fazer isso. Bill, ai de mim, respondeu ficando ainda mais preguiçoso na cozinha. Isso ficou ainda mais claro quando ele conseguiu um emprego e dinheiro suficiente para comprar seu chá de bolhas habitual. Por outro lado, O Experimento acendeu seu interesse pelo churrasco, de acordo com a verdadeira tradição do macho australiano.

Nossos hábitos de consumo mudaram de maneira intrigante e inesperada também. Antes, eu geralmente comprava comida aqui e ali, correndo até o supermercado e a padaria de acordo com as necessidades do momento. Agora, a ida ao mercado no sábado de manhã se tornou um ritual essencial do final de semana. Pré--Experimento, eu sempre fazia as compras sozinha. Agora Anni ia comigo, ansiosa para ajudar a planejar as refeições e me orientar nas compras mais aventureiras de iogurte e cookies. (Eu sou o tipo de pessoa que pode — e, na verdade, tenho feito isso — comer a mesma marca de biscoitos de chocolate durante 23 anos.)

Uma vez que a realidade da crise econômica mundial começou a apertar, ficamos determinados a nos tornar melhores compradores em recessão, e a criança que uma vez me disse que na verdade nunca tinha estado com fome até ficou interessada em planejar refeições. A tarefa de comprar para a família ficou mais gostosa, menos como um fardo e mais como um evento — uma oportunidade, até, de estreitarmos nosso vínculo. Também me fez notar o quanto minhas escolhas de compra tinham se tornado rígidas. Eu me vi dando passos mais ousados. Comprando aromatizantes com cheiro de limão e papel-toalha estampado com figuras inidentificáveis diferentes. E quem poderia esquecer o incidente com os anéis de ovos?

— Uau! Anéis de ovo! Eu sempre quis anéis de ovo! — suspirei quando passamos por uma estante no corredor de acessórios para a cozinha.

— Você diz isso como se fosse um sonho impossível, mãe. Eles custam 2,95 dólares, pelo amor de Deus. Compre isso logo.

A loucura daquilo tudo nos fez cair na risada. No momento em que tive forças para esticar o braço e pegar um pacote, nossos rostos estavam manchados de rímel e as outras pessoas passavam longe da gente. Na semana seguinte, curtimos um festival de ovos fritos estranhamente redondos. Foi como eu sempre sonhei. Eles ficam mais saborosos, sim.

> "Para aquele cujo pensamento elástico e vigoroso acompanha o sol, o dia é uma perpétua manhã."
> — *Walden*, Capítulo 2

Conforme nossa taxa geral de inexatidão diminuía — em nossos hábitos alimentares, em nossos ovos —, também começamos a firmar melhor os limites entre a noite e o dia, adormecer e despertar. No início, desistir do estilo 23 horas por dia de vida que caracterizava as buscas por barganhas no eBay à meia-noite, a atualização de status às 4 da manhã e dormir com fones embaixo do travesseiro "só para garantir" (garantir o quê? Finalmente cair no sono REM?) foi um despertar bruto para toda a família. Mas logo ficou claro que quanto menos usávamos nossas tecnologias para "relaxar", melhores eram o descanso e o sono. Para mim, isso foi um verdadeiro toque de despertar.

Não que eu não soubesse que o sono é um fator importante no modo como funcionamos. O amanhecer de cada dia traz um novo estudo sobre os perigos do "débito de sono". Como a maioria dos pais instruídos, eu tinha plena noção das evidências alarmantes [sic] de que a maioria de nós está dormindo muito menos tempo do que os especialistas nos dizem ser necessário. Foi a ligação direta que vivenciamos entre o sono (ou a falta dele) e a tecnologia (ou a falta dela) que começou a soar na minha cabeça como um gongo. Na verdade, voltar a nossos ritmos diários — dormir mais e melhor todas as noites — certamente teve um impacto maior na qualidade de nossas vidas e de nossos relacionamentos do que qualquer outro fator durante O Experimento.

No caso de Sussy, "sono em atraso" era uma expressão muito fraca. Estava mais para "falência do sono". Quando ela começou o sexto ano em uma escola particular cara — pense em saias xadrezes com pregas e boinas destrutoras de extensões capilares — e recebeu um MacBook como parte do programa de laptops da escola, vi sua confiança crescer como milho à noite. Pouco a pouco, a dependência do laptop cresceu também. O "apoio ao aprendizado" que estava genuinamente ajudando-a a ser uma estudante mais criativa e mais produtiva durante o dia estava abrindo uma porta completamente nova assim que ela saía da sala de aula. Nos meses anteriores ao Experimento, ela passava quase todas as horas em que não estava na escola na companhia do MacBook: afundada na cama, os dedos voando pelo teclado enquanto desfilava entre meia dúzia de janelas do MySpace e do MSN, parando para checar o status de uma variedade de downloads de músicas e vídeos.

Eu acordava às duas ou três horas da manhã como uma beata ("Algo não está certo!") e cambaleava pelo corredor para encontrar meu bebê ainda desperto, geralmente ainda com o uniforme da escola, seus olhos tão abertos e vítreos quanto DVDs. Na maioria das vezes ele entregava o aparelho sem dizer uma palavra, mas era impossível dizer se o fazia por exaustão ou obediência. Notei que sua renúncia enquanto entregava o laptop parecia misturada a um alívio, como uma criança de cinco anos brincando com fósforos — fascinada, mas assustada em alguma medida. Quase querendo ser pega.

Quando começamos a falar sobre O Experimento, Sussy me avisou que não conseguiria dormir sem o laptop. Eu disse que ela não conseguia dormir com ele. "Não é como se eu não estivesse tentando", ela insistiu. "Eu só... não... durmo." Eu lembrei de uma vez alguns anos antes em que ela se declarou incapaz de sorrir para uma foto de família. "Não é minha culpa", ela lamentou pateticamente. "Eu esqueci como se faz!"

Nosso wi-fi não chegava ao quarto do Bill — graças a Deus pelo sinal fraco! — mas o quarto da Anni, como o de Sussy, tinha um lugar perfeito se você deixasse o laptop em um determinado ângulo (e, acredite, elas faziam isso, mesmo se significasse ficar pendurada de lado para fora da cama de cima do beliche). Anni havia frequentado — com bolsa de estudos — a mesma escola *laptopcêntrica* que Sussy agora frequentava e também foi altamente vulnerável a essa coisa toda de conectividade 24 horas por dia. A diferença era que naquele tempo não tinha tanta coisa a que se conectar. Os quatro anos entre as duas garotas tinham visto o aparecimento da era de ouro da Web 2.0. O consequente aumento da interatividade e das utilidades das redes sociais tinha transformado a internet de uma biblioteca pública gloriosa em um parque de diversões transglobal. Esqueça as idas à lanchonete depois da escola. Com o aparecimento do MySpace — que Anni só descobriu no ensino médio — o mundo era uma lanchonete. Nunca fechava e nunca parava de servir.

Bill, que frequentava a escola pública, nunca tinha adquirido um laptop. Seu ritual noturno, pré-Experimento, era ficar na frente da televisão. Ele tinha o monstro no quarto — o único da nossa família que gozava de tal privilégio duvidoso — e tinha desenvolvido o hábito de dormir sob seu brilho e ao som de seu zumbido. Mesmo se as garotas estivessem assistindo ao mesmo programa na sala, Bill preferia assistir à sua própria TV — às vezes fazendo uma aparição durante os comerciais. Só Deus sabe por que ele era tão apegado àquela TV. Como já disse anteriormente, ela era velha e a imagem, risível, apesar da antena — ou por causa dela — que ele tinha feito com um cabide de metal. Quase todas as manhãs, quando ia acordá-lo para ir à escola, eu encontrava a televisão ainda ligada, sua presença héctica dominando o pequeno quarto como uma grafitagem que parecia interagir com a gente.

Durante a entrevista da metade do semestre — no frio inverno da nossa desconexão —, Bill foi tão informativo quanto... bem, quanto um menino de quinze anos sendo entrevistado.

Não fiquei muito preocupada. O impacto dos primeiros três meses tinha sido tão óbvio no caso dele que eu estava só acompanhando os movimentos.

— Você sente falta da TV? — perguntei quase tão mecanicamente quanto ele respondia.

— Não muito — ele resmungou. E então, bem quando eu estava pronta para seguir em frente depois de sua impressionante aventura de autoanálise, ele acrescentou um posfácio: — De qualquer forma, eu estou dormindo melhor.

Quando pressionei para que desse detalhes, como toda mãe faz, ele ficou todo evasivo de novo, como todo filho faz. Ele insistiu que o fenômeno não podia ser explicado.

— Como posso descrever isso? Eu não entendo a biomecânica do sono! — ele protestou (uma má interpretação deliberada do meu desejo de saber mais). — Eu só me sinto mais renovado depois do sono, ok?

Como Bill sempre foi dorminhoco, geralmente desmaiando (nas palavras dele) "como um homem caído em praça pública", nunca me preocupei com a qualidade de seu sono. Mais tarde, quando li que a Academia Americana de Pediatria recomenda aos pais que retirem as TVs dos quartos de seus filhos, percebi que estava sonhando.

Como já observamos, uma televisão no quarto pode fazer as crianças comerem mais besteiras, lerem menos e — o mais óbvio de tudo — assistir a mais TV: de quatro a cinco horas a mais por semana. Um estudo de 2010 da Fundação Kaiser Family revelou que "cada vez mais mídias estão migrando para os quartos dos jovens". Mais de 75% dos adolescentes entre onze e dezoito anos têm uma TV no quarto, e um terço dispõe de acesso à internet. Vinte e nove por cento dos americanos de oito a dezoito anos possuem um laptop: a mais nova mídia para ser usada entre quatro paredes e cada vez mais o dispositivo escolhido para assistir a vídeos sobre qualquer tema. A evidência é incontestável. Quanto mais tempo as crianças passam diante de uma tela, menos tempo elas passam dormindo. Menos óbvia é a relação entre as refeições em família e o sono, ainda que seja grande também: quanto mais tempo as crianças passam em refeições em família, por mais tempo dormem (presumivelmente não ao mesmo tempo), de acordo com uma pesquisa publicada na revista *Journal of Family Psychology* em 2007.

Quando os pesquisadores Steven Eggermont e Jan Van den Bulck examinaram o uso das mídias como um auxílio do sono em um grupo de 2.500 adolescentes, descobriram que mais de um terço deles assistia à TV para pegar no sono; 60% relataram ouvir música; metade lia livros e mais de um quarto dos garotos — e metade das garotas — jogavam jogos no computador. De acordo com a pesquisa, os adolescentes que adormeciam ouvindo música, assistindo à TV ou diante do computador "dormiam menos horas e ficavam significativamente mais cansados" do que aqueles que liam ou não usavam nenhum desses aparelhos.[11] A real questão — tirando a óbvia "Como é que alguém consegue dormir jogando um jogo no computador?" — é: por quê?

Ninguém sabe ao certo por que as mídias eletrônicas parecem estabelecer o caos nos padrões de sono das crianças de um jeito que a leitura não faz. Mas uma hipótese é que a luz brilhante que emana do computador, da TV ou até mesmo da tela de um mp3 pode interferir na liberação de melatonina, um hormônio natural importante na regulação dos ritmos circadianos.[12] Chamada de "hormônio da escuridão", a melatonina é normalmente secretada pela glândula pineal durante a noite, mas a exposição à luz pode reduzir significativamente os níveis desse hormônio, que por sua vez perturba o ciclo dormir-acordar. Também há uma relação, embora menos compreendida, entre a melatonina e as funções imunes.

Uma pesquisa finlandesa com mais de 7 mil crianças entre doze e dezoito anos constatou que o uso intenso das mídias estava associado à saúde precária, principalmente (ou, em alguns casos, unicamente) quando o uso da tecnologia interferia no sono das crianças. Não é surpresa que houvesse também uma correlação com cansaço acentuado durante o dia. Entre os adolescentes mais velhos, os pesquisadores notaram uma divisão clara de gênero, com os garotos correndo maior risco devido ao uso intensivo do computador e as garotas, ao uso excessivo do celular.[13]

O que é tão importante no sono, afinal de contas? Os próprios pesquisadores ainda estão analisando os fatos, agora que todo o mundo desenvolvido está cambaleando sob um fardo sem precedentes de débito de sono. Pesquisas recentes mostram que mais ou menos um quinto dos adultos relatam sono insuficiente. Entre os adolescentes, os números são ainda piores, com mais ou menos um quarto dormindo apenas seis horas ou menos por noite, comparado ao mínimo de nove recomendado para essa faixa etária. Distúrbios do sono são associados a um leque assustador de problemas psicológicos, sociais e físicos. Adolescentes que dormem mal relatam mais problemas de depressão, ansiedade, hostilidade e atenção. Também sofrem mais com problemas de aprendizado e correm um risco maior de se envolver com drogas e abuso de álcool. Fisicamente, são mais cansados, têm menos energia e são mais propensos a dores de cabeça, de estômago e nas costas.

Os efeitos da insônia têm sido amplamente estudados. As consequências a longo prazo do que os pesquisadores chamam de "sono curto" — a epidemia real entre nossos nativos digitais — são menos entendidas, mas acredita-se que tenham aumentado mais ainda as consequências que envolvem a saúde somática, as relações interpessoais e até mesmo a satisfação geral que o indivíduo tem com a vida, de acordo com uma vasta revisão da literatura atual sobre o assunto publicada em 2009 na respeitada revista *Journal of Adolescence*.[14]

Mas, se for verdade, como constatou um estudo recente, que apenas 17,2% dos jovens estão realmente dormindo o tempo que os especialistas insistem ser necessário, em alguma medida, o sono curto — e eu hesito em usar esse termo para descrever adolescentes — não seria perfeitamente normal? Com certeza, declararam pesquisadores do Centro de Ciência da Saúde da Universidade do Texas. "O sono curto entre os adolescentes parece ser, em alguns aspectos, a regra e não a exceção na sociedade contemporânea."[15] Dessa vez, quando nossos filhos nos dizem "Mas, mãe, todo o mundo faz isso!", eles estão fazendo uma observação estatisticamente precisa.

No entanto, quando cavamos um pouco mais fundo, fica claro que "normal" não é o mesmo que "de acordo com a regra" — e nenhum dos termos necessariamente implica prática "saudável" ou "recomendada". Uma geração atrás, "a regra" era adultos fumarem no carro quando crianças pequenas estavam presentes. Cintos de segurança nesses mesmos carros, isso sem falar em cadeirinhas para bebês, não eram "a regra". Agora somos mais informados e queríamos que eles também tivessem sido. Assisti a um episódio de *Mad Men* recentemente durante uma viagem de avião que mostrava uma família atraente e rica almoçando em uma área arborizada de piquenique, em 1963. Quando terminaram, a jovem mãe arrumada de maneira impecável simplesmente sacudiu seus restos de comida no gramado, dobrou a toalha e foi embora. Pareceu um detalhe tão exagerado do período — ninguém nunca fazia isso? Mas tenho idade suficiente para saber que eles faziam. Lembro de quando o slogan antilixo "Keep America Beautiful" parecia muito radical. Na verdade, lembro quando essa consciência surgiu pela primeira vez, em 1960. (Está bem. Eu admito. Procurei no Google.)

Os padrões "normais", mas ainda assim assustadoramente destrutivos, de sono que toleramos hoje são o resultado de uma variedade enorme de mudanças no modo como vivemos, desde as longas horas que nossos trabalhos demandam (ou encorajam) à nova realidade de famílias menores e regras mais flexíveis. (Um comportamento que seria insustentável em uma família maior — crianças indo dormir quando têm vontade, por exemplo

— pode ser botado em prática quando há apenas uma criança em casa, ou ao menos duas com grande diferença de idade.) A tecnologia, portanto, não pode ser responsabilizada por nosso débito de sono global. Mas o papel que ela exerce no aumento e no aprofundamento desses padrões disfuncionais nas famílias é significativo e, principalmente quando adolescentes estão envolvidos, alarmantes.

Tive a oportunidade de observar isso de primeira mão em minha casa, quando voltamos o relógio para simular uma era mais simples, e sim, mais sonolenta.

Quando Sussy voltou para casa na metade de fevereiro e entregou seu laptop, ela estava mais exausta do que eu jamais a havia visto. A estadia de seis semanas na casa do pai tinha sido divertida, ela disse, mas também um pouco solitária. Ela sentia falta do caos de gente indo e vindo, dos animais de estimação procurando por atenção de um jeito irritante, mas adorável. E a Hazel, a gatinha, foi uma carta na manga poderosa. Talvez ela até tenha sentido falta da mãe pegando no seu pé, quem sabe? (Apesar de ela afirmar que o pai e eu éramos igualmente rígidos, só que a respeito de coisas diferentes — provavelmente uma visão justa.)

Sua primeira reação ao tanque de privação sensorial que agora chamávamos de casa foi cair com tudo na cama e perder a consciência. Isso não me surpreendeu muito. Antes do Experimento, Sussy dormia como um recém-nascido ou um narcoléptico. Ela dormia depois da aula. Durante a aula (pelo menos, eu suspeitava). Mesmo de manhã, depois de colocar o uniforme, ela voltava para a cama com os Oxfords pretos já calçados. Ou ela dormia durante o sábado inteiro, acordando às quatro ou cinco da tarde, atenta como um lince e agitando uma festa do pijama. Quando chegava a manhã de segunda, eu praticamente precisava de um guindaste para tirá-la da cama. Ela também tinha o dom para o que eu chamava de "cochilo defensivo". Se havia tempo para matar antes de um evento importante, ou uma obrigação que preferiria evitar, de alguma forma ela conseguia cair em um sono acomodado. Na véspera de Natal, enquanto as outras crianças ficavam acordadas durante horas com visões de presentes dançando em suas mentes, Sussy apagava como um fusível queimado. "Como você consegue fazer isso?", todos implorávamos para saber. Ela sorria misteriosamente. "Eu só digo para mim mesma para dormir!", era a única explicação que nos dava. Tudo isso era ainda mais mágico considerando que, em uma noite normal, ela era capaz de lutar contra o sono durante horas. "Só diga a você mesma para dormir!", eu frequentemente queria gritar.

Agora, recuperando-se de uma *laptopectomia* não completamente espontânea, ela canalizava sua extraordinária capacidade de sugestão interior hipnótica de novo. Desta vez, foi muito além do cochilo defensivo habitual. Ela não só dormia até o meio-dia, ela dormia até o meio-dia sendo que tinha ido para a cama às 19h30. E ela não fez isso uma ou duas vezes, mas dia sim dia não durante um mês. Nos finais de semana, ela ficava em hibernação virtual, emergindo como um filhote de urso selvagem procurando por alimento (normalmente em horas estranhas), ou para ligar para a Maddi do telefone fixo. Apesar disso, ela também perdia algumas aulas, alegando cansaço. Tentei desencorajar isso, mas houve dias em que eu não tinha coragem. Ela parecia tão desatenta, tão judiada.

Em outras circunstâncias, eu teria pedido um diagnóstico de depressão clínica. Devido a tudo o que estava acontecendo, decidi dar um tempo, vendo seu comportamento como um retiro e não como um distúrbio patológico de humor. Era reconfortante ver que quando Sussy estava acordada — admito que era uma ocorrência rara — ela era alegre. Ela também mantinha contato com os amigos depois da aula e seu apetite parecia normal.

Igualmente importante é que ao mesmo tempo que seu comportamento era quase patológico — ou, pelo menos, bem aquém da regra — também tinha lógica. Em certo sentido, era apenas mais uma manifestação da tática engenhosa de evasão que ela vinha aperfeiçoando há anos. A perspectiva de uma vida sem telas era simplesmente desagradável demais, ou talvez muito confusa, para ela enfrentar com plena consciência. Mas também fiquei convencida de que seu excesso de sono era uma forma de seu corpo literalmente compensar o tempo perdido — de pagar um débito de sono que vinha crescendo ameaçadoramente há anos.

Bem, essa era minha teoria. E quando, finalmente, ela acordou de seu entorpecimento, lá pela quinta semana, admito que me senti melhor. Seria um exagero dizer que Sussy acordou como a Branca de Neve (apesar do aplique de cabelo e do bronzeado artificial caseiro), o encanto tendo sido quebrado para sempre. Não teve nenhum pássaro azul cantando em seu ombro em uma manhã de aula, confie em mim. Mas alguma coisa, quase repentinamente, acendeu-se nela — ou apagou-se novamente. Nos dias de semana, ela começou a ir para a cama antes das onze e uma ou duas semanas depois às dez. Ela se permitia acordar às sete — e eu já não tinha que desempenhar meu papel de botão soneca para isso acontecer. Quase sempre havia tempo para o café da manhã. Algumas vezes — e é aí que a coisa fica bem estranha — comia na mesa da cozinha. Nos finais de semana, em vez de dormir até meio-dia, uma ou duas horas, ela acordava mais ou menos às 9h30. "Estranho!", ela gritou nas primeiras vezes em que isso aconteceu. "O que tem de errado comigo?"

O Experimento confirmou minha suspeita forte de que as mídias vinham roubando o sono da Sussy há anos. Ela era a que fazia mais coisas ao mesmo tempo na nossa família e a que ingressou num estilo de vida digital com menos idade. Desconectada, as mudanças em seus padrões de sono, níveis de energia e em seu humor eram igualmente dramáticas.

As provas sugerem fortemente que ela não é um caso isolado. Para a Geração Z, as relações entre nossos hábitos diurnos e digitais são tão diretas quanto perturbadoras. Adicione isso aos já arruinados limites da dieta familiar e a sinergia é inconfundível.

Uma pesquisa de 2009 com cem crianças da Filadélfia entre doze e dezoito anos, publicada na revista da Academia Americana de Pediatria — a mesma revista respeitada que recomendou banir as TVs dos quartos das crianças — constatou que crianças que passavam mais tempo on-line também consumiam mais bebidas à base de cafeína, o que apresentou consequências diretas em suas perspectivas de sono. "Os participantes que dormiam menos também eram aqueles que faziam várias coisas ao mesmo tempo",[16] os autores concluíram sucintamente. Entre eles, mais de um terço cochilava depois da escola; 42% também cochilavam no final de semana e um terço relatou cochilar pelo menos duas vezes por dia. Uma criança que participou da pesquisa, que dormia uma média de cinco horas por noite, relatou cair no sono oito vezes durante um dia normal de aulas. Na opinião dos pesquisadores, o resultado era uma receita para "mudanças no desempenho escolar, nas dificuldades com as funções corporais e na degradação das funções neurocomportamentais".[17]

Entre os adolescentes americanos, a duração do sono diminuiu em uma ou duas horas nos últimos quarenta anos. A proporção de crianças que dormem durante menos de sete horas por noite dobrou nesse tempo.[18] Para abordar o problema, muitos educadores e outros especialistas começaram a encorajar, há pouco tempo, uma mudança no horário escolar, argumentando que eles são ruins para os "ritmos biológicos naturais" dos adolescentes. Isso pode ser verdade. Mas ninguém parecia se preocupar com isso há quarenta anos, e o horário das aulas era exatamente o mesmo de agora. Se nossos nativos digitais estão correndo o risco de se tornarem uma geração de sonâmbulos — e as evidências sugerem que essa é exatamente a direção que estão tomando —, talvez todos nós precisemos de um toque de despertar.

21 de maio de 2009

Christian, o estudante alemão de intercâmbio e amigo de Bill, veio passar o final de semana aqui. Pedi desculpas pela falta de hospitalidade tecnológica, mas ele parece mais intrigado que afugentado. ("Minha mãe também quer fazer isso!") Os garotos se divertiram levando Rupert à praia, tocando música, ficando em volta da lareira, tirando uma soneca de duas horas e meia (!!). Foram de ônibus a uma festa depois do jantar.

Anni e Sussy fizeram previsões durante o jantar sobre suas futuras carreiras — um possível empreendimento conjunto de natureza altamente indeterminada. Elas imaginam "roupas lindas de morrer", cabelo excelente ("Eu vejo um coque...") e escritórios minimalistas muito amplos, muito iluminados e muito brancos.

— Mas o que vocês vão fazer exatamente? — perguntei. Elas olharam uma para a outra e deram de ombros.

— Não faço ideia!

22 de maio

Bill entregue bêbado à meia-noite, vomitando no jardim e resmungando um pedido de desculpas enquanto eu cambaleio de volta para a cama. Enojada com o espetáculo. Satisfeita, perversamente, pelo horror... Pensando à minha maneira sempre esperançosa de que existe uma coisa chamada lição que a gente nunca esquece.

Descoberto no sofá às 7 da manhã, lendo Murakami seriamente (ainda fedendo, mesmo depois de tomar banho...). Foi o rum, ele diz, bebido direto da garrafa. Me deu vontade de vomitar.

23 de maio

Sussy e Anni brigando como peixes bagres (bagres brigam?) por causa da bagunça da cozinha. Se cozinhar mais significa brigar mais, pedir comida parece uma boa ideia.

Felizes com a notícia da nota máxima que Sussy tirou no teste de matemática. "Essa coisa de estudar... estou pensando em fazer isso de novo um dia", ela devaneia. Comemoramos comendo cupcakes e inspecionando os dentes da Hazel, comentando sua minúscula perfeição. Como a gatinha que é, ela aguentou tudo pacientemente.

Tudo bem, não é nosso programa preferido, mas não tem problema.

27 de maio

Sussy está em casa, doente, com o nariz entupido e febre. ("PS. Eu acho que vou vomitar.") Ela e Maddi já estão falando das festividades do Dia da Independência, também conhecido como o Dia do Retorno das Telas, em 4 de julho. Será que a gente faz um vídeo? E o Bill? Ele vai estar na Alemanha competindo com o time de polo aquático. Podemos colocá-lo no vídeo pelo Skype?

Bill ensaiando para um show em um bar local. Aprendendo "Blue in Green", do Miles Davis. Pairando, cheio de alma, quase sem esforço, lírico.

Emocionante-barra-chato a quantidade de tempo que ele passa tocando Satie (e/ou cantarolando ostensivamente as notas dos Concertos de Brandenburgo — eles estão aprendendo na aula de música) enquanto eu e as garotas jogamos caça-palavras. A dentição da Hazel continua a encantar.

29 de maio

O primeiro show do Bill! Estava mais para uma jam session *gigante* com plateia — doze no palco (incluindo o professor dele, que ajudou a organizar), oito na plateia —, mas a música era boa e o Bill estava maravilhoso de bermuda do colégio e tênis Nike laranja.

30 de maio

Fomos ao cinema assistir My Year without Sex — encantador e perturbador em igual medida. Cena preferida: as crianças em um *jantar resmungando quando todas foram forçadas a assistir ao mesmo DVD (apesar de estarem com iPods, celulares e jogos de qualquer forma). Uma delas, pré-púbere, diz: "Eu não acredito que você só tem UMA TV!"*

Sussy obrigada a voltar para casa de uma festa na casa de amigos para limpar o quarto. Chegou carrancuda com o amigo Sean a reboque, que sentou como um sultão no sofá da sala de TV sem TV, olhando para o canto onde antes ficava... a TV. Desejando sua reaparição, talvez.

Condições experimentais são como um teste decisivo para a amizade... Separam mesmo as ovelhas dos bodes digitais. Sean claramente está entre estes. Dez minutos longe de uma tela e já está se contorcendo como se tivesse passado um mês em reabilitação. Ou em Guantánamo.

31 de maio

Cheguei em casa às 21h e encontrei Bill, quatro amigos e dezoito peixes na grelha. Uma festinha de aniversário improvisada para o Vinny, eles explicam. Época de temporada de arenque em South Beach. Olhei à minha volta. A grelha ainda está quente. Alho e limão sujam a mesa. Meu queixo cai.

— Vocês... sabem... fazer churrasco? — Eles dão de ombros.

Normalmente, digo aos garotos, Bill sofre para colocar o pacotinho de tempero no macarrão instantâneo. Eles riem ameaçadoramente.

1 de junho

Olhos marejados e instabilidade emocional o dia todo. Ferida: ninguém gostou do meu excelente frango com cogumelos salteados. Briguei com Bill a caminho do treino de polo aquático. Ri até chorar escrevendo minha coluna — então chorei histericamente por causa dos terríveis prazos. Sussy colocou uma música sentimental da Taylor Swift para eu ouvir e chorei mais ainda. Depois do jantar, acomodei-me para ler As cinco pessoas que você encontra no céu — *deveria ser profundamente inspirador e estimulante* — e chorei o tempo todo enquanto lia também.

Então, apaticamente, fui para a cama.

2 de junho

Bill me forçou a fazer as contas: seu amigo Patrick passou seiscentas horas jogando Task Force 2 nos últimos doze meses (o equivalente a quatro meses inteiros de trabalho).

— E ele diz que não tem tempo de tocar bateria! — Bill bufa. — Espera aí! — ele grita com um terror genuíno. — Isso parece alguma coisa que você diria!

Mary, Grant e família vieram para o jantar, preparado inteiramente pela Anni: entradas sortidas, lasanha incrível, salada, torta de chocolate. As crianças comeram em uma mesa separada, à luz de velas, depois jogaram Imagem e Ação durante três horas. Passaram um tempo juntas à moda antiga.

3 de junho

Estava convencida de que minha conta no banco havia sido fraudada, depois que minha pasta com documentos tinha sido roubada do carro. Estava errada em ambos os (e incontáveis outros) acontecimentos.

Será que estou na menopausa?

Bill leu mais de seiscentas páginas do romance do Murakami no sofá depois do jantar, enrolado no cobertor como um burrito roxo gigante, Cannonball Adderley tocando "Somethin' Else" (gravada no ano em que nasci). Caiu no sono às nove com o cobertor cobrindo o rosto e a cabecinha da Hazel apoiada em sua mão.

4 de junho

Um mês, contagem regressiva: antecipação, apreensão. Ambivalência!! Assinei uma nova conta de internet/telefone a ser instalada em exatos trinta dias. Também já andei pesquisando secretamente uma companhia de TV a cabo. Sim, TV a cabo. Parece que algo dentro de mim está desejando a televisão! (Seria uma versão personalizada dos calorões?)

As garotas encenaram trechos de Quase Irmãos para mim — "Estamos censurando algumas partes, mãe, não se preocupe!" — depois fizemos chocolate quente e massageamos os pés umas das outras.

Anni nos pediu para cheirar seu novo bronzeado artificial. Aceitamos. Servi maçãs assadas com chantili, que Sussy descreveu como "a melhor coisa que eu já comi na vida".

Cantamos junto com a fita gravada de músicas da Miley Cyrus e da Taylor Swift — vergonha! — e dançamos com o pug.

5 de junho

Tive uma longa conversa com Anni depois do jantar sobre a natureza do mal. (Será que foi alguma coisa causada pelo bolo de carne?) Seis meses atrás, eu teria sorte se conversasse sobre a natureza dos dias em que não damos jeito no cabelo. Ela está lendo Velho muito cedo, sábio muito tarde *(minha indicação)* e devorando. Copiando trechos em seu diário.

Estranho! Agora somos uma família que tem três diários.

6 de junho

Depois do jantar, Sussy foi até a casa de Andrea na rua de baixo — um garoto com quem ela não falava desde o quinto ano — para, segundo ela, "usar a internet"!! Não deixei de falar o que pensava da situação. Ela voltou às 21h30.

Visitei Bill no emprego novo — garçom e ajudante da cozinha no Tasty Express. Ele mesmo servia o café e o muffin. Revelador vê-lo como uma pessoa pública, vestindo um uniforme e atendendo às necessidades de outras pessoas!

Anni dirigiu muito bem até o show de Bill esta noite — estacionou também. (Disse orgulhosa, com um olhar sério: "Meu instrutor disse que eu dou a ré ainda melhor do que dirijo!")

8 de junho

Quase chorei folheando um panfleto da loja de eletrônicos esta manhã. Comi strudel de maçã ontem, bolo de manteiga com cobertura de laranja hoje. Que venham mais bolos!

10 de junho

Está todo mundo cansado agora. Todos um pouco doentes, um pouco frios, um pouco entediados, prontos para se aninhar para o inverno com uma tela — qualquer tela.

As garotas propuseram comprar um pug preto novo para comemorar o Dia do Fim da Escuridão. Estou pensando em sofás pretos. E uma mesinha nova. E uma daquelas estantes que parecem um tabernáculo para televisão.

Nós nos divertimos depois do jantar com uma caixa cheia de cartões antigos e "documentos" das crianças (como um que o Bill fez para mim, prometendo "ser sensível durante meia hora", e o cartão de Dia das Mães da Sussy anunciando que o amor que sentia por mim era tanto que estava causando um "atague do corassao").

Depois calda de chocolate, depois chá, depois caça-palavras, depois cama.

20 de junho

Loja de móveis hoje. Lesão por esforço repetitivo devido ao uso de chave de fenda amanhã.

Mas feliz com os sofás, as mesas e um zilhão de novas luzes (como em "que se faça...") do renascimento da sala de TV.

Acabei de confiscar o celular da Sussy porque ela ficou grudada nele o final de semana inteiro, isso sem falar nos telefones sem fio — sim, cedi à pressão — que ela está desconstruindo aos poucos.

Reivindiquei meu escritório — também conhecido como a cabine telefônica da família — através de uma grande faxina. Agora que temos telefones sem fio novamente, declarei-o uma zona livre de adolescentes.

21 de junho

Transformação! Como se a sala da família tivesse finalmente saído de sua crisálida: cheia de calor, conforto e luz depois de sua melancolia quaresmal.

As crianças chegaram assim que aparafusei o último maldito parafuso. Então, como na manhã de Natal (para usar uma metáfora festiva), todos soltando expressões de alegria e surpresa e se jogando de cara nos sofás novos.

A euforia acabou quando Bill perguntou da Besta e eu disse que estava planejando colocá-la no corredor que dava para meu escritório, longe da área da televisão. Uma briga feia se anunciou, mas segurei a onda.

Dez minutos depois, estávamos debatendo com igual intensidade — olhe só — a existência de Deus. Começou com Sussy perguntando se eu já tinha ouvido falar da Aposta de Pascal, Bill entrando na discussão com ferocidade dawkinsiana e Anni gritando algumas frases do banheiro.

Nota para mim mesma: o ateísmo é uma saída muito melhor para a rebeldia dos dezesseis anos do que rearranjar os móveis.

Antes de dormir Sussy me disse que ela decidiu cancelar sua página do MySpace. Explicou:

— Acho que estou seguindo demais a vida das pessoas. Ei! Você pode colocar isso no seu livro — *completou, orgulhosa.*

8
O RETORNO DO NATIVO DIGITAL

"Ele disse, sobre ter deixado o lago Walden...
'Talvez tenha parecido a mim que eu tinha muitas outras vidas para viver e não podia gastar mais nenhum minuto naquela.'"
— Aidan402, autor da melhor resposta à pergunta do Yahoo Respostas, "Por que Thoreau deixou o lago Walden?"
http://answers.yahoo.com/question/index?qid=20080208052927AApsk2y

"Aprendi com minha experiência pelo menos isto: se o homem segue confiante rumo a seus sonhos e se empenha em viver a vida que imaginou, ele terá um sucesso inesperado em momentos comuns."
Henry David Thoreau
— *Walden*, Capítulo 18

ERA UMA HISTÓRIA CHOCANTE não importa de que ângulo você olhasse, então talvez eu não devesse ter ficado surpresa com a angústia de Sussy quando contei-lhe os detalhes. De um pai solteiro estressado que está na cozinha preparando o jantar para seus três filhos. De como ele chama os garotos para a mesa, mas, como a proverbial árvore que cai na floresta, ninguém o ouve. De como ele chama novamente. E uma terceira vez.

— Finalmente — eu disse — o pai entra na sala da família... e lá estão os garotos, absortos na frente da TV gigante de plasma.

Eles estão fazendo várias coisas ao mesmo tempo, é claro, e estão com fones nos ouvidos, então quando o pai grita eles ainda assim não ouvem. E aí que ele perde a cabeça.

"Ele corre até a televisão e a arremessa pela porta de vidro, e ela se quebra em milhões de pedaços no quintal."

Sussy engole seco.

— E aí? — ela pergunta com a voz baixa.

— Bem, os vizinhos ouvem o barulho, é claro, e chamam a polícia, e fazem uma denúncia formal. E no fim a Vara da Família entra na história, e, bem, o homem perde seus filhos.

É uma história bem pesada e começo a me arrepender de ter começado a contá-la. Sussy está quase chorando.

— Você quer dizer... você quer dizer... — ela fala com a voz tremida — eles nunca mais tiveram a TV de plasma de volta?

Vamos falar a verdade. Do ponto de vista de um nativo digital, tirar os aparelhos tecnológicos de alguém é praticamente a mesma coisa que tirar a própria vida. Quando penso nisso, e penso nos últimos seis meses, fico cheia de orgulho pelo que meus filhos realizaram... ou suportaram... ou do que quer que você queira chamar. Tenho certeza de que eles também sentem isso.

Nos Estados Unidos, os alunos do ensino médio que leem *Amusing Ourselves To Death*, do Neil Postman — o clássico sobre a cultura televisiva —, são aconselhados a passar por um jejum de mídias de 24 horas para testarem as ideias por si. A maioria é destruída pelo esforço. Quando contei isso a meus filhos uma noite na mesa do jantar, o desprezo coletivo foi lindo de se ver.

— Fracos! — Bill resmungou.

Na véspera do Dia da Independência de 2009, ocorreu-me que eu deveria fazer uma entrevista final com todos eles. Ou talvez eu devesse fazer uma proposta de ensaio ("O que eu fiz nas minhas férias da tecnologia"). Mas a verdade é que já sei o resultado do Experimento. Todos nós sabemos. Como Barry Marshall engolindo aquele frasco de bactéria causadora de úlcera, fomos nossos próprios observadores, e nosso próprio observatório, o tempo todo: pesquisadores, objetos e painel de revisão, tudo em um. Não há nenhuma surpresa no fim. E também não há nada particularmente sutil em nossas descobertas. A hipótese (ou começou apenas como uma esperança?) de que seis meses sem telas fariam com que nos reconectássemos à "própria vida" — unindo-nos mais como família, fazendo com que evoluíssemos como indivíduos — foi confirmada muitas vezes e de muitas maneiras.

Coletivamente, encaramos a Górgona do tédio e aprendemos a encontrar diversão nos lugares mais improváveis: nas sombras da manhã na parede de um quarto, na boca delicada de uma gatinha, nos detalhes repentinos e reveladores de uma vizinhança do subúrbio. Longe de nossas redomas digitais, olhamos à nossa volta procurando meios alternativos de alegrar nossos espíritos e encontramos — entre outras coisas — os que nos cercam. Ficamos deitados nas camas uns dos outros, e no sofá na frente da lareira. Ficávamos um tempão, sem nenhum motivo, à mesa de jantar. Invadimos os espaços uns dos outros. Enquanto antes correríamos cada um para seu canto, agora encontrávamos desculpas para ficarmos juntos e continuarmos assim. Como família, nossa conversa ficou mais interessante e nossas discussões, mais desafiadoras, por um simples motivo: porque tinham que ficar.

Certamente, houve expectativas que não se concretizaram, para o bem e para o mal. Eu esperava que a vida sem a trilha sonora de meu iPhone seria um cruzamento entre um hino fúnebre celta e Patsy Cline cantando "Crazy". Em vez disso, alcancei o estágio da aceitação no luto praticamente incólume. Quem diria? Eu tinha sonhado, também, em instituir uma série de regras familiares inspiradas nos anos 1960. Nada de comer entre as refeições. Luzes apagadas às 22h. Nada de me responder, mocinho. Eu também esperava perder dez quilos, começar a praticar triatlo, desenvolver maçãs do rosto mais proeminentes e economizar algum dinheiro. Nenhuma dessas coisas, no final, se concretizou também.

Houve também os resultados que nem tinham sido incluídos no plano. Estes, possivelmente porque eram tão inesperados, foram os mais memoráveis. A metamorfose do Bill em músico, para citar o exemplo mais óbvio. Naquele momento, era algo totalmente inesperado. Mas pensando nisso hoje, percebo que foi uma evolução que se desdobrou tanto lógica quanto liricamente. Como um solo improvisado que impressiona por sua perfeição momentânea e leve, dissimulando artisticamente as horas de trabalho que foram necessárias para se chegar lá.

Bill disse na época que O Experimento tinha sido apenas um gatilho para seu despertar musical. Eu vejo o processo em termos mais waldenianos, como uma pedra lançada em um lago. O tempo livre durante O Experimento forçou Bill a largar sua arma, virtualmente falando, e isso criou a primeira ondulação. Parar com os jogos não abriu simplesmente um espaço para novo crescimento. Criou uma enorme cratera, um vácuo gritando para ser preenchido. A segunda ondulação foi o reconectar-se a um grupo diferente de amigos. Tom, Matt e Will já estavam andando ao ritmo de um tambor diferente, parafraseando a famosa metáfora de Thoreau. Por meio deles, e de seu novo professor, Bill foi apresentado a um jogo de múltiplos jogadores e com um número infinito de fases. O jazz.

Os seis meses de desintoxicação de Sussy fez maravilhas em seus hábitos de mídia disfuncionais, como eu esperava. O que eu não esperava era que o telefone fixo fosse ser sua metadona. Tudo bem, então, ganha-se aqui, perde-se ali. O impacto em seus hábitos de sono teve consequências esperadas e surpreendentes. Nos meses que antecederam O Experimento, ela tinha definitivamente atingido o fundo do poço no que diz respeito à quantidade e qualidade de sono. Um período na reabilitação digital era exatamente o que o médico receitaria (embora talvez ele tivesse que adicioná-la no Facebook primeiro).

O que eu não esperava era a ondulação. Não imaginava que dormir mais criaria um efeito positivo em quase todos os aspectos de sua vida e transformaria seu relacionamento comigo e com seus irmãos. Descobrimos que seu mau humor e toda sua rebeldia, que atribuíamos ao fato de ser uma adolescente (cada vez mais falando como se fosse uma condição preexistente) eram uma consequência de estar sempre cansada. O Experimento deu a todos nós o privilégio do tempo. Mas para Sussy esse privilégio foi intensificado. Com seu débito de sono finalmente quitado, com juros, ela topava muitas coisas novas — cozinhar, ler, acabar comigo nos jogos de tabuleiro — porque agora tinha energia para isso.

Anni, como a mais velha e a mais independente, sofreu menos com as inconveniências e provavelmente passou por menos mudanças; paradoxalmente, o processo de desconexão pareceu dar a ela mais prazer. Após seu ajuste inicial de pique e acalmada por seu "incentivo" (como eu preferia pensar sobre o suborno em dinheiro que tinha oferecido a ela), Anni, mais que qualquer outro, apoiou consistentemente o desafio. Na verdade, ela o antecipou quando disse, em novembro de 2008, que planejava passar por um jejum autoimposto de Facebook durante as férias. No decorrer dos seis meses, ela alcançou uma série de marcos importantes, incluindo dois estágios de jornalismo bastante desgastantes. (Seu artigo para uma revista sobre as escolas particulares para garotas de Perth, "Trancafiem suas filhas!", correu toda a cidade.) Ela também tirou a carteira de motorista, com a ajuda da mãe em todas as horas de prática supervisionada pelas quais teve que passar.

Anni transporia todos esses obstáculos se O Experimento nunca tivesse acontecido? Provavelmente. As mudanças aconteceriam mais devagar, oscilando mais e demandando mais horas de assistência? Certamente. A simples expansão de tempo livre — no caso da Anni, quase 35 horas por semana — acabou com suas estratégias constantes de procrastinação. Mais importante, a seca digital por que passamos impulsionou-a na busca por águas mais profundas e mais diversificadas. Agora que sua sobrevivência social dependia disso, conectar-se mais diretamente aos desafios e gratificações da "vida real" não foi tão difícil.

Nossas tecnologias tinham ostensivamente colocado o mundo e todas as suas maravilhas na palma de nossas mãos. Mas, na verdade, nós estávamos mais para o sapo na fábula chinesa — o que vivia em um poço raso, mas, por nunca ter visto o oceano, achava que era o rei do universo. O Experimento nos arrastou de volta para a luz do sol e para a costa. Sem uma *webcam*, o mundo parecia muito diferente.

Tive tempo para contemplar tudo isso, principalmente quando o inverno começou de verdade e passamos a nos reunir diante da lareira depois do jantar, como em uma cena do seriado *Os Pioneiros*. Em *Walden*, Thoreau observa: "Finalmente o inverno se instalou a rigor (...) e o vento começou a uivar em torno da casa como se, até então, não estivesse autorizado a fazê-lo. (...) Recolhi-me ainda mais em minha concha, e me dediquei a manter um fogo brilhante dentro de minha casa e dentro de meu peito."

Começamos O inverno da nossa desconexão em um glorioso verão. Em junho, as tempestades de inverno começaram a varrer o litoral sul, soprando a chuva para a porta de nossa casa, que ficava a oeste, e fazendo com que as cortinas esvoaçassem mesmo depois que as janelas já estavam bem fechadas. Aquele último mês pareceu mais longo que todos os cinco anteriores juntos. Para mim, ficar presa em casa fez com que nossa desconexão fosse realmente difícil pela primeira vez. Eu sentia falta de me enrolar nas cobertas e assistir a um filme, de assistir a programas de auditório na televisão (veja a que ponto chegou meu desespero) em um domingo à noite, fugir do confinamento de nossas quatro paredes insuficientemente isoladas com meu amado site da rádio NPR, ou o *New York Times* on-line, ou talvez algumas mensagens de texto inofensivas.

Em vez disso, meditei, joguei e peguei mais lenha.

"Todo homem contempla sua pilha de lenha com uma espécie de afeição", observou Thoreau. "Eu gostava de ter a minha diante da janela, e quanto mais lascas melhor, para relembrar meu agradável trabalho."

Minha pilha de lenha estava sob o alpendre, mas comecei a me sentir mais ou menos como Thoreau: ou seja, demasiadamente afeiçoada. "Gente, olhem só meus gravetos!", gritava para as crianças sempre que passávamos por ali. O jeito complacente, quase triste, com que riam era enervante. Mas a verdade era que ficar assistindo ao fogo era a coisa mais próxima de algum entretenimento que havia nos restado. E "assistir", assistir passivamente, percebi, era importante.

Lembrei que nos primórdios das telas, os críticos frequentemente referiam-se à televisão como o "coração eletrônico". Entendi isso então, porque, para mim, a lareira tinha se tornado um tipo de televisão combustível. Vendo todos nós reunidos em torno de seu brilho — nossos olhos vagos, nossos queixos caídos, nosso pensamento crítico em modo de espera — alguém poderia pensar que estávamos mesmo assistindo ao *American Idol*.

O que se passava nas cabeças das crianças, fico bastante aliviada em dizer, não faço a mínima ideia. No meu caso, essas noites longas de inverno foram passadas pensando sobre erros antes cometidos (um assunto de que não podia mais fugir com doses massivas de novos dados) e planejando erros novos e melhores para o futuro. (Rs.)

Estranhamente, O Experimento, em toda a impotência que tinha causado, nos deu um sentido renovado de ação. Talvez isso tenha se devido ao fato de sermos forçados a "inventar nossa própria diversão". O mesmo espírito thoreauniano de autoconfiança que nos levou a criar nosso próprio entretenimento — seja fazendo *cupcakes* ou conversando, compondo músicas ou um novo ritual familiar — foi derramado sobre as sombras. Olhando, noite após noite, o fogo, sem nenhum roteiro que não fosse o meu para me distrair, comecei a refletir profundamente sobre outros aspectos de minha vida em que eu tinha me permitido ser uma receptora passiva. Quando fracassei em "ver escolhas"

— ou, falando o mesmo em outras palavras, quando *escolhi* não ver escolhas.

Morar na Austrália Ocidental, para pegar o exemplo mais óbvio. Houve um tempo em minha vida em que foi mais ou menos verdade que eu não tinha escolha sobre essa decisão. Quando meu casamento acabou, quando meus filhos eram novinhos e vulneráveis — isso sem mencionar minhas perspectivas de carreira —, meu único poder de escolha era sobre *como* viveríamos aqui, não *se* viveríamos. Agora ficava claro para mim que escolhi gastar minhas energias para fazer isso funcionar: amando meus filhos maravilhosos, fazendo grandes amigos, tornando-me parte de uma comunidade da qual gostava, criando um lar, expandindo minha carreira, procurando fazer de nossas vidas uma unidade familiar nova e estável. Tudo bem, perde-se aqui, ganha-se ali. Tentei com todas as minhas forças criar raízes nesse solo, para mim, estrangeiro e de várias maneiras consegui. Mas a verdade era que essas raízes nunca foram muito firmes. Elas alcançavam certa profundidade e paravam por aí. Nos últimos anos, em vez de me sentir cada vez mais parte daqui, comecei a me sentir cada vez mais alheia. Minha biografia no *website* do *Australian* fazia até uma brincadeira: "Maushart vive na Austrália Ocidental desde 1986, mas insiste que está só de passagem." Na última vez em que a li, pareceu-me mais triste que divertida.

Colocando mais lenha na fogueira naquele inverno estava o livro chamado *Who's Your City*, do urbanista Richard Florida. Sua tese — de que o lugar onde você mora tem um grande (e muito subestimado) impacto em sua satisfação com a vida — era exatamente a mensagem que eu precisava ouvir. Ou talvez quisesse ouvir, quem sabe? Entre outras coisas, Florida argumenta que as cidades têm personalidade, assim como as pessoas, e que encontrar o lugar certo para morar é como encontrar o parceiro certo com quem dividir sua vida. Há combinações boas e há combinações ruins — e em um mundo onde a riqueza e a mobilidade convergem para permitir a escolha, é um privilégio individual, não uma responsabilidade, acertar essa combinação.

Comecei a procurar no índice do livro referências a Perth. (Havia várias, incluindo um estudo que constatou que ela estava entre as cidades mais neuróticas do mundo.) Então devorei o livro inteiro, como se fosse um dos *cupcakes* de chocolate da Sussy. Fiz anotações. Destaquei, sublinhei e escrevi nas margens. No fim, eu estava tão agitada que decidi que tinha que dar um passo além. Eu tinha que conversar com Richard Florida. Trabalhar na ABC permitiu que eu enquadrasse meu pedido como uma "entrevista".

Gravei a entrevista nos estúdios da ABC em Perth, do escritório do urbanista na Universidade de Toronto. Até usei como parte de um programa depois. Mas, na verdade, minha conversa com Florida foi uma consulta particular... E eu aproveitei cada segundo. Não precisava de um terapeuta, assegurei-lhe. Mas um oráculo seria bom. O que ele achava? Eu devia voltar para Nova York ou ficar em Perth? Milagrosamente, Florida não ligou para a mudança ab-rupta de direção. Talvez isso aconteça muito com ele. Ou talvez, como alguém de Nova Jersey que mora no Canadá, ele se identificou com minha situação. O fato de ele ter passado duas semanas em Perth um pouco antes de nosso encontro foi um bônus.

— Escute a si mesma! — ele advertiu. — Você é uma nova-iorquina! Vinte e três anos e seu sotaque não mudou nem um pouquinho.

Era verdade. Meu sotaque era tão teimoso quanto uma criança de três anos.

— Encare a verdade — ele continuou. — Perth é uma cidade linda. Mas não é sua cidade, é?

— Bem, não. Quer dizer, sim. Quer dizer, eu sei disso — confessei-me de maneira completamente incoerente a um completo estranho. — Mas tenho tanto medo de voltar e ficar com saudades de Perth.

— Não tenha medo disso — foi a resposta (ah, era isso que eu esperava ouvir!). — É claro que você vai ficar com saudades.

Por que precisamos de ajuda para ver o que é totalmente óbvio? Pensei naquela noite enquanto ficava em frente da lareira, os corpos inertes de animais variados cochilando, humanos ou não, espalhados pela sala como almofadas. "Não sabemos quem descobriu a água, mas não foi um peixe", certo?

Olhando para trás, percebo que minha conversa com Florida marcou um momento decisivo. Mas se alguém me falasse naquele momento que em quatro meses eu venderia nossa casa, compraria uma quinta do final do século passado na ponta oeste de Long Island e começaria a planejar nossa repatriação trans-hemisférica, eu teria suspeitado de inalação de fumaça.

A comemoração oficial do Fim da Escuridão começou na batida da meia-noite, Horário do Micro-ondas, em 4 de julho de 2009. Bill estava em algum lugar entre Singapura e Alemanha naquela noite, viajando com o time de polo aquático. (Antes de partir, ele pediu permissão para levar o iPod com os dois trilhões de músicas do Miles Davis que ele e o Matt tinham reunido. Dei minha benção. Também tirei o Nintendo da porta mais alta do armário, onde eu o tinha escondido sob uma pilha de fitas cassete antigas, seis meses antes. "Use-o para o bem, não para o mal, filho", lembrei-o solenemente ao entregar o videogame.) Sentimos muito a falta dele, mas sabíamos que, onde quer que estivesse, ele estava com os fones de ouvido — e feliz.

Sussy e eu fomos assistir a um balé para passar as horas entre o jantar e a meia-noite. Era a noite de abertura de *Romeu e Julieta* e se ignorássemos a festa que aconteceria depois e passássemos para pegar uns sanduíches a caminho de casa, calculei que chegaríamos com dez minutos de antecedência para colocar nossos pijamas e arranjar um espaço no sofá para o grande evento. Anni estava em casa esquentando nossa amada pipoqueira, Pipossauro (um dinossauro laranja que vomitava obedientemente o produto final em uma tigela). Com minha enteada Naomi — a que vendia imóveis virtuais no Second Life e que, apesar (ou talvez por causa) disso, tinha sido uma entusiasta do Experimento desde o primeiro dia — ela já tinha pegado os DVDs cuja seleção vínhamos discutindo há semanas.

Comecei as festividades formais de reconexão um mês antes, conseguindo acordos com um novo provedor de internet, pesquisando pacotes de TV por assinatura, contratando um eletricista para consertar um acúmulo de tomadas estragadas. Também decidi comprar um monte de móveis novos para a sala: dois sofás grandes com almofadas soltas de algodão, uma mesa de centro firme, mas bonitinha e uma estante ridiculamente grande para nossa televisão insignificante — que tirei do galpão exatamente cinco meses e 29 dias depois de tê-la arrastado para lá, desta vez com a ajuda do funcionário da TV por assinatura. Sim, caro leitor, o funcionário da TV por assinatura.

Nosso novo provedor de banda larga ofereceu um plano que incluía um telefone VOIP que nos permitiria fazer ligações internacionais por centavos. Eu não estava certa de que esse telefone iria funcionar mesmo. Mas depois da última conta, estava disposta a experimentar qualquer coisa. Quanto à Besta, no dia em que Bill partiu para a Europa, ela finalmente voltou de suas andanças — largada sem cerimônia sob o alpendre pelo pai de algum amigo, a sacola esfarrapada de periféricos cansados da viagem ao lado. É engraçado, mas ela pareceu ter encolhido. Foi como ver uma casa que parecia tão enorme quando você era pequena e perceber, vinte anos depois, como ela era apertada e comum.

4 de julho de 2009

Às 23h50 precisamente, Sussy e eu entramos gritando pela porta da frente e corremos pela casa localizando dispositivos, carregadores e controles remotos. Anni e Naomi fazem a contagem regressiva enquanto debandamos para a sala de TV com muita pipoca, Coca-Cola Zero e pura adrenalina.

Meu Deus do céu! Nós conseguimos!!!! E vivemos para contar/compartilhar/tuitar a história!!!!!!!!!!!!!!!!!!!!!!!!!!!!!!!!!

Minha anotação para 5 de julho diz simplesmente: "Ressaca de mídia". Bem, o que mais poderíamos esperar? Duelos de laptops, excesso de mensagens de texto e overdose de TV (*Troca de esposas, Extreme makeover, Project Runway*) e dois filmes em DVD (*A casa das coelhinhas, Superbad*) não são componentes de uma noite de descanso. Mas era a comemoração que tínhamos que ter, que queríamos ter. Dane-se, que merecíamos ter.

Não que fosse um caso de puro paraíso de hiperconexão. Aos cinco minutos passados da meia-noite, a primeira falha técnica — um caso de mau comportamento do DVD do *Quase Irmãos* — lembrou-nos de mais uma coisa que havíamos passado os últimos seis meses sem. Frustração. (Existe mais uma coisa boa nos livros e jornais impressos, pessoal. Você nunca, nunca, tem que resolver problemas que eles causam.) Isso me fez lembrar de todas as centenas de horas que passei esperando numa fila de teleatendimento que parecia interminável quando algum vírus atacava, ou quando o computador ficava lento ou o sinal da internet ficava fraco. Lembrei das discussões que tive com Bill aos berros quando nossa conta de banda larga ficava lenta por conta dos downloads excessivos. "'Drogada' seria o termo mais exato!", gritei enquanto esperava um minuto — um minuto! — para uma página carregar. Com vergonha, lembrei de gritar porque eu não ia, de jeito nenhum, conseguir passar o final de semana com aquela velocidade de download. Pensando nessas coisas foi difícil saber se deveria rir, chorar ou só arrancar tudo das tomadas antes que fosse tarde demais.

O dia seguinte passou como um borrão estático. A inexatidão reinou tão suprema que ficou difícil saber que horas eram.

"Como um *jet lag*", observou Sussy, se esteroides fossem o entretenimento da viagem. Estávamos assim por causa da falta de sono, é claro. Era 3h45 quando finalmente quebramos a sucção de nossas telas coletivas — todas as dez, contando os laptops, iPods, iPhone, celulares, câmera e TV. Às 10h, as garotas já tinham voltado às suas mesas e assistido à temporada inteira de *Australia's Next Top Model* (que elas tinham baixado durante a noite) e começado a destruir a fonte de educação materna com a MTV. O som familiar do alerta do MSN era ouvido novamente na Terra.

À tarde, fiz uma caminhada longa com iNez. Foi um luxo aninhar meus fones de ouvido novamente em seu lugar de direito, vagar por minhas *playlists* e meus *podcasts*, encontrar mais uma vez a agonia requintada da escolha. Quando configurei o *shuffle*, houve uma pausa antes de a primeira música invadir o espaço entre minhas orelhas. Foi "Good Lovin'", dos Rascals, da trilha sonora de *O reencontro*. Não era uma confirmação musical profunda, mas era alegre — e, de um jeito engraçado, adequada: "I got the fever, baby, but you've got the cure... And I said 'yeah, yeah, yeah, yeah, yeah, yeah' (yeah, yeah, yeah, yeah, yeah)... Yes, indeed, all I really need..."

Eu estaria mentindo se dissesse que saltitei até South Beach. Na verdade, foi mais como uma coreografia de sapateado.

"Muita exposição às telas pode prejudicar o desenvolvimento da linguagem e encurtar a atenção das crianças", declarou o *Australian* sob a manchete quase histérica "Proibir a televisão para os bebês" em outubro de 2009.[1] Na verdade, as últimas recomendações do programa lançado pelo hospital pediátrico Melbourne's Royal vão muito além de proibir a TV. As orientações de "Levante-se e cresça" incentivam a proibição de *todas* as telas para as crianças com menos de dois anos, incluindo DVDs, consoles portáteis e computadores.

Concordo com isso... Em espírito, pelo menos. Mas como alguém que provavelmente sabe mais que qualquer um neste país sobre proibições de mídias e suas chances de sucesso a longo prazo, tenho sérias reservas também.

Há importantes razões para se preocupar com os hábitos de mídia dos jovens moradores da aldeia global. De acordo com dados publicados na revista *Pediatrics* em 2007 — e que devem ser considerados conservadores — crianças em idade pré-escolar assistem à TV uma média de uma hora e vinte minutos por dia. Um quarto das crianças entre cinco e seis anos usa o computador uma hora por dia, e um quinto das crianças abaixo dos três anos e um terço das crianças de três a seis anos têm uma TV em seu quarto. Uma outra pesquisa mostrou que o bebê comum de quatro meses passa quarenta minutos por dia assistindo à TV. (Mas também, o bebê comum de quatro meses passa 45 minutos por dia olhando para sua mão, então talvez isso seja menos alarmante do que parece.) No dia em que esse nativo digital em miniatura fizer três anos, ele estará ligado às telas durante, no mínimo, três horas por dia, contando que sua família terá TV por assinatura.

Esqueça o iCérebro, está mais para Cérebro Nickelodeon.

A Academia Americana de Pediatria tem defendido a proibição da TV para crianças com menos de dois anos desde 2001. Um estudo recente descobriu que crianças entre três e cinco anos assistiam à TV durante, em média, 3,3 horas e crianças com menos de três anos, 2,2 horas. Quando elas chegaram às idades de seis e sete anos e seu desenvolvimento cognitivo foi testado, os pesquisadores descobriram que cada hora passada assistindo à TV antes dos três anos estava associada à diminuição de suas notas em leitura, compreensão e memória. E ainda assim. E ainda assim...

A pesquisa também mostra que crianças que assistem mais à TV entre as idades de três e cinco anos têm notas de leitura maiores. Como isso funciona?

A iniciativa do "Levante-se e cresça", da Austrália, é parte de um programa amplo antiobesidade que incentiva a "atividade" entre as crianças do país. Não são só os conteúdos de telas que estão na linha de fogo. As orientações definem desenhar, ler e resolver quebra-cabeças como formas de inatividade também. E como isso funciona?

Tudo indica que as consequências das respostas cognitivas das crianças às telas ainda não foram completamente mapeadas. O modo como os hábitos com as telas em nossas casas podem estar moldando os padrões emocional e social de nossos filhos — e os do sistema familiar a que pertencem — mal começou a ser considerado.

Jogos de computadores que ajudam as crianças a aprenderem a ler ou a resolver problemas não fazem necessariamente só bem a nossas crianças. Ler histórias para bebês — ou assistir à televisão em família — não substitui levá-los ao parque ou à piscina. Mas dizer que as mídias são tão prejudiciais ao bem-estar de nossos filhos que precisam ser banidas faz Bob Esponja parecer Picasso. E se, aqui, eu estiver de certa forma indo contra tudo o que defendi naqueles seis meses, paciência.

Mídias de todos os tipos — com telas ou não — fazem parte da vida moderna tanto quanto carros, aviões, máquinas de lavar louças e aspiradores de pó. Ou, que seja, comida pronta, álcool e tabaco. Podemos, às vezes, ansiar por um tempo ou lugar mais simples, um paraíso seguro completamente fora de alcance para qualquer canto de sereia que temamos nos levar à ruína. E como eu entendo esse anseio. Mas no fim das contas, e não importa quanto somos apegados a nossas convicções, temos que viver neste mundo — o mundo a que, para o bem ou para o mal, estamos conectados. "Quando se chega ao ponto de questionar se o passado não seria preferível ao presente", observa Patricia Meyer Spacks, "é hora de mudar de direção".[2]

Como estratégia para gerenciar a longo prazo a ecologia midiática de nossas casas, proibições e apagões provavelmente sejam tão ineficazes quanto uma dieta de desintoxicação de três dias para o controle de peso ao longo de uma vida. Como um exercício de consciência, por outro lado, medidas extremas podem, de fato, ser esclarecedoras. Nenhuma quantidade de conversa (muito menos de gritaria) poderia ter persuadido Anni, Bill e Sussy da gravidade de sua dependência das mídias com tanta eloquência quanto, ao menos, uma semana de abstinência de informação. Mas no fim dos seis meses, o tempo definitivamente retornou ao que nossa cultura (acertada ou erradamente) decidiu ser "normal". Até Thoreau deixou a floresta um dia.

Uma ou duas semanas depois da conversa com Richard Florida, reservei uma passagem para casa.

— Vocês terão os bônus em dinheiro para comemorar o fim do Experimento — lembrei as crianças. — Essa viagem será a minha recompensa.

O que eu não disse foi que seria metade férias e metade missão de reconhecimento. Eu não estava pronta para fazer nada que fosse drástico. Mas senti a necessidade de fazer mais do que só ficar me imaginando voltando a Nova York. Eu precisava voltar à realidade.[****]

Saí de Perth quatro semanas depois de nossa comemoração do Dia da Independência. Fiquei nervosa com o fato de deixá-los, mas as crianças não escondiam o êxtase em ficar com a casa só para elas — e com isso, claro, suas mídias — pela primeira vez. "Ah, não chore, mãe!", eles disseram enquanto eu entrava no táxi que me levaria ao aeroporto, em meio a um turbilhão de abraços e lenços encharcados.

— Falaremos com você no Skype todos os dias — Anni me lembrou.

[****] Eu também pretendia visitar o lago Walden, para prestar meu respeito, mas não cheguei a ir lá. "O tempo é apenas o rio em que vou pescando", escreveu Thoreau. No fim das contas, eu simplesmente deixei o rio.

— E vamos postar fotos em nossas páginas do Facebook todos os dias também — completou Sussy (obviamente esquecendo que tinha se recusado a me adicionar com medo de que eu ficasse a monitorando).

— Por favor, por favor, não esqueçam o telefone VOIP — implorei. — Ele foi instalado por um motivo, gente. Usem!

Voei diretamente para a Carolina do Norte para visitar meus pais naquela que eu ainda considerava a casa nova deles. (Na verdade, eles tinham se mudado para Pinehurst fazia dezessete anos.) "Acabe logo com isso", foi o que pensei. Minhas expectativas não poderiam ter sido mais baixas, mas acho que ficamos todos um pouco chocados com a maneira como tudo aconteceu. Ou seja, maravilhosamente bem e sem nenhuma dificuldade. E com um sentimento enorme de... devo dizê-lo?... Conexão. Mas também, como meu pai observou, fazia 25 anos que não passávamos um tempo juntos, realmente juntos. Dizer adeus a eles foi horrível e pareceu... não sei, errado. Como amputar um membro que está perfeitamente saudável.

Fui a Nova York de trem — outra decisão minha. Viajar de avião seria muito abstrato para meus objetivos. Eu queria sentir o país, vê-lo passando em um ritmo que me seria possível assimilar e refletir. Eu queria sentar no vagão-restaurante e tomar um café. Admirar os condutores com seus lindos uniformes, fazendo piada enquanto andavam pelos corredores recolhendo os bilhetes. Ver famílias tirarem o almoço de uma cesta e se arrumar para passar a noite em suas poltronas.

iNez estava comigo o tempo todo, é claro, assim como Della, meu laptop. Mas eu nem considerei ligá-las e iniciar qualquer conexão. Na verdade, eu quase nem li meu livro. Em vez disso, ouvi o apito do trem enquanto sumia no ar espesso da noite no sul, passando pelos nomes das cidades cuja existência eu tinha esquecido.

Foi exatamente como Thoreau incentivou. Em algum lugar ao longo do caminho, tornei-me meu telégrafo.

Voltar para Nova York depois de vinte anos em Perth provavelmente parece uma mudança ab-rupta de ares. Na verdade, era o passo seguinte mais lógico na jornada que eu tinha tomado há anos. A próxima ondulação do lago. Como Thoreau, entramos em um experimento de vida que nos forçou a viver a "vida real" de um jeito que eu tinha esquecido que era possível. No fim, paradoxalmente, a experiência me ensinou que o único jeito de seguir em frente seria voltar.

Senti que compreendi *Walden* tão perfeitamente quanto poderia, sentada em uma Starbucks na 23rd Street, contando às crianças pelo Skype as novidades de nosso mais novo experimento. "Talvez me parecesse que eu tinha várias outras vidas a viver", Thoreau refletiu no último capítulo de *Walden*, "e não podia dedicar mais tempo àquela".

Posfácio

Sempre que conto às pessoas sobre O Experimento, a primeira coisa que elas querem saber — depois de "Quanto você pagou às crianças?" — é "O que vocês aprenderam?". Se você leu este livro do início ao fim, você já sabe a resposta mais longa — mas, só para garantir, aqui vai a forma resumida.

Os dez (ok, onze) mandamentos da higiene conectiva

- Não temerás o tédio;

- Não farás várias tarefas ao mesmo tempo (não até que venha o vosso reino e seja feita vossa lição de casa);

- Não vagarás pelo Google ao fazer suas pesquisas;

- Não escreverás mensagens de texto enquanto diriges (ou conversas ou dormes);

- Guardarás o sábado como um dia sem telas;

- Manterás teu quarto uma zona livre de mídias;

- Não cobiçarás a atualização de teu vizinho;

- Configurarás tuas contas como "Privadas";

- Não trarás qualquer mídia para a mesa do jantar;

- Não trarás o jantar para a tua mídia;

- Amarás a Vida Real, com todo o teu coração e toda a tua alma.

Notas

Introdução

1   Donald F. Roberts; Ulla G. Foehr; e Victoria Rideout. *Generation M: Media in the Lives of 8- to 18-Year-Olds*. The Henry J. Fundação Kaiser Family, março de 2005.

2   Id. *Generation M²: Media in the Lives of 8- to 18-Year-Olds*. The Henry J. Fundação Kaiser Family, janeiro de 2010.

3   Sydney Jones; e Susannah Fox. *Generations Online in 2009*. Pew Internet & American Life Project, 28 de janeiro de 2009.

4   Victoria J. Rideout. *Parents, Teens and Technology*. The Henry J. Fundação Kaiser Family, junho de 2007.

5   Alexandra Rankin Macgill, *Parents, Teens and Technology*. Pew Internet & American Life Project, 24 de outubro de 2008.

6   Michael Bittman; James Mahmud Rice; e Judy Wajcman. "Appliances and Their Impact: the Ownership of Domestic Technology and Time Spent on Household Work". *The British Journal of Sociology*, 55 (3), 2004, p. 401-423.

Capítulo I
Quem somos e por que apertamos o *pause*

1   Tamar Lewin. "Parents' Role Is Narrowing Generation Gap on Campus". *The New York Times*, 6 de janeiro de 2003.

2   Australian Bureau of Statistics, ABS 8153.0, Internet Activity Australia 2008.

3   gigaom.com/2010/05/12/us-broadband-demand-bounces-back/.

4   Nielsen Wire, 22 de janeiro de 2010.

Capítulo 2
Decisão enérgica: cai a escuridão

1   Tracey L.M. Kennedy et al. *Networked Families*. Pew Internet & American Life Project, 19 de outubro de 2008.

2   John Palfrey; Urs Gasser Gasser. *Nascidos na Era Digital: Entendendo a primeira geração de nativos digitais*. Porto Alegre: Artmed, 2011.

Capítulo 3
Tédio para iniciantes

1   Patricia Meyer Spacks. *Boredom: the Literary History of a State Of Mind*. Chicago: University of Chicago Press, 1995.

2   D.D. McNicholl. "Cool's out for Some Time". *The Australian*, 4 de fevereiro de 2009.

3   Patricia Meyer Spacks. Op. cit.

4   Ibid., p.10.

5   Ibid.

6   Apud Patricia Spacks. Id, p. 21.

7   Hilary Osborne. "Parental Guidance: Running Cost of a Teenager Is Now £9,000 a Year". *Guardian*, 2 de março de 2009.

8   Tamsyn Burgmann. "Teens Willing to Risk Personal Safety to Defend iPods from Muggers". *The Canadian Press*, 17 de novembro de 2008.

9   Michelle Higgins; e D.J. Booths. "Wii and Other Cool Stuff", *The New York Times*, 25 de maio de 2008.

10 Ibid.

11 Ibid.

Capítulo 4
Meu iPhone/Eu mesma: observações de uma fugitiva digital

1   Apud Adam Bryant, "He Was Promoted After All", *The New York Times*, 3 de maio de 2009.

2   Maria Puente. "The Popularity of Twitter Has Some Relationships in a Twist". *USA Today*, 17 de abril de 2009.

3   Tony Norman. "Man Versus Machine: Who's Winning?". *Pittsburgh Post-Gazette*, 10 de março de 2009.

4   Galen Gruman. "Can Your iPhone Replace Your Laptop?" *InfoWorld*, 5 de outubro de 2009.

5   Nick Thompson. "Use of Tech Gadgets May Become an Addiction". *Wired*, 15 de novembro de 2008.

6   Ibid.

7   Gary Mazo; Martin Trautschold; e Kevin Michaluk. *Crackberry: True Tales of BlackBerry Use and Abuse*. Carolina do Sul: Booksurge Publishing, 2008.

8   Ibid.

9   AOL. "AOL Email Survey: More Than Half of Users Admit They're 'Hooked' on Email". *Wireless News*, 2 de agosto de 2008.

10 Ibid.

11 Ibid.

12 www.smh.com.au/technology/enterprise/astronauts-tweet-from-space-20100125-mt9k.html.

13 *Wireless News*, 2008.

14 gigaom.com/2010/03/26/1-in-2-americans-will-have-a-smartphone-by-christmas-2011/.

15 Soren Gordhamer. *Wisdom 2.0: Ancient Secrets for the Creative and Constantly Connected*. Nova York: HarperOne, 2009.

16 "Four in Ten Young Adults Are Mobile-Phone Addicts". *Science News*, Universidade de Granada, 25 de fevereiro de 2007.

17 Kate Stone Lombardi. "Parents' Rights (and Wrongs)". *The New York Times*, 30 de julho de 2006.

18 Bill Marsano. Carta ao editor. *The New York Times*, 20 de julho de 2006.

19 Op. cit.

20 *News & Notes*. National Public Radio, 14 de agosto de 2008.

21 Mary Schmich. "Cell Phone Users: The New Drunk Drivers". *Chicago Tribune*, 3 de abril de 2009.

22 John Naish. *Chega de desperdício! Por que viver com menos pode ser melhor para você*. Rio de Janeiro: Bestseller, 2010.

23 James Harkin. "Tweeting Is Changing the Way We Think". *The Times* (Reino Unido), 18 de fevereiro de 2009.

24 Id. *Cyburbia: The Dangerous Idea That's Changing How We Live and Who We Are*. Londres: Little Brown, 2009.

25 Yahoo. *Study Participants Suffered Withdrawal Symptoms, Feelings of Loss when Deprived of Web Access for Two Weeks*. In docs.yahoo.com/docs/pr/release1183.html (acessado em: agosto de 2011), 22 de setembro de 2004.

26 Christopher Muther. "Dial 'S' For Shame! Embarrassed by Our Clunky Old Cell Phone, the One That Doesn't Do Anything But (Gasp!) Make Phone Calls? You're Not Alone". *The Boston Globe*, 13 de novembro 2008.

Capítulo 5
O som da mão fazendo a lição de casa

1 Don Tapscott. *A hora da geração digital: como os jovens que cresceram usando a internet estão mudando tudo, das empresas aos governos*. Rio de Janeiro: Agir, 2010.

2 Citação de Laura Bickle. "The Cyber Family". *Today's Parent* (Toronto), vol. 26, nº 1, junho de 2009.

3   Apud Gary Small; e Gigi Vorgan. *iBrain: Surviving the Technological Alteration of the Modern Mind*. Nova York: HarperCollins, 2008, p. 120.

4   Ibid.

5   Apud Nicholas Carr. "Is Google Making Us Stupid? What the Internet Is Doing to Our Brains", *The Atlantic*, julho-agosto de 2008.

6   "Memory and Books, 1477". Medieval Sourcebook: Accounts of Medieval Literacy and Education, c. 1090–1530. www.fordham.edu/halsall/source/medieval-memory.html.

7   Apud Maggie Jackson. *Distracted: The Erosion of Attention and the Coming Dark Age*. Nova York: Prometheus Books, 2009.

8   Malcolm Gladwell. "Brain Candy: Is Pop Culture Dumbing Us Down or Smartening Us Up?" *The New Yorker*, 16 de maio de 2005.

9   Donald F. Roberts; Ulla G. Foehr; e Victoria Rideout. *Generation M*.

10 Gary Small; e Gigi Vorgan, op. cit.

11 Citado em: Claudia Wallis. "The Multitasking Generation", *Time*, 19 de março de 2006.

12 Eyal Ophir; Clifford Nass; e Anthony D. Wagner. "Cognitive Control in Media Multitaskers". *Proceedings of the National Academy of Science*, agosto de 2009.

13 Apud Ruth Pennebaker. "The Mediocre Multitasker". *The New York Times*, 30 de agosto de 2009.

14 Ibid.

15 Lee Shumow; Jennifer A. Schmidt; e Hayal Hackar. "Adolescents' Experience Doing Homework: Associations Among Context, Quality of Experience, and Outcomes". *The School Community Journal*, v. 18, n° 2, outono-inverno de 2008.

16 Apud Catherine Woulfe. "Schools Slash After-class Work". *Sunday Star Times* (Nova Zelândia), 3 de março de 2009.

17 Ibid.

18 Rick Docksai. "Teens and Cell Phones", *The Futurist* (Washington), v. 43, n° 1, janeiro-fevereiro de 2009.

19 Nicholas Carr, op. cit.

20 Ibid.

21 Maggie Jackson, op. cit.

22 Ibid.

23 M. Asselin; e M. Moayeri. "Toward a Pedagogy for Using the Internet to Learn: An Examination of Adolescent Internet Literacies and Teachers, Parents, and Students' Recommendations for Educational Change". *Proceedings of the Annual Conference of the International Association of School Librarianship*, 2008.

24 Lee Shumow; Jennifer A. Schmidt; e Hayal Hackar. Op. cit.

25 Rick Docksai. Op. cit.

26 Michael Osit. *Generation Text: Raising Well-Adjusted Kids in an Age of Instant Everything*. Nova York: Amacom, 2008.

27 Ibid.

28 Ibid.

29 Tamar Lewin. "Study Finds Teenagers' Internet Socializing Isn't Such a Bad Thing", *The New York Times*, 20 de novembro de 2008.

30 Ibid.

31 Gary Small; e Gigi Vorgan, op. cit.

32 Selene M. Finch. "A Qualitative Phenomenological Analysis of Modern Communication: Instant Messaging's Importance for Adolescent and Young Adults", dissertação de doutorado, Universidade de Phoenix, setembro de 2008.

33 Rick Docksai. Op. cit.

34 Ibid.

35 Wendy K. Kleinman. "Reading, Writing and iPods? How School Erases Boundaries". *McClatchy-Tribune Business News*, 18 de fevereiro de 2008.

36 Ibid.

37 Claudia Wallis. Op. cit.

38 Mark Bauerline. *The Dumbest Generation: How the Digital Age Stupefies Young Americans and Jeopardizes Our Future (or Don't Trust Anyone Under 30)*. Nova York: Tarcher, 2008.

39 Ibid.

40 Ibid.

Capítulo 6
A perda do Facebook: fazendo amigos à moda antiga

1   Citado em: James Harkin. *Cyburbia*.

2   Citado em: Nicholas Carr. Op. cit.

3   Gary Small; e Gigi Vorgan. Op. cit.

4   Oscar Ybarra; Eugene Burnstein; Piotr Winkielman, Matthew C. Keller; Melvin Manis; Emily Chan; e Joel Rodriguez. "Mental Exercising Through Simple Socializing: Social Interaction Promotes General Cognitive Functioning". *Personality and Social Psychology Bulletin*, v. 34, nº 248, 2008.

5   Gary Small; e Gigi Vorgan. Op. cit.

6   E. Orr; M. Sisic; C. Ross; M. Simmering; J. Arseneault; e R. Orr. "The Influence of Shyness on the Use of Facebook in an Undergraduate Sample". *CyberPsychology and Behavior*, v. 12, nº 3, 2009, p. 337–340.

7   "Social Isolation Leading to Violence/Recent Spate of Random Attacks Carried Out by Introverts of All Ages". *Daily Yomiuri*, 11 de julho de 2009.

8   Ibid.

9   Gary Small; e Gigi Vorgan. Op. cit.

10 Ibid.

11 Rebecca Berg. "Autism: An Environmental Health Issue after All?" *Journal of Environmental Health*, 1º de junho de 2009.

12 Donald F. Roberts; Ulla G. Foehr; e Victoria Rideout. *Generation M.*

13 "Girls Trapped in Storm Drain Use Facebook to Call for Help... Instead of Phoning Emergency Services". *Daily Mail Reporter* (Reino Unido), 8 de setembro de 2009.

14 "Social Networks Anonymous". *The Economist*, fevereiro de 2009.

15 Bessie Recep. "You Were Cuter on Facebook". *Cleo*, outubro de 2008.

16 "Primates on Facebook". *The Economist*, fevereiro de 2009.

17 Neil Seeman. "Facebook and Friendship". *National Post* (Toronto), 15 de setembro de 2009.

18 www.insidefacebook.com

19 Clive Thompson. "Brave New World of Digital Intimacy". *The New York Times*, 7 de setembro de 2008.

20 Ferris Jabr. "The New Rules of Social Networking". *Psychology Today*, v. 41, nº 6, novembro-dezembro de 2008.

21 Mara E. Zazzali-Hogan; e Jennifer Marino Thibodaux. "Ethical Issues to Consider When 'Friending' Witnesses Online". *New Jersey Law Journal*, 31 de agosto de 2009.

22 Laura Saunders. "Is 'Friending' in Your Future? Better Pay Your Taxes First". *The Wall Street Journal*, 27 de agosto de 2009.

23 Apud Bessie Recep. Op. cit.

24 www.cyberbullying.us/research.php.

25 Australian Communications and Media Authority. "Click and Connect: Young Australians' Use of Online Social Media". Julho de 2009.

26 Horatia Harrod. "The World's Photo Album". *Sunday Telegraph Magazine* (Reino Unido), 22 de março de 2009.

27 Clive Thompson. "Brave New World of Digital Intimacy".

28 Ibid.

29 Ibid.

30 Ray Kurzweil. *The Singularity Is Near: When Humans Transcend Biology*. Nova York: Penguin Books, 2006.

Capítulo 7
Jogar, comer, dormir

1 "Australian Family Dinners End in Arguments". *Herald Sun* (Austrália), 2 de julho de 2009.

2 Shira Feldman; Marla E. Eisenberg; Dianne Neumark-Sztainer; e Mary Story. "Associations Between Watching TV During Family Meals and Dietary Intake Among Adolescents". *Journal of Nutrition Education and Behavior*, v. 39, n° 5, setembro-outubro de 2007.

3   Tracey L.M. Kennedy et al. Op. cit.

4   "Australian Family Dinners End in Arguments". Op. cit.

5   Shira Feldman; Marla E. Eisenberg; Dianne Neumark-Sztainer; e Mary Story. Op. cit.

6   Eileen FitzPatrick; Lynn S. Edmonds; Barbara A. Dennison. "Positive Effects of Family Dinner Are Undone by Television Viewing". *Journal of the American Dietetic Association*, v. 107, n° 4, abril de 2007.

7   David P. Chitakunye; e Pauline Maclaran. "The Everyday Practices Surrounding Young People's Food Consumption". *Young Consumers*, v. 9, n° 3, 2008.

8   Ibid.

9   "University of Minnesota Research Finds Teens Who Have TV in Their Bedroom Are Less Likely to Engage in Healthy Habits". *NewsRx Science*, 21 de abril de 2008.

10 David P. Chitakunye; e Pauline Maclaran. Op. cit.

11 Steven Eggermont; e Jan Van den Bulck. "Nodding Off or Switching Off? The Use of Popular Media as a Sleep Aid in Secondary-School Children". *Journal of Pediatrics and Child Health*, v. 42, n° 7, julho de 2006.

12 Christina J. Calamaro; Thornton B.A. Mason; e Sarah J. Ratcliffe. "Adolescents Living the 24/7 Lifestyle: Effects of Caffeine and Technology on Sleep Duration and Daytime Functioning". *Pediatrics*, v. 123, 2009.

13 Raija-Leena Punamäki; Marjut Wallenius; Clase-Hakan Nygard; Lea Saarni; e Arja Rimpelä. "Use of Information

and Communication Technology (ICT) and Perceived Health in Adolescence: the Role of Sleeping Habits and Waking-Time Tiredness". *Journal of Adolescence*, v. 30, n° 4, agosto de 2007.

14 Robert E. Roberts; Catherine Ramsay Roberts; Hao T. Duong. "Sleepless in Adolescence: Prospective Data on Sleep Deprivation, Health and Functioning". *Journal of Adolescence*, v. 32, n° 5, 2009, p. 1045–1057.

15 Ibid.

16 Christina J. Calamaro; Thornton B.A. Mason; e Sarah J. Ratcliffe. Op. cit.

17 Ibid.

18 Ibid.

Capítulo 8
O retorno do nativo digital

1 Natasha Bita. "Ban Television for Toddlers". *The Australian*, 12 de outubro de 2009.

2 Patricia Meyer Spacks. Op. cit.

Leituras recomendadas

Alexandra Rankin Macgill. "Parents, Teens and Technology." Pew Internet & American Life Project, outubro de 2008.

Amanda Lenhart. "Teens and Mobile Phones over the Past Five Years: Pew Internet Looks Back." Pew Internet & American Life Project, agosto de 2009.

Australian Communications and Media Authority. "Click and Connect: Young Australians' use of Online Social Media", julho de 2009.

Dalton Conley. *Elsewhere, USA*. Nova York: Pantheon, 2009.

Don Tapscott. *A hora da geração digital: como os jovens que cresceram usando a internet estão mudando tudo, das empresas aos governos*. Rio de Janeiro: Agir, 2010.

Donald F. Roberts, Ulla G. Foehr e Victoria Rideout. "Generation M: Media in the Lives of 8-18 Year-olds." The Henry J. Fundação Kaiser Family, março de 2005.

Eyal Ophir, Clifford Nass e Anthony D. Wagner. "Cognitive Control in Media Multitaskers." *Proceedings of the National Academy of Science*, agosto de 2009.

Gary Mazo, Martin Trautschold e Kevin Michaluk. *CrackBerry: True Tales of BlackBerry Use and Abuse*. Charleston, SC: BookSurge, 2008.

Gary Small e Gigi Vorgan. *iBrain Surviving the Technological Alteration of the Modern mind*. Nova York: HarperCollins, 2008.

Henry David Thoreau. *Walden*. Porto Alegre: L&PM, 2010.

James Harkin. *Cyburbia: the Dangerous Idea That's Changing How We Live and Who We Are*. Londres: Little, Brown, 2009.

John Naish. *Chega de desperdício! Por que viver com menos pode ser melhor para você*. Rio de Janeiro: Bestseller, 2010.

John Palfrey; Urs Gasser Gasser. *Nascidos na Era Digital: Entendendo a primeira geração de nativos digitais*. Porto Alegre: Artmed, 2011.

Maggie Jackson. *Distracted: The Erosion of Attention and the Coming Dark Age*. Amherst, Nova York: Prometheus, 2009.

Mark Bauerlein. *The Dumbest Generation: How the Digital Age Stupefies Young Americans and Jeopardizes Our Future (Or, Don't Trust Anyone Under 30)*. Nova York: Tarcher, 2008.

Marshall McLuhan. *Understanding Media: The Extensions of Man*. Nova York: New American Library, 1964.

Michael Osit. *Generation Text: Raising Well-Adjusted Kids in an Age of Instant Everything*. Nova York: AMACOM, 2008.

Neil Postman. *Amusing Ourselves to Death: Public Discourse in the Age of Show Business*. Nova York: Elisabeth Sifton Books/Viking, 1985.

———. *The Disappearance of Childhood*. Nova York: Vintage/Random House, 1994.

Nicholas Carr. "Is Google Making Us Stupid? What the Internet Is Doing to Our Brains", *The Atlantic*, julho/agosto de 2008.

———. *The Shallows: What the Internet Is Doing to Our Brains*. Nova York: W.W. Norton, 2010.

Patricia Meyer Spacks. *Boredom: the Literary History of a State of Mind*. Chicago: University of Chicago Press, 1995.

Steven Johnson. *Everything Bad Is Good for You*. Nova York: Riverhead Books, 2006. Jones, Sidney, and Susannah Fox. "Generations Online in 2009." Pew Internet & American Life Project, janeiro de 2009.

Soren Gordhamer. *Wisdom 2.0: Ancient Secrets for the Creative and Constantly Connected*. Nova York: HarperOne, 2009.

Coordenação editorial
Izabel Aleixo

Produção editorial
Mariana Elia

Revisão de tradução
Rachel Rimas

Revisão
Marília Lamas

Projeto gráfico
Priscila Cardoso

Diagramação
Filigrana

Este livro foi impresso em agosto de 2011, pela EGB, para a Editora Paz e Terra. A fonte usada no miolo é Dante 12,5/15,5. O papel do miolo é pólen soft 70g/m², e o da capa é cartão 250g/m².